W0255223

Harry Feldmann

Strukturiertes Programmieren in C

Programmierung

Assemblerprogrammierung mit dem PC
von J. Erdweg

Einführung in die Programmiersprache Modula 2
von H. Pudlatz

Parallele Programmierung mit Modula-2
von E. A. Heinz

Top-Speed Modula-2 griffbereit
von A. Liebetrau

Strukturiertes Programmieren in C
von H. Feldmann

Programmieren mit ADA
von H. Feldmann

Programmieren in PL /I
von E. Sturm

Einführung in die Programmiersprache SIMULA
von G. Lamprecht

Programmieren in COBOL 85
von W.-M. Kähler

**JSP – Einführung in die Methode
des Jackson Structured Programming**
von K. Kilberth

**PEARL – Process and Experiment Automation
Realtime Language**
von W. Werum und H. Windauer

Prolog – Eine methodische Einführung
von R. Cordes, R. Kruse, H. Langendörfer, H. Rust

**LISP – Fallstudien mit Anwendungen
in der Künstlichen Intelligenz**
von R. Esser und E. Feldmar

Vieweg

Harry Feldmann

STRUKTURIERT ES PROGRAMMIEREN IN C

**Ein einführendes Lehrbuch
mit Diskette**

Die Deutsche Bibliothek – CIP-Einheitsaufnahme

Feldmann, Harry:
Strukturiertes Programmieren in C: ein einführendes Lehrbuch·
mit Diskette / Harry Feldmann. – Braunschweig; Wiesbaden:
Vieweg, 1992
  ISBN-13: 978-3-528-05204-1   e-ISBN-13: 978-3-322-87794-9
  DOI: 10.1007/978-3-322-87794-9

C is specified by the Draft Proposed American National Standard for Information Systems / Programming Language C, X3 (Board of Standards Review ANSI).

Das in diesem Buch enthaltene Programm-Material ist mit keiner Verpflichtung oder Garantie irgendeiner Art verbunden. Der Autor und der Verlag übernehmen infolgedessen keine Verantwortung und werden keine daraus folgende oder sonstige Haftung übernehmen, die auf irgendeine Art aus der Benutzung dieses Programm-Materials oder Teilen davon entsteht.

Umschlag: Schrimpf und Partner, Wiesbaden

Gedruckt auf säurefreiem Papier

ISBN-13: 978-3-528-05204-1

VORWORT

Das vorliegende Lehrbuch entstand aus Vorlesungen über die Programmiersprache C, die der Verfasser seit 1988 an der Universität Hamburg für Wirtschaftswissenschaftler gehalten hat.

In diesem Buch wird der mündige Leser angesprochen, der bei Einarbeitung in ein umfangreiches Gebiet nach einer ersten Übersicht, klarem Aufbau, folgerichtigen Regeln und vollständiger Vermittlung der erforderlichen Unterlagen verlangt. Außerdem werden nach der Devise "Das beste an der Theorie sind immer die Beispiele" in den 12 Kapiteln über 30 ausführliche Programm-Beispiele mit Ein/Ausgabe gebracht, die auch auf der mitgelieferten Diskette zu finden sind.

C, eine höhere Programmiersprache, ist wie seine nächsten Vorgänger ALGOL_60, PL/I, SIMULA und ALGOL_68 eine universelle Sprache, hat die ALGOL_60 Blockstruktur und hat wie ALGOL_68 Sprachkürzel, die 'one liner' Programmierer dazu verführen können, unleserliche 'write only' Programme zu schreiben. C ist, primitiver als Ada oder MODULA, modular strukturiert (include files), hat, primitiver als SIMULA, ALGOL_68 und SMALLTALK, einige elementare Sprachelemente zur Simulation paralleler Prozesse (include-file <signal.h>) und eignet sich, eingeschränkt mit Ada vergleichbar, auch zur Beschreibung von Echtzeit-Prozessen (include file <time.h>). Herausgegeben wurde C (revised 1986) von der Bell Telephone Laboratories Incorporation als zweiter Nachfolger der Bell Sprache BCPL. Der Name "C" soll der zweite Buchstabe aus "BCPL" sein. Die Leiter des Bell C Design-Teams waren B.W.Kernighan und D.M. Ritchie.

Strukturiertes Programmieren wie ehemals in Pascal, heutzutage in Ada, ist in C nur möglich, wenn die standardmäßig vorhandenen Kontrollstrukturen, insbesondere die zu unstrukturiertem Programmieren geradezu einladende for-Schleife, neu definiert werden. Dazu bieten sich die in C vorkommenden neuen Präprozessor Sprach-Änderungsmöglichkeiten an.

Der Autor erzeugt Ada-ähnliche Struktur mit seinem include file <CtoAda.h> (Anhang A.3.1), der auch auf der mitgelieferten Diskette zu finden ist. Z.B. wird die FOR-Schleife so abgesichert, daß falsche Vereinbarung des Laufparameters oder Laufzeit-ungünstige Mehrfachberechnung der Parametergrenzen, Wahl eines komplizierten Parameterinkrements oder nachträgliche Wertänderung des Laufparameters unmöglich gemacht werden. Durch Einführung von abschließenden Begrenzern, wie z.B. ENDFOR, wird die BEGIN...END Klammern Inflation in der Blockstruktur gestoppt. Mit CtoAda werden C-Programme i.a. besser gegen Fehler abgesichert, maximal schnell im Ablauf und entscheidend besser lesbar.

Das Erfolgsrezept, möglichst viele Leser mit grammatisch orientierter Darstellungsweise zu erreichen, liegt in der gewählten Notation für die Grammatik. Wir verwenden die CtoAda-modifizierten Originalregeln von C, aber nicht in der für Anfänger erfahrungsgemäß schwer lesbaren Formelschreibweise (Backus, Naur), sondern in Form von leicht lesbaren Syntaxdiagrammen (Wirth, vgl. Pascal), die im Skript verteilt und im Anhang A.1 zusammengestellt sind.

Um Sprachbarrieren abzubauen, wurden alle grammatischen Formulierungen von Englisch in Deutsch übersetzt, jedoch scheut sich der Autor nicht, im deutschen Text auch öfter die englischen Fachausdrücke zu benutzen, besonders wenn auf das englischsprachige Syntax-Diagramm Bezug genommen werden soll.

Die Kapitel 0 (Einleitung), 1 (Einfache Datentypen und Ein/Ausgabe), 2 (Einfacher Programmaufbau), 3 (Ausdrücke), 4 (Anweisungen) und 5 (Reihung) sollten vom Leser in der angegebenen Reihenfolge durchgearbeitet werden. Sie vermitteln die Programmiergrundlagen. Darauf folgen die für modernes strukturiertes Programmieren besonders interessanten Sprachmöglichkeiten: Zeiger und Verbund (Kapitel 6), Unterprogrammtechnik (Kapitel 7), sowie die übrigen durch die Standardbibliothek gegebenen Sprachmöglichkeiten: Dateien (Kapitel 8) und maschinennahe Sprachelemente (Kapitel 9). Am Schluß des Skripts werden die neuartigen, zur CtoAda Definition genutzten, Präprozessor-Direktiven (Kapitel 10) vorgestellt.

Graphik, wie etwa in SMALLTALK, gehört leider noch nicht zum C-Standard, wird aber von den meisten Compilern angeboten.

Am Schluß eines jeden Kapitels findet der Leser eine Liste von Testfragen,die entsprechend der Gliederung des Kapitels angeordnet und beziffert sind und ihm eine Kontrolle über seinen Wissensstand ermöglichen. Rechts neben den Fragen sind die Anworten zu finden, die man abdecken und nur im Bedarfsfall einsehen sollte. Außerdem sind im Anhang über 100 Übungsaufgaben genannt. Als Musterlösungen mögen die in den Kapiteln 0 bis 10 behandelten über 30 ausführlichen Beispiele und die vielen Kurzbeispiele dienen.

Der Leser sollte nie nach einem Buch allein vorgehen. Es könnte passieren, daß ihm einzelne Textstellen unverständlich bleiben und er folglich demotiviert wird. Meist findet er schon im nächsten Buch Hilfe zum Verständnis. Ein Literaturverzeichnis ist im Anhang dieses Skripts zu finden. Die gewählten Bücher sollten nicht vor der Revision von C (1986) erschienen sein. Außerdem sollte etwa alle drei Seiten ein vollständiges Programmierbeispiel mit Wiedergabe aller Ein- und Ausgabedaten zu finden sein.

Das ANSI-Standard Reference-Manual für C (Draft seit 1986) ist klar gegliedert, aber nur für Fortgeschrittene bestimmt, die gewohnt sind, mit Sprachreports und formalen Sprachregeln umzugehen.

Ausdrücke sind weitgehend in üblicher mathematischer Formelschreibweise abgefaßt, mit weitgehend implizit durchgeführten Typkonvertierungen, z.B.

```
Two_Pi=2*3.14;
```

Wie in Ada kann man in C bei Zahldarstellungen leicht wechseln vom Dezimal- ins Hexadezimal-, Oktal- oder Dual-System. Es gibt bitweise arbeitende Operatoren, z.B. X<<=1; für Links-Schift-um-1. Wie in ALGOL 68, können in C Anweisungen, z.B. (CtoAda)

```
IF X>Y THEN Z=X-Y;ELSE Z=Y-X;ENDIF;
```

zu Ausdrücken umfunktioniert werden, z.B. in

```
Z=IFOP X>Y THENOP X-Y ELSEOP Y-X FINOP
```

und umgekehrt Ausrücke zu Anweisungen, z.B. X+1 in

```
X+=1;
```

C-Anweisungen werden, wie in PL/I, stets mit einem Semikolon abgeschlossen. An Stelle veralteter ALGOL_60 Kontrollstrukturen mit BEGIN..END Inflation bietet CtoAda IF-Anweisungen, die selbst mit ENDIF abgeschlossen werden, z.B.

```
IF X>Y THEN X:=X-Y;ELSE Y:=Y-X;ENDIF;
```

und eine Ada-ähnlich strukturierte FOR-Schleife, deren Laufparameter nicht mehr außerhalb der Schleife (global) zu vereinbaren ist, sondern implizit in der Schleife (lokal, Typ INT), z.B.

```
FOR(I,1,9) PUT_INT(I);ENDFOR;
```

und deren maximal schneller Ablauf nicht gestört werden kann (give a fool no chance): Laufinkrement ist 1 (Nachfolger), Laufparameter und Laufgrenzen können innerhalb der Schleife nicht wirksam verändert werden. Außerdem gibt es für C-Schleifen auch die moderne BREAK Konstruktion, z.B.

```
LOOP...;IF X<0 THEN BREAK;ENDIF;...ENDLOOP;
```

Die neu definierten (CtoAda) Ein/Ausgabeprozeduren PUT/GET, wie in Ada mit nur einem Argument und optional bis zu zwei Formatbreitenparametern, sind einfach zu handhaben.

Meinen Hörern und studentischen Mitarbeitern, insbesondere Herrn R. Grözinger, D. Nörtemann, J.Reißig, und meinem Sohn Lutz Feldmann bin ich für die kritische Durchsicht des Skripts und für Änderungsvorschläge zu Dank verpflichtet. Für klärende Diskussion auftretender Fragen danke ich den Herren S. Eggers, W. Reincken (Hamburg), M. Haug (GSE, München), R. Klockenbusch (Vieweg, Wiesbaden), und K. Sum (Karlsruhe).

H. Feldmann

Man kann das Volk dazu bringen,
dem Rechten zu folgen,
aber man kann es nicht dazu bringen,
es zu verstehen.

Kong Fuzi (Meister Kong), China, 5.Jh. v.Chr.

Starthilfe für Pascal-Umsteiger

Umsteiger von Pascal auf C in der vom Autor mit seinem include-file <CtoAda.h> erzeugten Ada-ähnlichen Struktur werden angenehm überrascht sein, das verwirklicht zu sehen, was in Pascal als "strukturiertes Programmieren" versprochen, aber mit veralteten ALGOL_60 Kontrollstrukturen nicht verwirklicht werden konnte:

Nicht nur "MAXINT", sondern die Bereichsgrenzen und Genauig-keitsangaben aller arithmetischen Typen sind abfragbare At-tribute, z.B. FLOAT_FIRST, FLOAT_SMALL, FLOAT_EPSILON, FLOAT_LAST. Auch Indexgrenzen von ARRAYs sind abfragbar, z.B. 0..LAST(A) (CtoAda).

An jeder Stelle, an der ein statement zulässig ist, kann auf Grund der vollständigen Schachtelungs-Struktur der Sprache, z.B. IF..ENDIF oder FOR..ENDFOR, direkt eine statement-Sequenz eingesetzt werden, auch ohne BEGIN..END Inflation.

IF-Statements sind daher ohne einschränkende Verbote direkt ineinander einsetzbar, auch ohne BEGIN..END Inflation.

FOR-Schleifen-Laufvariable werden nicht mehr vorher außerhalb vereinbart, sondern nur noch innerhalb der Schleife durch An-gabe ihres identifier und des durch die Laufgrenzen definier-ten INT Bereichs, entspricht dem ordinal Bereich in Pascal.

Umdenken muß der Pascal-Programmierer besonders beim Assignment:

Das Gleichheitszeichen "=" ist Assignment-Operator. Z.B. wird durch PUT_INT(X=5); an X der Wert 5 zugewiesen und dann das Resultat 5 der Operation, d.h. der Wert der linken Seite X, ausgedruckt. Durch nachgesetztes Semikolon wird die Operation X=5 zur Anweisung, z.B. X=5;PUT_INT(X);

Das doppelte Gleichheitszeichen "==" ist Equal-Operator. Das wird leicht mißachtet und führt zu Programmierfehlern, z.B. ergibt IF X=5 THEN BREAK;ENDIF; immer einen BREAK, da X nicht mit 5 verglichen, sondern ihm der Wert 5 zugewie-sen wird, der dann als "TRUE" (ungleich 0) gedeutet wird.

Perspektiven für objektorientierte Aufsteiger

Objektorientiertes Programmieren ist "in", wie jeder weiß. Aber nur der kundige Leser weiß, daß objektorientiertes Programmieren eine fundierte Ausbildung in einer modular strukturierten Program-miersprache voraussetzt, wie z.B. SIMULA (66), ALGOL_68 (68), MODULA (74), Ada (80), SMALLTALK (80) oder C++ (83).

Aus SIMULA stammen die Grundkonzepte objektorientierten Pro-grammierens, z.B. "object" als "instance" einer "class", sy-nonym "package", oder einer "virtual class". Ein object hat "attributes". Für classes gibt es "prefix" Technik. Es gibt system classes für "linkage of members" und "queue handling" (SIMSET) sowie "(parallel) process(es)" (SIMULATION) u.a.m.

Für process(es) gibt es ein "activate/passivate" Koroutinen-konzept. SIMULA-Objekte können beliebig viele Vereinbarungen, z.B. Typen, Konstanten und Funktionen, modular bereitstellen. In SIMULA programmiert man mit veralteten ALGOL_60 Kontrollstrukturen einigermaßen lesbar objektorientiert.

Aus ALGOL_68 stammt die freie Vereinbarung von Operationen und der Prioritäten von Operationen. "parallel clause(s)" werden in primitiver Weise synchronisiert über "sema"(phor)-Signale. In ALGOL_68 programmiert man mit neuen eigenen Kontrollstrukturen sehr gut lesbar klauselorientiert.

MODULA ist eine Pascal-Nachfolgesprache, die Anschluß an modular strukturiertes Programmieren sucht. Ein nach dem Vor-bild von class (SIMULA) eingeführter "module" besteht aus einem benutzerzugänglichen "definition module" und einem be-nutzerverborgenen "implementation module". Das "import/ex-port" Konzept regelt den Zugriff auf modules. Ein module kann nicht virtual (SIMULA) veränderbar definiert werden; auch gibt kein module-Konzept es für paralle Prozesse (SIMULA). In MODULA programmiert man mit veralteten ALGOL_60 Kontrollstrukturen einigermaßen lesbar modulorientiert.

Aus Ada stammt das "overloading" Konzept für Prozeduren mit gleichem Namen, aber verschiedenen Parametertypen, sowie die Aufteilung von "class" (SIMULA) in "package" und "task". Ein package besteht aus einer benutzerzugänglichen "specificati-on" und einem benutzerverborgenen "hidden body". Das Korouti-nenkonzept (SIMULA) wird abgelöst durch ein komfortables "rendezvous"-Konzept für multitasking. Das "generic" Konzept in Ada entspricht dem virtual Konzept (SIMULA). Besonders erwähnenswert ist die verläßliche Überwachung der Einhaltung der Ada-Norm. In Ada programmiert man mit modernsten eigenen Kontrollstrukturen selbstdokumentierend optimal lesbar paket-orientiert und prozeßorientiert.

In SMALLTALK wird das prefix-Konzept (SIMULA) zum "inheri-tance" Vererbungsgesetz, der kontrollierte Zugriff auf ein object (MODULA, Ada) zur "message" und das Objektkonzept (aus SIMULA) zum höchsten Prinzip erhoben; Effizienzverluste durch Interpretertechnik nimmt man in Kauf, z.B. wird auch eine einfache Addition 2+3 realisiert als "message" an das "object" 2 mit "selector" + und "argument" 3 . Die class "SimulationObject" ist der class SIMULATION (SIMULA) nach-empfunden. Besonders erwähnenswert ist die Aufnahme von gra-phischen Klassen in den Sprachstandard von SMALLTALK, was mit der Xerox Abstammung der Sprache zu erklären ist. In SMALLTALK programmiert man mit veralteten ALGOL_60 Kon-trollstrukturen in Kürzelmanier schlecht lesbar objektorien-tiert und Graphik-objektorientiert.

C++ ist eine bisher noch nicht normierte C-Nachfolgesprache, die Anschluß an modular strukturiertes Programmieren sucht. Übernommen wurden aus ALGOL_68 die freie Vereinbarung von Operationen und aus SMALLTALK das object Konzept. In C++ programmiert man mit veralteten ALGOL_60 Kontrollstrukturen in Kürzelmanier unleserlich Include-File-orientiert (wie in C) und objektorientiert.

INHALTSVERZEICHNIS

A   ANHANG

A.1   SYNTAX-DIAGRAMME (Feldmann)

A.2   STANDARD-BIBLIOTHEK (Auflistung, ANSI-C)

A.3   NON-STANDARD-BIBLIOTHEK

Übg   ÜBUNGSAUFGABEN

Lit   LITERATURVERZEICHNIS

Ind   ALPHABETISCHER INDEX

0 EINLEITUNG UND NOTATIONEN

Wir geben zunächst eine Übersicht über die historische Entwicklung der wichtigsten Programmiersprachen, bringen einige kurze und instruktive Programm-Beispiele mit vollständigem Ein/Ausgabeprotokoll und stellen dann die Notationen vor.

0.1 Historische Entwicklung

Das folgende Flußdiagramm gibt dem Leser eine Übersicht über die historische Entwicklung der wichtigsten Programmiersprachen:

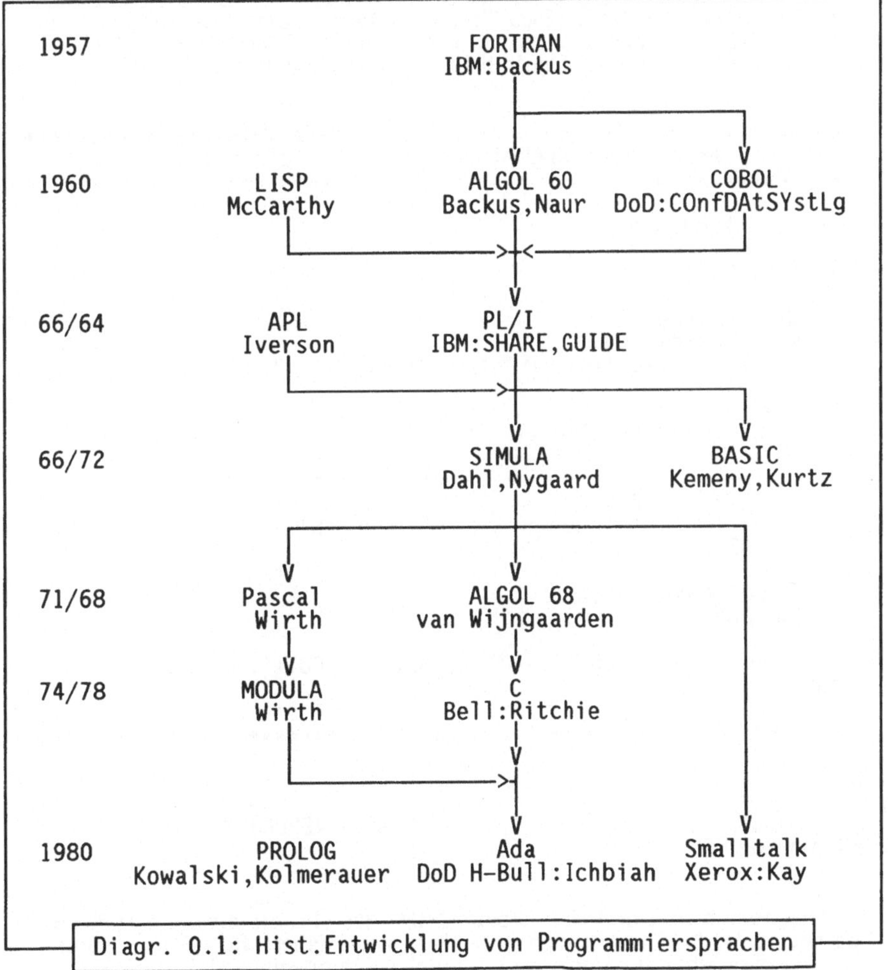

Diagr. 0.1: Hist.Entwicklung von Programmiersprachen

0.2   Einführende Beispiele

0.2.1   Anzahl der Buchstaben E/e im Satz

Die durchschnittliche Anzahl der Buchstaben (nicht nur E) in einem Satz identifiziert den Autor des Satzes so genau wie seine Fingerabdrücke.

Sprachwissenschaftler der Universität Hamburg konnten unsignierte mittelalterliche Fastnachtspiele aus Nürnberg eindeutig Hans Sachs zuordnen, indem sie die Buchstabenhäufigkeiten mit denen bekannter Hans-Sachs-Schriften verglichen.

Auch Sprachen insgesamt haben signifikante Buchstabenverteilungen. Schon wenige Sätze eines Textes genügen, um festzustellen, in welcher Sprache der Text geschrieben wurde. Die Reihenfolge der häufigsten Buchstaben in Deutsch ist e_n_r_i_s_t_d_h_a .

```
/*************************** AnzahlEe ***************************/
/*        Anzahl der Buchstaben 'E' oder 'e' im Satz          */
/**************************************************************/

#include <CtoAda.h>

VOID MAIN(VOID)
   BEGIN
      CHAR Zeichen  ;
      NAT  Anzahl =0;
         PUT("Satz, terminiert durch Punkt '.' :"   );

      LOOP
         GET_CHAR(Zeichen                          );

         IF       Zeichen == '.' THEN BREAK       ;
         ELIF     Zeichen == 'E'
         OR       Zeichen == 'e' THEN Anzahl += 1  ;
         ENDIF;

         PUT_CHAR(Zeichen                          );
      ENDLOOP;

         PUT(" --> hat ");PUT_NAT(Anzahl);PUT(" E/e");
   END;

/********************** End AnzahlEe **********************/
```

Output	Input
Satz, terminiert durch Punkt '.' :	Baden VERBOTEN.
Baden VERBOTEN —> hat 3 E/e	

Die ersten drei und die letzte Zeile des Programms "AnzahlEe" beginnen mit "/*" und enden mit "*/", sind daher für den Rechner überflüssiger, aber für den Leser nützlicher Kommentar (0.3.3).

Für Ada-ähnlich strukturiertes C-Programmieren ist vorab die Verfügbarmachung von CtoAda (Feldmann, Anhang A.3.1) mittels der Präprozessor-Direktive #include <CtoAda.h> erforderlich. In CtoAda sind z.B. die Eingabeprozedur GET_CHAR und die Ausgabeprozeduren PUT (für STRING-Text), PUT_CHAR, PUT_NAT definiert.

Nach Funktions-Baukastenprinzip muß jedes Hauptprogramm selbst als Funktion mit dem Funktionsnamen MAIN vereinbart werden. Vor MAIN steht stets VOID, da das Hauptprogramm keinen Resultattyp aufweist, sondern "nur abläuft". Die Hauptprogramm-Funktion kann Parameter besitzen (7.4, A.1) oder wie hier parameterlos sein, was durch das nachfolgende VOID in der geklammerten Parameterliste kenntlich gemacht wird.

Zunächst werden die Variablen Zeichen und Anzahl durch Angabe ihrer Wertemenge CHAR bzw. NAT (natürliche Zahl größer gleich 0) vereinbart. Anzahl wird mit dem Wert 0 initialisert.

Hauptteil des Programms ist die frei laufende (ggf. unendliche) "LOOP ... ENDLOOP" - Schleife mit innen gesetztem Abbruch-kriterium (in check) "IF Zeichen == '.' THEN BREAK ...". Der Leser verfolge das zeichenweise Einlesen, Prüfen auf 'E' oder 'e' und Aufsummieren von Anzahl.

In C werden Vergleiche mit "==" (in Ada "=") und Wertzuweisungen mit "=" (in Ada ":=") geschrieben . "Anzahl+=1" ist (wie in ALGOL 68) Kurzschreibweise für "Anzahl=Anzahl+1".

An Stelle des Terminatorpunktes '.' könnten auch andere Textendemarkierungen vorgesehen werden.

Das Ende END des BEGIN...END Blocks der Funktion MAIN, das Ende ENDIF der IF-Anweisung und das Ende ENDLOOP der LOOP-Schleife sind (in CtoAda) wohl zu unterscheiden.

0.2.2   Turm von Hanoi, rekursive Lösung

Ein Turm von n Scheiben übereinander, nach oben immer kleiner werdend, soll Scheibe für Scheibe von Platz A umgesetzt werden, bis sich der ganze Turm in gleicher Gestalt wie zu Anfang auf Platz C befindet. Zum zwischenzeitlichen Absetzen von Scheiben steht ein Hilfsplatz B zur Verfügung, wo auch mehrere Scheiben aufeinander gestapelt werden können. Es darf aber niemals eine größere Scheibe auf eine kleinere Scheibe gesetzt werden.

1883 erschien der "Tower of Hanoi" als Spielzeug, herausgegeben von "PROF. CLAUS, LI SOU STIAN", ein Anagramm "PROF. LUCAS, SAINT LOUIS" für den französischen Mathematiker Edouard Lucas. Die Original-Beschreibung des Spiels spricht von einem mythischen "Turm des BRAHMA in Benares" aus 64 Goldscheiben, die von den Priestern versetzt werden müssen, jedoch "wird vorher der Tempel zu Staub zerfallen und die Welt wird mit Donnergetöse untergehen".

Berechnet man die Anzahl der Umsetzungen zu (2 hoch 64)-1 = 18.446.744.073.709.551.615 und bedenkt man, daß zwar eine Million = 1.000.000 Sekunden in weniger als zwei Wochen vergeht, aber schon zu einer Billion = 1.000.000.000.000 Sekunden mehr als 30.000 Jahre erforderlich sind, so ist zumindest der Zerfall des Tempels unzweifelhaft.

Selbst wenn die Priester sich eine Rechenanlage kaufen würden, könnten sie ihr Problem mit Scheibenanzahl = 64 heute und voraussichtlich auch mit künftigen Rechner-Generationen nicht lösen!

Das nachfolgende Programm TowHanoi löst das Problem (n=3) rekursiv, d.h. die Umsetzprozedur Hanoi ruft sich selbst auf, wenn auch in jeweils neuer Inkarnation mit neuen Parameterwerten.

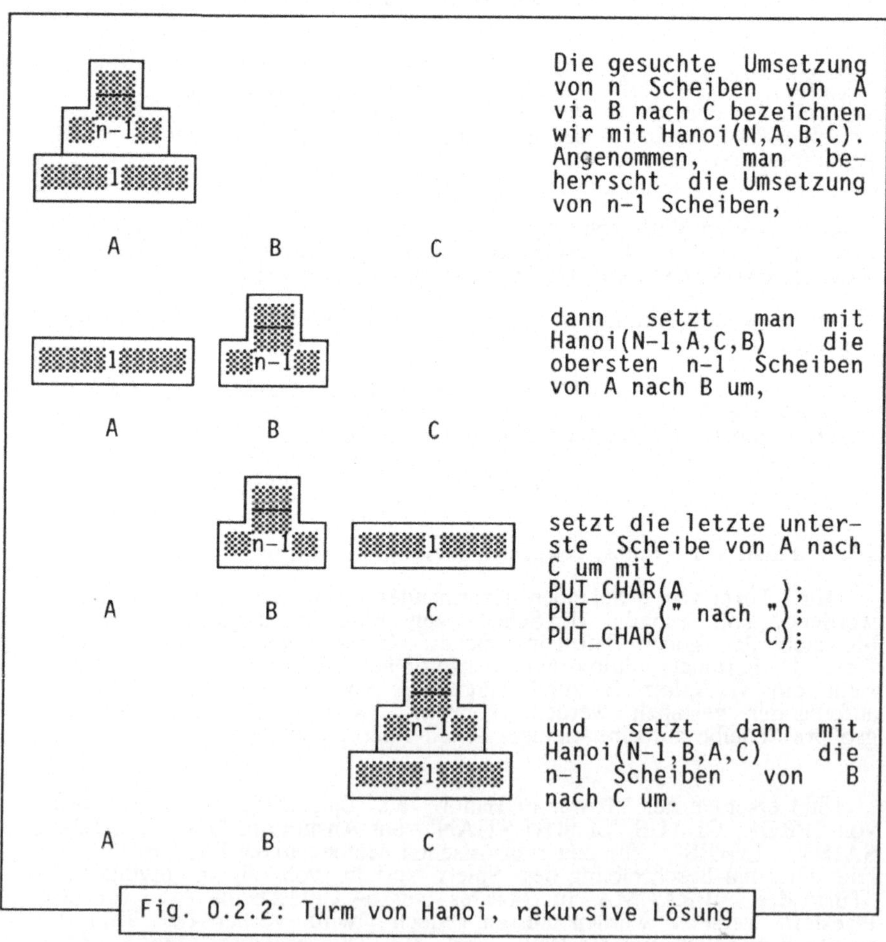

Fig. 0.2.2: Turm von Hanoi, rekursive Lösung

```
/************************* TowHanoi **************************/
/* Spiel       : Turm von Hanoi, rekursive Loesung          */
/* Spielregeln : Setze Scheiben 1...N von A via B nach C */
/*               ohne auf kleinere Scheiben zu setzen */
/************************************************************/

#include <CtoAda.h>
#include   <math.h>

INT                     I=0, Anzahl;

VOID         Hanoi    (NAT N        , CHAR A,CHAR B,CHAR C )
   BEGIN
      IF                    N>0
         THEN Hanoi  (      N-1      ,      A,      C,      B );
              PUT_INT {++I                                    );
              PUT            "/"                              );
              PUT_INT {      Anzahl                           );
              PUT                " von "                      );
              PUT_CHAR{               A                       );
              PUT                          " nach "           );
              PUT_CHAR{                          C );
              NEW_LINE                                        );
              Hanoi  (      N-1      ,      B,      A,      C );
      ENDIF;
   END;

VOID MAIN(VOID)
   BEGIN
      INT                 N                                   ;
              PUT     {      "N:"                           );
              GET_INT {      N);Anzahl=pow(2,N)-1            );
              Hanoi   {      N        ,      'A',    'B',    'C');
   END;

/******************** End TowHanoi ***********************/
```

```
| Output          | Input
|-----------------|------
| N:              | 3
| 1/7 von A nach C |
| 2/7 von A nach B |
| 3/7 von C nach B |
| 4/7 von A nach C |      — für N=3 : 2 hoch N - 1 = 7 Umsetzungen
| 5/7 von B nach A |
| 6/7 von B nach C |
| 7/7 von A nach C |
```

Dieses Einführungsbeispiel mit Rekursion ist besonders gedacht für Sprach-Umsteiger, die bisher nur nichtrekursive Sprachen wie FORTRAN, COBOL oder BASIC (ohne Prozedurparameter) kannten.

PUT_INT(++I); ist, ähnlich wie in ALGOL_68, Kurzschreibweise für I=I+1;PUT_INT(I); oder I+=1;PUT_INT(I); oder ++I;PUT_INT(I); Im Sinne strukturierten Programmierens sollte man Kurzschreibweisen nur verwenden, wenn keine unüberschaubaren Nebenwirkungen entstehen, wie hier, wo I nur als Zähler verwendet wird.

Die Potenz-Funktion pow ist vereinbart in <math.h> (Standard-Bibliothek, A.2.7).

Außer diesem eleganten rekursiven Algorithmus gibt es aber auch einen überraschend einfachen nichtrekursiven Algorithmus:

"Man ordne A,B,C im Kreis an, rechtsherum für n gerade, sonst linksherum , und setze dann Scheibe 1 um einen Stab rechtsherum (falls zulässig, sonst nicht), Scheibe 2 um einen Stab linksherum (falls zulässig, sonst nicht), Scheibe 3 um einen Stab rechtsherum (falls zulässig, sonst nicht) u.s.w und wieder von vorn bis zur (2 hoch n)-1 ten Umsetzung".

Der Leser kann Münzen statt Scheiben nehmen und dieses nicht-rekursive Verfahren praktisch durchspielen. Das Verfahren kann mit Stab-Indizes (Reihung 5) und "rechtsherum" bzw. "linksherum" Nachfolgerfunktionen (Unterprogramme 7) programmiert werden.

0.3   Schreibweisen

Die je nach Einteilungsprinzip verschiedenartig definierbaren Elemente, aus denen ein Programm zusammengesetzt sein kann, sind die im Anhang A.1 aufgelisteten

```
- Quelltext-Zeichen          (source character   , 0.3.1),
- lexikalische Elemente      (token              , 0.3.1),
- Kommentar-Zeichen          (comment            , 0.3.3),
- Textverarbeitungs-Zeichen  (CHAR               , 1.2   ),
- Präprozessor-Zeichen       (pragma             , 0.3.4)
                             (preprocessing-token, 10    ).
```

0.3.1   Quelltext-Zeichen und lexikalische Elemente

Quelltext-Zeichen (englisch source-character) eines Programms sind nach Syntaxdiagramm A.1

```
- Ziffern                   ,
- Groß- und Kleinbuchstaben ;
- graphische Zeichen        , wie z.B.  + oder - oder _ ,
- Zwischenraum-Zeichen      ;
- Formateffektoren          , wie z.B.  "line feed"     .
```

Lexikalische Elemente (englisch token) eines Programms sind nach Syntaxdiagramm A.1

- Reservierte Worte   , wie z.B. MAIN   ,
- Bezeichner   , wie z.B. K2R   ,
- Konstanten   , wie z.B. 3.14 oder 'X'   ,
- String-Literale   , wie z.B. "Hallo"   ,
- Operatoren   , wie z.B. +   ,
- Punktuatoren   , wie z.B. ;   .

```
┌─────────────────────────────┐
│  Signifikante Schreibweisen │
└─────────────────────────────┘

Große und kleine Buchstaben und Unterstrich (underscore)
in Bezeichnern (identifier) sind signifikant verschieden
```

Das gilt auch im Spezialfall von Bezeichnern für reservierte Worte (keyword), z.B.

```
die Vereinbarung       NAT n;    (NAT       siehe CtoAda)
   ist verschieden von nat N;    (nat       undefiniert )
   und verschieden von NAT N;    (N und n verschieden ),
das reservierte Wort   ENDIF     (ENDIF     siehe CtoAda)
   ist verschieden von END_IF    (END_IF    undefiniert ),
der Macro-Name         __STD__   (__STD__   siehe A.1   )
   ist verschieden von _STD_     ( _STD_    undefiniert ).
```

Das Syntaxdiagramm (A.1) nennt auch die laut ANSI zulässigen (aber von den meisten Compilern noch nicht implementierten) trigraph-replacement Ersatzdarstellungen mit zwei vorangehenden ?? Fluchtsymbolen, z.B.

```
??( ??) für [ ] in A??(3??)??(4??) , ersetzt A[3][4]    ,
```

und die brackets-replacement Ersatzdarstellungen (CtoAda, A.3.1) mit Zwischenraum, Unterstrich und runden Klammern, z.B.

```
_( ) für [ ] in A _(3)_(4)        , ersetzt A[3][4]
```

Jedes lexikalische Element muß in eine Zeile passen. Falls erforderlich, werden Separatoren (englisch white space: Zwischenraum oder Formateffektor oder Kommentar) zum Trennen lexikalischer Elemente verwendet. Überflüssige Separatoren werden ignoriert. Ein Separator darf (außer in Zeichen-Konstanten und String-Literalen) nicht innerhalb eines lexikalischen Elements gesetzt werden, z.B.

```
Y=X<<1;            (bitweise Schift um 1 nach links)
Y = X << 1 ;

inkorrekt   Y = X < < 1 ;  (Separator innerhalb  token << )
```

0.3.2   Verwendung des Syntaxdiagramms, siehe A.1

Zur Beschreibung der Sprache C werden in diesem Buch aus Gründen
der besseren Lesbarkeit nicht die im   ANSI-Standard (86a) verwendeten Regeln in Backus-Naur-Form (ALGOL 1960), wie z.B. (nondigit
ist letter oder underscore)

```
identifier:
            nondigit
            identifier nondigit
            identifier digit
```

sondern deren gleichwertige graphische Repräsentationen in Form
von Diagrammen (vgl. Wirth-Diagramme, Pascal 1971) gewählt, z.B.

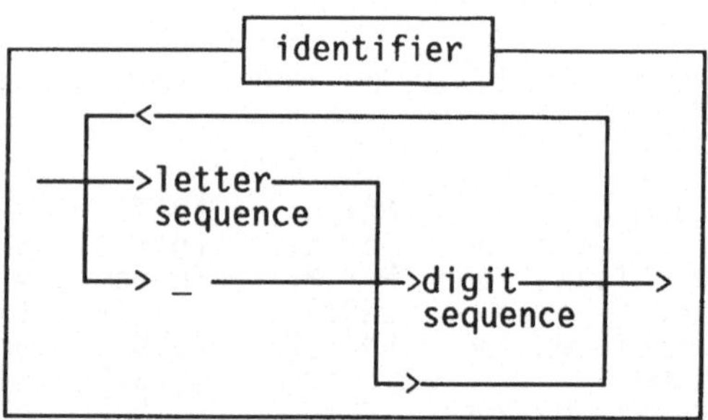

Im Anhang A.1 finden sich die passenden Anschluß-Diagramme für
letter (synonym für letter_sequence, d.h. ein oder mehrere große
oder kleine Buchstaben),   digit (synonym für digit_sequence,   d.h.
eine oder mehrere Ziffern) und underscore (ein Unterstrich _).
Derartige Syntaxdiagramme sollten auch für den unvorbereiteten
Leser wie "Eisenbahn-Gleisbilder" ohne weiteres lesbar sein. Man
beginne mit dem Eingangspfeil links und durchlaufe das Diagramm in
einem Zug bis zum Ausgangspfeil rechts.   Schleifen dürfen beliebig
oft durchlaufen werden.

Der Leser kann diesen Diagrammen entnehmen, daß ein identifier
(deutsch Bezeichner) besteht aus einem letter oder underscore
am Anfang und dann optional weiteren letter oder underscore oder
digit, z.B. korrekt

```
K2R     , x  , Al , Name  , BEGIN ,
NEW_LINE  , _IOFBF , __TIME__  , __
```

aber inkorrekt (beginnen nicht mit letter oder underscore, oder
enthalten unzulässige Zeichen)

```
2R    , 1   , 1a , 123      ,
1_te , Kuß , A.1 ; NEW-LINE .
```

Die Syntaxdiagramme sind im Anhang A.1 zusammengestellt. Sie enthalten zum Teil verbale Nebenabreden.

0.3.3 Kommentar

Ein Kommentar (englisch comment, A.1), d.h. eine Programm-Erläuterung für den Leser, die für das Programm selbst keine Bedeutung hat, z.B.

```
/* AnzahlEe */
```

beginnt mit der Zeichenfolge "/*", erlaubt dann beliebige Zeichen (nicht enthaltend eine Zeichenfolge "*/") und endet mit der nächsten Zeichenfolge "*/". Da in einem Kommentar nur die erste Zeichenfolge "/*" als Kommentar-Anfang wirksam wird, kann es keine geschachtelten Kommentare geben.

Kommentare können sich über mehrere Zeilen erstrecken und können an jeder Stelle des Programms vorkommen, ausgenommen in einem lexikalischen Element (token, A.1) oder einem header-Namen (10).

0.3.4 Pragma

Ein Pragma (englisch pragma, A.1) , d.h. eine Information für das Programm oder seine Umgebung, die zusätzlich zum "normalen" Programmier-Umfang erlaubt ist (meist Anschluß von Bibliotheken anderer Programmiersprachen oder maschinenabhängige Programmierhilfen), ist nach Syntaxdiagramm A.1 eine Präprozessor-Konstruktion von der Form

```
—>#—>pragma—>preprocessing-token—>"line feed"—>
```

Zum Beispiel könnte die Wurzel-Funktion sqrt aus FORTRAN folgendermaßen mit Hilfe des Pragmas interface angeschlossen werden:

```
#pragma interface(FORTRAN,sqrt)
```

Jedes nicht von der jeweiligen Implementation erkannte Pragma wird ignoriert.

0.4 Testfragen

zu	Frage	abdeckbare Antwort
0.1	Welche Sprache(n) aus Diagr. 0.1 ist – Innovation (kein Vorgänger)? – Sackgasse (15 Jhr.kein Nachfolger)? – Sammelbecken(mehr.direkte Vorgänger)?	FORTRAN LISP, APL, PROLOG Basic PL/I, SIMULA, Ada
0.1	Welche Sprache(n) wurde bereits nach 3 Jahren von ihrem Herausgeber durch eine Nachfolgesprache ersetzt?	FORTRAN -> ALGOL_60 Pascal -> MODULA
0.1	Welche Sprache wurde vom DoD (US Department of Defense) herausgebracht und bereits vor etwa 10 Jahren durch eine Nachfolgesprache ersetzt?	COBOL -> Ada
0.3.1	Welche der folgenden Zeichen sind standardardmäßig source-character? $ \` Ä ß space-character & ^ "line feed"	siehe Syntaxschema A.1 keines alle
0.3.1	Sind reservierte Worte (keyword) nach dem gleichen Syntaxschema aufgebaut wie Bezeichner (identifier)? Wenn ja, welche Einschränkung gilt für die freie Wahl eines Bezeichners?	ja darf nicht mit irgendeinem reservierten Wort übereinstimmen
0.3.2	Wieviel E in einer Kette erzeugt das folgende Syntax-Diagramm? wieviel_E ┌─E<─┐ │ │ ──┘──>E─┘──>	1,3,5,.. d.h. ungerade Anzahl von E
0.3.3	Was bewirkt eine Programmzeile /*********************************/ ?	für den Leser ein Kommentar, für den Compiler nichts
0.3.1/3	Ist ein Kommentar ein Separator?	ja
0.3.4	Was bewirkt das selbsterfundene und vor das Programm gesetzte Pragma #pragma GOETZ_VON_BERLICHINGEN	nichts (auch kein Fehler)

1 EINFACHE DATENTYPEN UND EIN/AUSGABE

In diesem Kapitel werden die einfachen Datentypen arithmetic und STRING (eindimensionaler ARRAY aus CHAR, CtoAda) behandelt sowie die einfachen Ein/Ausgabeprozeduren GET, PUT (CtoAda) etc. besprochen und an Beispielen erläutert.

Wir geben zunächst eine Übersicht über die vorkommenden Typen (englisch type) und deren Einteilung (vgl. Syntaxdiagramm A.1):

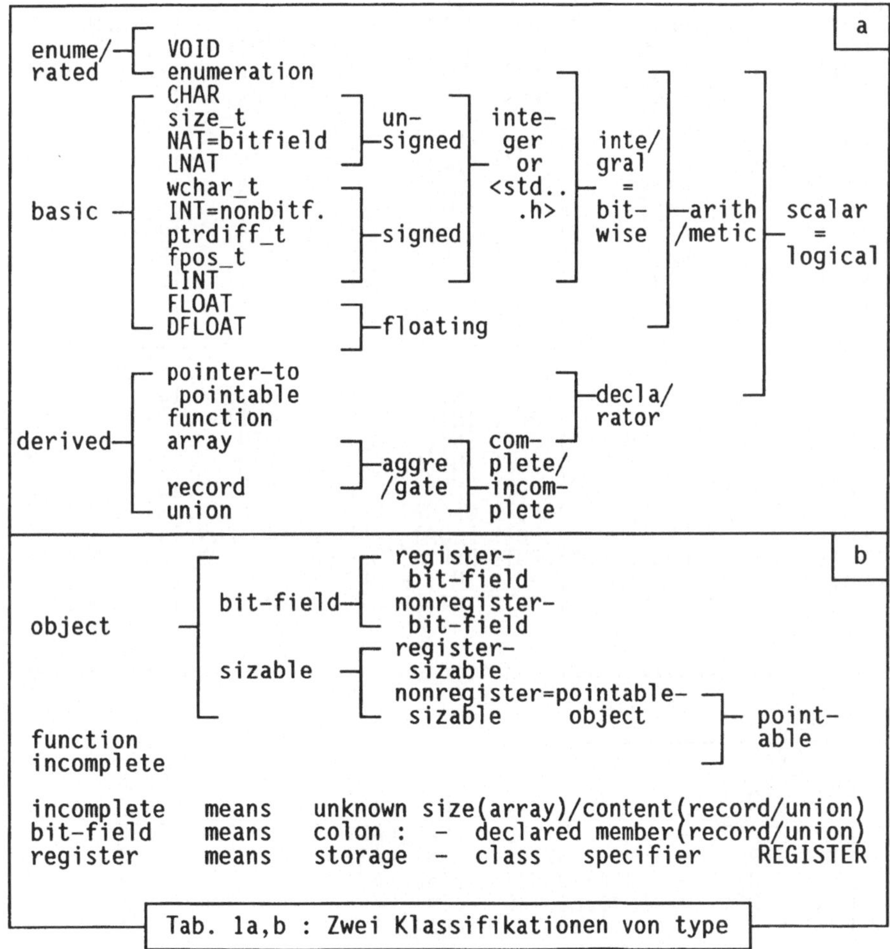

Die allen Typen zugrundeliegenden Basistypen (basic, siehe oben) sind, was ihren Umfang, ggf. Genauigkeit usw. betrifft, implementationsabhängig (abfragbare Typ-Attribute, A.1) definiert.

Das nachfolgende Programm "Attribut" druckt die Werte aller (CtoAda) Typ-Attribute aus.

```
/*********************** Attribut ***************************/
/*            Implementation-abhaengige Typ-Attribute          */
/*************************************************************/

#include <CtoAda.h>

VOID MAIN(VOID)
 BEGIN
  PUT("       __VERS__   =");PUT1_INT(           __VERS__   ,13);NEW_LINE;
  PUT("    CHAR_FIRST   =");PUT1_NAT(          CHAR_FIRST   ,13);
  PUT("    CHAR_LAST    =");PUT1_NAT(          CHAR_LAST    ,13);NEW_LINE;
  PUT("     NAT_FIRST   =");PUT1_NAT(           NAT_FIRST   ,13);
  PUT("     NAT_LAST    =");PUT1_NAT(           NAT_LAST    ,13);NEW_LINE;
  PUT("    LNAT_FIRST   =");PUT1_LNAT(         LNAT_FIRST   ,13);
  PUT("    LNAT_LAST    =");PUT1_LNAT(         LNAT_LAST    ,13);NEW_LINE;
  PUT("     INT_FIRST   =");PUT1_INT(           INT_FIRST   ,13);
  PUT("     INT_LAST    =");PUT1_INT(           INT_LAST    ,13);NEW_LINE;
  PUT("    LINT_FIRST   =");PUT1_LINT(         LINT_FIRST   ,13);
  PUT("    LINT_LAST    =");PUT1_LINT(         LINT_LAST    ,13);NEW_LINE;
  PUT("   FLOAT_FIRST   =");PUT1_FLOAT(   FLOAT_FIRST   ,13);
  PUT("   FLOAT_LAST    =");PUT1_FLOAT(   FLOAT_LAST    ,13);NEW_LINE;
  PUT(" DFLOAT_FIRST    =");PUT1_DFLOAT(DFLOAT_FIRST    ,13);
  PUT(" DFLOAT_LAST     =");PUT1_DFLOAT(DFLOAT_LAST     ,13);NEW_LINE;
                                                              NEW_LINE;
  PUT("   FLOAT_DIGITS =");PUT1_INT(       FLOAT_DIGITS ,13);
  PUT(" DFLOAT_DIGITS =");PUT1_INT(      DFLOAT_DIGITS ,13);NEW_LINE;
  PUT("   FLOAT_10_EMIN=");PUT1_INT( FLOAT_10_EMIN    ,13);
  PUT(" DFLOAT_10_EMIN=");PUT1_INT(DFLOAT_10_EMIN    ,13);NEW_LINE;
  PUT("   FLOAT_SMALL  =");PUT1_FLOAT(   FLOAT_SMALL  ,13);
  PUT(" DFLOAT_SMALL  =");PUT1_DFLOAT(DFLOAT_SMALL   ,13);NEW_LINE;
  PUT("   FLOAT_EPSILON=");PUT1_FLOAT(   FLOAT_EPSILON,13);
  PUT(" DFLOAT_EPSILON=");PUT1_DFLOAT(DFLOAT_EPSILON,13);NEW_LINE;
  PUT("   FLOAT_10_EMAX=");PUT1_INT( FLOAT_10_EMAX    ,13);
  PUT(" DFLOAT_10_EMAX=");PUT1_INT(DFLOAT_10_EMAX    ,13);NEW_LINE;
 END;

/*********************** End Attribut ***************************/
```

```
| Output
 _______________________________________________________________
|     __VERS__   =              6
| CHAR_FIRST   =               0  CHAR_LAST    =             255
|  NAT_FIRST   =               0  NAT_LAST     =           65535
| LNAT_FIRST   =               0  LNAT_LAST    =      4294967295
|  INT_FIRST   =          -32768  INT_LAST     =           32767
| LINT_FIRST   =     -2147483648  LINT_LAST    =      2147483647
| FLOAT_FIRST  =    -3.40282e+38  FLOAT_LAST   =     3.40282e+38
|DFLOAT_FIRST  =         -1e+306 DFLOAT_LAST   =           1e+306
|
| FLOAT_DIGITS =               6 DFLOAT_DIGITS =              15
| FLOAT_10_EMIN=             -37 DFLOAT_10_EMIN=            -307
| FLOAT_SMALL  =    1.17549e-38 DFLOAT_SMALL   =          1e-306
| FLOAT_EPSILON=    1.19209e-07 DFLOAT_EPSILON=      2.22045e-16
| FLOAT_10_EMAX=              38 DFLOAT_10_EMAX=             308
```

1.1 Aufzählungstypen

Eine Variable von einem Aufzählungstyp (englisch enumeration type) wird nach Syntaxdiagramm A.1 (enum-specifier, declaration) vereinbart in der Form

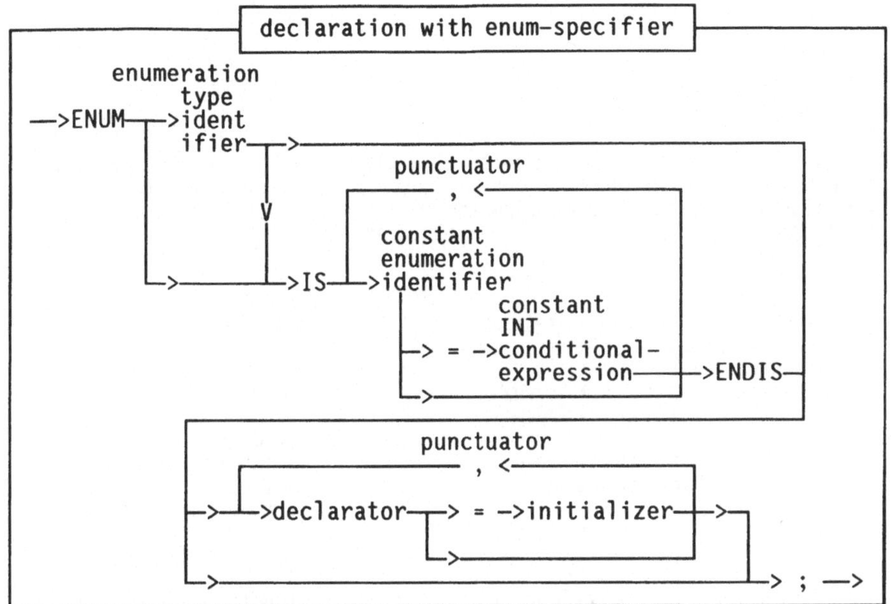

z.B.

```
ENUM IS Pass,Karo=9,Herz,Pik,Kreuz,Null=23,Grand FINIS Spiel=Pik;
```

Die hier vereinbarte und mit Pik initialisierte Variable Spiel ist von einem namenlosen Aufzählungstyp, der in ENUM IS...ENDIS durch Auflistung von Konstanten-Bezeichnern (constant identifier) und ggf. INT-Wertfestlegungen spezifiziert ist.

Wenn nichts anderes angegeben wird, beginnt die Wertfestlegung mit 0 und es wird jeder Wert um 1 höher angenommen als Wert des Listen-Vorgängers, im obigen Beispiel:

```
Pass=0,Karo=9,Herz=10,Pik=11,Kreuz=12,Null=23,Grand=24
```

Aufzählungstypen werden in C als "INT-Subtypen" (INT 1.5) mit INT-Konstanten als Elemente der Aufzählungsmenge realisiert. Leider gibt es aber in C, anders als in Pascal oder Ada, kein echtes Subtyp-Konzept. Es wird automatisch der ganze INT-Bereich zugelassen und Typ-Zugehörigkeitsfehler, wie etwa eine inkorrekte Wertzuweisung "Spiel=66;", nicht erkannt.

Daher rät der Autor generell von der Verwendung von Aufzählungs-typen ab und empfiehlt statt dessen äquivalente Vereinbarungen vom Typ INT (1.5), z.B.

```
INT
Pass=0,Karo=9,Herz=10,Pik=11,Kreuz=12,Null=23,Grand=24,Spiel=Pik;
```

1.2   CHAR

Der Typ CHAR (von englisch character) , d.h. die Menge aller Textverarbeitungs-Zeichen, nicht zu verwechseln mit der Menge aller Quelltext-Zeichen (source-character, 0.3.1), besteht nach Syntaxdiagramm (A.1, für character-constant) aus

```
- Ziffern                     '0' ,..., '9'
- Groß- und Kleinbuchstaben   'A' ,..., 'Z', 'a' ,..., 'z'
- Zwischenraum-Zeichen        ' '
- graphische Zeichen          , wie z.B.'+' oder '-' oder '_'
    ausgenommen Apostroph
    und Schrägstrich-links
- escape-Ersatzdarstellungen  , wie z.B. '\40' = '\x20'
    mit Schrägstrich-links      ersetzt Zeichen mit der Nummer
    ( englisch backslash )      okt.40 = hexadez. 20 = dez. 32
                                d.h.(implem.abh.) Zwischenraum
```

Zu jedem CHAR-Zeichen C liefert die explizite Konvertierung (NAT)C (cast 3.2.1, A.1) die zugehörige Ordnungsnummer N, eine natürliche Zahl größer gleich 0 (CtoAda) im Bereich

```
0 <= CHAR_FIRST <= N <= CHAR_LAST <= NAT_LAST
```

CHAR_FIRST und CHAR_LAST sind abfragbare Attribute (1) des Typs CHAR, NAT_LAST ist abfragbares Attribut des Typs NAT (1.3).

Die Programmiersprache C erspart dem Programmierer explizite Konvertierungen immer dann, wenn aus dem Kontext eindeutig hervorgeht, wohin konvertiert werden soll. Z.B. wird PUT_CHAR(I)implizit zu PUT_CHAR((CHAR)I) konvertiert.

Im nachfolgenden Programm "CharList" wird die Liste aller druckbaren (printing) CHAR-Zeichen ausgegeben. "Druckbar" bedeutet hier "druckbar auf allen Druckern", z.B. auch auf Typenrad-Druckern. "Nicht druckbar" sind z.B. Schraffuren oder andere ausgefallenene Sonderzeichen, aber auch Kontrollzeichen (control character), da einige Kontroll-Zeichen auf bestimmten Rechner/Druckerkonfigurationen zu Systemfehlern führen.

```
/*********************** CharList ***************************/
/*          Liste druckbarer (printing-) Character              */
/***********************************************************/

#include <CtoAda.h>
#include  <ctype.h>

VOID MAIN(VOID)
   BEGIN

      FOR(I,CHAR_FIRST,CHAR_LAST)
         IF isprint(I)            THEN
            IF I    REM  8 == 0 THEN PUT1_INT(I,4);PUT(") ");ENDIF;
                                     PUT_CHAR(I )              ;
            IF(I+1)REM 32 == 0 THEN NEW_LINE              ;ENDIF;
         ENDIF;
      ENDFOR;                          NEW_LINE              ;

      PUT1_NAT(' '      ,13);       PUT(")  <space>" );  NEW_LINE;

      PUT1_NAT(  '0'  ,4);          PUT(")  ..."        );
      PUT1_NAT(     '9',4);         PUT(")  "           );
      FOR     (C,'0','9'  )         PUT_CHAR(C);ENDFOR;  NEW_LINE;

      PUT1_NAT(  'A'  ,4);          PUT(")  ..."        );
      PUT1_NAT(     'Z',4);         PUT(")  "           );
      FOR     (C,'A','Z'  )         PUT_CHAR(C);ENDFOR;  NEW_LINE;

      PUT1_NAT(  'a'  ,4);          PUT(")  ..."        );
      PUT1_NAT(     'z',4);         PUT(")  "           );
      FOR     (C,'a','z'  )         PUT_CHAR(C);ENDFOR;  NEW_LINE;

   END;

/********************** End CharList **********************/
```

```
| Output
|---------------------------------------------------------
|  32)    !"#$%&'  40) ()*+,-./  48) 01234567  56) 89:;<=>?
|  64)  @ABCDEFG   72) HIJKLMNO  80) PQRSTUVW  88) XYZ[\]^_
|  96)  `abcdefg  104) hijklmno 112) pqrstuvw 120) xyz{|}~
|          32)   <space>
|  48) ...  57) 0123456789
|  65) ...  90) ABCDEFGHIJKLMNOPQRSTUVWXYZ
|  97) ... 122) abcdefghijklmnopqrstuvwxyz
```

Die Funktion isprint(C) ist vereinbart in <ctype.h> (Standard-Bibliothek A.2.2). isprint(I) liefert 1 für "I druckbar" (z.B. 'A') und 0 für "I nicht druckbar" (z.B. ASCII_ESC, Nummer 27).

Wie man aus dem Beispiel ersieht, wird ein character literal im Programm beidseitig durch Apostroph begrenzt, z.B. 'A', nicht aber auf dem Ein/Ausgabe-Medium (Taste/Papier), z.B. A .

Die nur für CHAR Zeichen zulässigen escape Ersatzdarstellungen mit Fluchtsymbol backslash sind im Syntaxdiagramm (A.1) aufgelistet. Besonders zu erwähnen sind die escape-Ersatzdarstellungen für

Fälle, wo ein Zeichen im character-literal oder string-literal mit dem jeweiligen literal-Begrenzerzeichen übereinstimmen würde:

```
\' ersetzt das Zeichen ' in  '\''
       inkorrekt wäre         '''
\" ersetzt das Zeichen " in  "es macht \"Tut,Tut\""
       inkorrekt wäre         "es macht "Tut,Tut """
```

Die im obigen Programm "Attribut" nicht mit ausgedruckten Kontrollzeichen (englisch control-character) haben im ASCII-Code die Ordnungsnummern 0 .. 31. Falls die Implementation mit dem ASCII-Code in 0 .. 31 übereinstimmt, könnten alle Kontrollzeichen unter ihrem ASCII-Namen angesprochen werden (siehe <CtoAda.h>, A.2), in ANSI-C aber zumindest die folgenden acht Kontrollzeichen:

ASCII Ordng. Nummer	Bedeutung des Kontrollzeichens	Bezeichner <CtoAda>	in character-const. oder string-lit.
0	Null	ASCII_NUL	\0
7	Bell (Alert, Alarm)	ASCII_BEL	\a
8	Backspace	ASCII_BS	\b
9	Horizontal Tabulator	ASCII_HT	\t
10	Line Feed (New Line)	ASCII_LF	\n
11	Vertical Tabulator	ASCII_VT	\v
12	Form Feed	ASCII_FF	\f
13	Carriage Return	ASCII_CR	\r

Tab. 1.2: In ANSI-C verfügbare Kontrollzeichen

```
z.B.   "Zeilenvorschub"   mit   PUT_CHAR(ASCII_LF);
                          oder   PUT_CHAR( '\n' );
```

Eine Zeichenkonstante kann nach Syntaxdiagramm A1 (character constant) auch aus mehreren "Teilzeichen" bestehen und wird dann standardmäßig als implementationsabhängig erklärt, z.B.

```
'\a\n1', d.h. "bell" und "new line" und Dezimalziffer 1 ,
'\x20' , d.h. hexadezimal 20 -> dezimal 32 -> Zwischenraum
             (diese Codierung ist implementationsabhängig)
```

Mit deutscher Tastatur, deutschem Bildschirm und mit deutschem Drucker könnte man den Compiler "täuschen", d.h. deutsche Zeichen (DIN 66003, Code-Tabelle 2) unter Beibehaltung des CHARACTER-Codes an Stelle der 8 Original-ASCII-Zeichen darstellen.

```
ISO-7-Bit dezimal:   64   91   92   93   123   124   125   126
 englisch (ASCII):    @    [    \    ]    {     |     }     ~
 deutsch (DIN ):      §    Ä    Ö    Ü    ä     ö     ü     ß
```

C ist aber nicht, wie z.B. Ada, standardmäßig auf ASCII-Code (7 Bit) festgelegt. Es könnte auch z.B. EBCDIC-Code (8 Bit) gewählt werden, in dem die Variante Deutsch mit enthalten ist.

1.3   STRING

Eine Zeichenkette (englisch string) ist eine eindimensionale Reihung (Reihungstyp siehe 5.1) von CHAR-Zeichen (Typ CHAR siehe 1.2), endend mit einem

```
String-Ende-Zeichen mit Namen (CtoAda) ASCII_NUL und Wert '\0'
```

Wie man an dem vordefinierten Typ (CtoAda)

```
TYPEDEF CHAR* STRING;
```

erkennt, wird eine STRING-Zeichenkette dargestellt als Zeiger auf das erste CHAR-Zeichen der Reihung (Zeigertyp * siehe 6.1, siehe dort auch Wechselbeziehungen zum Reihungstyp).

Der Benutzer kann STRING-Konstanten, d.h. vordefinierte (vgl. A1) String-Literals, z.B.

```
"Ein Text", "Wort", "A", "1", "" (leer)
```

ohne vorherige Vereinbarung verwenden, z.B.

```
PUT("Hallo Welt");
```

oder selbst STRING-Variablen S vereinbaren, z.B.

```
STRING S=NEW_STRING(5);    (zeigt auf ARRAY , max. 5 CHAR)
STRING S="Fuenf"      ;    (zeigt auf ein String-Literal)
STRING S              ;    (ist noch ein  null - pointer )
```

Wir empfehlen dem Leser, zunächst nur die erste Form dieser drei im Beispiel vorgeführten Vereinbarungen zu benutzen. Bei dieser Vereinbarung mit dem Allokator (englisch 'locale' bedeutet deutsch "neuer Speicher", siehe Kapitel 6) NEW_STRING(5) gibt der Parameter 5 die gewünschte Anzahl der CHAR Speicherelemente an (bei STRING-Allozierung immer netto ohne das noch automatisch hinzukommende STRING-Ende-Zeichen).

In dieser ersten Form vereinbarte STRING-Variablen können wie Reihungs-Variable n (siehe 5.1) indiziert werden, ihre durch Indizierung erreichbaren STRING-Elemente sind auch Variablen, z.B.

```
S _(0)='V';S _(1)='i';S _(2)='e';S _(3)='r';S _(4)=ASCII_NUL;
```

Diese elementweise Wertzuweisung erlaubt, wie man sieht, auch kürzere Zeichenketten (Vier) als von der Maximallänge 5 auf S unterzubringen. Dazu weist man einfach ein 'vorzeitiges' STRING-Ende-Zeichen zu, in unserem Beispiel auf das 5-te Element S _(4). Ein Wort innerhalb der Maximallänge der vereinbarten STRING-Variablen kann auch mit GET(S) eingelesen werden, siehe nachfolgendes Beispiel. GET(S) setzt stets eine vorhergehende Allokation von Speicher für S voraus.

Bei Verwendung der zweiten Form der vorgeführten Vereinbarungen würde S auf das konstante String-Literal "Fuenf" zeigen, dessen Elemente sich nicht ändern lassen. GET(S) wäre bei der zweiten und der dritten Form der vorgeführten Vereinbarungen zunächst nicht möglich. Allerdings lassen sich für alle drei Vereinbarungsformen nachträglich (andere) Speicher allozieren mit S=NEW_STRING(Len); und es lassen sich nachträglich (andere) String-Literals durch Zeiger-Umklinken S="Anders"; erreichen.

Das nachfolgende Programm "StrRev" revertiert eingegegebenen Text der Maximallänge 73 und setzt den revertierten Text in Relation zum ursprünglichen Text.

```
/************************** StrRev *****************************/
/*          String Reversion, Ordnung fuer String            */
/**************************************************************/

#include <CtoAda.h>
#include <string.h>

VOID MAIN(VOID)
   BEGIN

      #define                       MaxLen 73
      STRING        S   = NEW_STRING(MaxLen),
                    R = NEW_STRING(MaxLen);

      PUT("STRING:"  );             GET(  S  );
           strcpy(R,S);             PUT(  S  );
           strrev(  R);

      IF   strcmp(S,R) < 0 THEN PUT(" < ");
      ELIF strcmp(S,R) > 0 THEN PUT(" > ");
                                ELSE PUT(" = ");
      ENDIF;
                                   PUT(  R  );
   END;

/********************** End StrRev *************************/
```

Output	Input (3 Läufe)
STRING:	OTTO
OTTO = OTTO	
STRING:	AMOR
AMOR < ROMA	
STRING:	LIEB
LIEB > BEIL	

Ein STRING, der seinem revertierten STRING gleicht, z.B. "OTTO", heißt 'Palindrom'. Genau genommen ist der Satz

"TRUG TIM EINE SO HELLE HOSE NIE MIT GURT"

kein Palindrom, da die Zwischenräume revers anders verteilt sind.

Die im Beispiel benutzten STRING-Funktionen strcpy (für Kopie), strrev (für Reversion) und strcmp (für Vergleich: kleiner ergibt <0, gleich ergibt =0, größer ergibt >0), sind vereinbart in <string.h> (Standard-Bibliothek, A.2.14) .

Wie man aus dem Beispiel ersieht, wird ein string literal im Programm beidseitig durch Anführungsstriche begrenzt, z.B. "OTTO", nicht aber auf dem Ein/Ausgabe-Medium (Tasten/Papier), z.B. OTTO.

String-Katenation (lateinisch catena = Kette) als bloße Aneinanderreihung ist nur für String-Literals definiert, z.B.

```
PUT("Hallo"" ""Welt");   gleicht   PUT("Hallo Welt");
```

Leider gibt es in C , anders als z.B. in Pascal und Ada, keine Standard-Operation für STRING-Variablen-Katenation. Man muß statt dessen ausweichen auf die in <string.h> vereinbarte Funktion Svar=strcat(S1var,S2const), die das Resultat auch auf S1var abliefert, oder auf die in <stdio.h> vereinbarte Funktion sprintf(Svar,"%s%s",S1,S2).

Es sei noch einmal (escape 1.2, A.1) darauf hingewiesen, daß im String-Literal, das in Anführungszeichen " (quotation) eingeschlossen ist, kein Anführungszeichen " direkt vorkommen darf. Falls gewünscht, muß man die dafür vorgesehene escape-Ersatzdarstellung \" mit vorangehendem Fluchtsymbol backslash wählen, z.B.

```
PUT("Er sagt: \"Hallo\"")   druckt   Er sagt: "Hallo"
```

1.4   INT, NAT

Der Typ INT (von englisch integer), d.h. die Menge aller ganzen (negativen und nichtnegativen) Zahlen, ist ein vordefinierter implementationsabhängiger Typ, dessen Elemente ganze Zahlen sind im Bereich (siehe <CtoAda.h>, A.2)

```
INT_FIRST,...,-3 ,-2 ,-1 , 0 , 1 , 2 , 3 ,...,INT_LAST    .
```

Der Typ NAT (von englisch natural), d.h. die Menge aller nichtnegativen ganzen Zahlen, ist ebenfalls ein vordefinierter implementationsabhängiger Typ, dessen Elemente natürliche Zahlen sind im Bereich (siehe <CtoAda.h>, A.2)

```
NAT_FIRST = OU, 1U, 2U, 3U,...,NAT_LAST    .
```

INT_FIRST, INT_LAST und NAT_FIRST, NAT_LAST sind abfragbare Attribute (1). U bedeutet 'unsigned'. Die interne Dual-Zahlendarstellung im Rechner läßt erwarten, daß NAT_LAST etwa doppelt so groß sein wird wie INT_LAST. Zum Beispiel kann ein 16-Bit-Rechner 2hoch16 verschiedene Dezimalzahlen darstellen, die sich im Falle INT auf -2hoch15,...,0,...,2hoch15-1 und im Falle NAT auf 0,...,2hoch16-1 verteilen.

Darüber hinaus sind implementationsabhängig entsprechend längere ganze Zahlen (long integer) durch LINT, LINT_FIRST, LINT_LAST und LNAT, LNAT_FIRST, LNAT_LAST vordefiniert. Nach der Typ-Einteilung (1) gehören INT, LINT und NAT, LNAT alle zum Typ integer.

Short integer Typen werden hier nicht behandelt. Bestehende Implementationen realisieren sie durch INT.

Das nachfolgende Programm "FakLast" berechnet die Werte der Fakultät-Funktion ohne Überlauf bis zum größtmöglichen LNAT-Wert.

```
/************************** FakLast **************************/
/*               Fakultaet-Tabelle bis LNAT_LAST            */
/************************************************************/

#include <CtoAda.h>

VOID MAIN(VOID)
   BEGIN

       NAT N  =1;
       LNAT Fak=1;

       WHILE(Fak<=LNAT_LAST/N)
          Fak*=N;
          PUT(        "1* .. *"            );
          PUT1_NAT(            N      , 2);
          PUT(             "="          );
          PUT1_LNAT(          Fak    ,10);NEW_LINE;
          N+=1;
       ENDWHILE;                             NEW_LINE;

       PUT(      "LNAT_LAST="        );
       PUT1_LNAT(          LNAT_LAST ,10);NEW_LINE;

   END;

/********************** End FakLast **********************/
```

```
| Output
|
|1* .. * 1=          1
|1* .. * 2=          2
|1* .. * 3=          6
|1* .. * 4=         24
|1* .. * 5=        120
|1* .. * 6=        720
|1* .. * 7=       5040
|1* .. * 8=      40320
|1* .. * 9=     362880
|1* .. *10=    3628800
|1* .. *11=   39916800
|1* .. *12=  479001600
|
|LNAT_LAST=4294967295
```

Die Abfrage   Fak <= LNAT_LAST/N   ist gleichbedeutend mit
Fak*N <= LNAT_LAST und fängt den möglichen Überlauf bei Fak*=N;
(Kurzschreibweise für Fak = Fak*N;) vorher ab. In C ist es,   anders
als in Ada,   nicht möglich,   bereits eingetretene Überläufe nachträglich einer Ausnahmebehandlung zu unterziehen (vgl. dazu 9.4).

Bekanntlich ist n-Fakultät die Anzahl aller Permutationen von n
Elementen. Zum Beispiel führt das Rundreise-Problem (englisch tra-
velling salesman problem, 10.4) durch n>=1 Städte auf n-Fakultät
verschiedene Rundreisen.

Explizit im Programm vorkommende Bezeichnungen für integer-
Zahlen (integer constant),   hier ohne   führendes Vorzeichen,   das
aber als Operator (unary operator,   A1) noch davorgesetzt werden
darf, sind nach Syntaxdiagramm A.1 von der Form

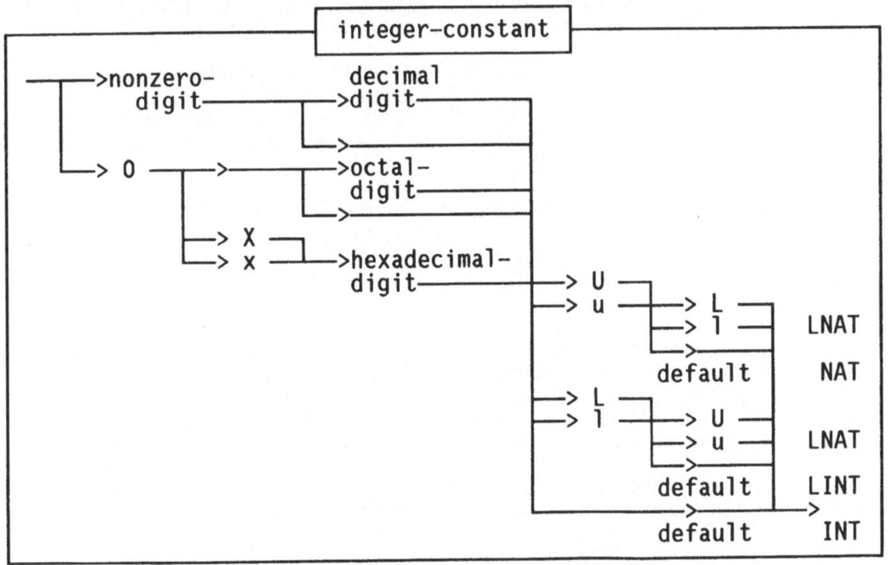


```
z.B.   1  ,    123   ,d.h.      decimal  INT
       0  ,     07   ,d.h.       octal   INT
       0xF           ,d.h.   hexadecimal INT
       2147483647L   ,d.h.      decimal LINT
       0U            ,d.h.      decimal  NAT
       4294967295Lu  ,d.h.      decimal LNAT

inkorrekt wären 12_3 , 12E3 , 09 , 0x , U , l , Lulu
```

Leider gibt es in der Programmiersprache C kein Subtyp-Konzept.
Man kann also nicht, wie z.B. in Pascal oder Ada, zum Schutz gegen
ungewollte Bereichsüberschreitungen, vom Compiler und später auch
zur Laufzeit abprüfbare (in Ada ist die Prüfung nach dem Test mit
dem Pragma SUPPRESS wieder abschaltbar) Zahlenbereiche selbst
vereinbaren, z.B. (inkorrekt) Monat: 1..12; .

1.5   FLOAT

Der Typ FLOAT (von englisch floating point, die englische deci-
mal-period '.' tritt bei Programmiersprachen an die Stelle des
deutschen Dezimal-Komma ','), d.h. die Menge aller reellen (negativen und nichtnegativen) Zahlen innerhalb der durch den Computer
gegebenen Einschränkungen, ist ein vordefinierter implementationsabhängiger Typ, dessen Elemente relle Zahlen sind im Bereich (siehe <CtoAda.h>, A.2)

```
FLOAT_FIRST,...,-FLOAT_SMALL, 0.0 , FLOAT_SMALL,...,FLOAT_LAST
```

FLOAT_SMALL ist diejenige FLOAT-Zahl, die am dichtesten an
der   FLOAT Null 0.0 liegt. FLOAT_EPSILON gibt an, wie dicht man
an die   FLOAT Eins 1.0 herankommt. Im Unterschied zu den mathematisch postulierten reellen Zahlen liegen also die im Rechner rea-
lisierten FLOAT-Zahlen nicht wirklich dicht nebeneinander.

FLOAT_DIGITS ist die maximale Anzahl der Dezimalstellen vor und
nach dem Dezimalpunkt, d.h. die Genauigkeit der FLOAT-Zahlen.
FLOAT_10_EMIN und FLOAT_10_EMAX sind die Grenzen für den
FLOAT Zehner-Exponent (siehe floating-constant unten). Alle diese
sind abfragbare Typ-Attribute (1).

Der FLOAT Typ in der FORTRAN-Familie (FORTRAN, PLI, Ada)
entspricht dem REAL Typ in der ALGOL-Familie (ALGOL 60, SIMULA,
Pascal, ALGOL_68). Die interne FLOAT Zahlendarstellung im Rechner
ist stark implementationsabhängig und verwendet keineswegs immer
Dualzahlen-Darstellung.

Darüber hinaus sind implementationsabhängig entsprechend genau-
ere Fließkomma-Zahlen DFLOAT ("double" bedeutet nichtnotwendig
"doppelt" genau) mit entsprechenden Typ-Attributen DFLOAT..   an
Stelle von FLOAT.. vordefiniert. Nach der Typ-Einteilung (siehe
Tabelle 1) gehören FLOAT und DFLOAT beide zum Typ floating.

Long floating Typen werden hier nicht behandelt. Bestehende Im-
plmentationen realisieren sie durch DFLOAT.

Im nachfolgenden Beispiel "Rundung" wird die Leibniz'sche Reihe
für Pi bis zum 5000-ten Glied aufsummiert, und zwar zweimal, in
verschiedenen Reihenfolgen:

Man erkennt sowohl Verfahrens- (Abweichung vom exakten Pi-Wert)
als auch Rundungsfehler (unterschiedliche Summationsergebnisse).
Der Rundungsfehler hängt ab von der Genauigkeit FLOAT_DIGITS. Er
könnte erheblich herabgesetzt werden durch Übergang auf höhere Genauigkeit mit DFLOAT Pi; an Stelle von FLOAT Pi;

Bekanntlich ist die Berechnung von Pi mittels der Leibniz'schen
Reihe ein monoton wachsendes und sehr langsam konvergierendes Ver-
fahren. Es ist daher gut geeignet zur Demonstration von Rundungs-
Effekten.

In C richtet sich, ähnlich wie in Ada, die Art einer Operation
nach dem Typ der Operanden , z.B. 1/2==0 ("ganzzahlige Division",
geht "0-mal"), aber 1.0/2==0.5 (wird als FLOAT Division erkannt).

```
/************************* Rundung *************************/
/*    Rundungsfehler, Summation   der   Leibniz'schen    Reihe   */
/*                    Pi=8*( 1/(1*3) +1/(5*7) +1/(9*11) +...)     */
/*                 in     verschiedenen      Reihenfolgen         */
/************************************************************/

#include <CtoAda.h>

VOID MAIN(VOID)
  BEGIN
     FLOAT Pi;
     INT N;PUT("N:");GET_INT(N);

     Pi=0;
     FOR    (I,0,N) Pi=Pi+1.0/(4*I+1)/(4*I+3);ENDFOR;
     PUT_FLOAT(8*Pi);NEW_LINE;

     Pi=0;
     FORREV(I,0,N) Pi=Pi+1.0/(4*I+1)/(4*I+3);ENDFOR;
     PUT_FLOAT(8*Pi);NEW_LINE;
  END;

/********************** End Rundung ***********************/
```

Output	Input
N:	5000
3.141384	
3.141493	

Explizit im Programm vorkommende Bezeichnungen für floating-Zahlen (floating-constant), hier ohne führendes Vorzeichen, das aber als Operator (unary operator, A1) noch davorgesetzt werden darf, sind nach Syntaxdiagramm A.1 von der Form

```
                          floating-constant
         decimal
         period
    ->digit-+-> .  ---------------v
    ->      -+-> . ->digit-+->
                           v          exponent
    ->digit---------------+-> E -+    sign
                          +-> e -+-> - +
                                 +-> + +
                                 +->   +->digit-+-> F +
                                 default+        +-> f + FLOAT
                                                 +->   ->
                                                 default DFLOAT
```

z.B.

```
FLOAT:      0.0F  , 3.14f  ,  314.159E-2F  ,  3.f  ,  0.E0f
DFLOAT:     0.0   , 3.141592653 ,  3E0  ,  .3  ,  0.E0
inkorrekt:  3   ,  E  ,  3E  ,  E3  ,  E-3
```

Wie man aus dem Syntaxdiagramm ersieht, muß in einer floating-
constant entweder ein Dezimalpunkt '.' oder ein Zehner-Exponent-
Zeichen 'E' vorkommen, um die Zahl von einer integer-constant
(1.4) unterscheiden zu können. Das 'E' des Zehner-Exponenten darf
nicht am Anfang der floating-constant stehen, um die Zahl von einem identifier (0.3.2) unterscheiden zu können.

Der Exponent E verschiebt den Punkt, der auch implizit als Zahl-
Ende gegeben sein kann. Z.B. verschiebt E+2 oder E2 um 2 Stellen
nach rechts, d.h. 12E2 ist gleich 1200, und E-2 um zwei Stellen
nach links, d.h. 314.15E-2 ist gleich 3.14515 .

1.6   Einfache Ein/Ausgabe mit GET, PUT

Die einfachen Ein/Ausgabeprozeduren (CtoAda.h, A.3.1)

```
GET, PUT  für  CHAR, NAT, LNAT, INT, LINT, FLOAT, DFLOAT,
```

werden nach Ada-Vorbild eingeführt und nun in ihren wichtigsten
Eigenschaften besprochen "ohne Tränen", d.h. ohne an dieser Stelle
im Buch bereits auf Zeiger (6.1), Parameterübergabe (7.2) und Dateien (8.2) eingehen zu müssen.

Wie in Ada, anders als in Pascal, haben die Ein/Ausgabeprozedu-
ren GET, PUT nur jeweils einen Parameter. Hinzu kommen maximal
zwei optional angebbare Format-Parameter. An den Prozedurnamen
GET bzw. PUT wird der Parametertypname angehängt, z.B.

```
GET_INT(I);   für den Parametertyp INT
```

ausgenommen der am häufigsten vorkommende Parametertyp STRING,
der nicht genannt wird, z.B.

```
PUT("String");   für den Parametertyp STRING
```

Sollen noch zusätzlich ein bzw. zwei Format-Breitenparameter angegeben werden, so muß dies durch Anhängen der Ziffer 1 bzw. 2 an
den Ein/Ausgabeprozedur-Namen kenntlich gemacht werden, z.B.

```
GET1_INT  (I,10  );   für einen Format-Breiten-Parameter
PUT2_FLOAT(F,10,5);   für zwei  Format-Breiten-Parameter
```

Besonders geregelt ist in C das Einlesen auf STRING-Variablen:

```
GET(S);
```

ignoriert vorangehende "white-space" (Zwischenraum, A.1), liest
eine "non-white-space sequence", stoppt beim Erreichen eines
nachfolgenden "white-space" (A.1) und setzt dann ein extra
"STRING-Ende-Zeichen", auch wenn noch mehr Speicherplatz für S
bereitgestellt worden ist. Texte mit Zwischenräumen können daher
nur zeichenweise mit GET_CHAR(S _(I)); oder formatiert längenweise
mit GET1(S,Len); (siehe IoFormat, 1.6) eingelesen werden.

    Im nachfolgenden Programm "StFormat" werden Variablen der verschiedenen Typen mit GET eingelesen und mit PUT unformatiert, d.h. im Standard-Format wieder ausgegeben.

```
/************************* StFormat **************************/
/*        Standard-Ein/Ausgabe-Formate von PUT und GET      */
/************************************************************/

#include <CtoAda.h>

VOID MAIN(VOID)
   BEGIN

      #define                   MaxLen 73
      CHAR  C;STRING  S=NEW_STRING(MaxLen);
      NAT   N;LNAT    LN                   ;
      INT   I;LINT    LI                   ;
      FLOAT F;DFLOAT  DF                   ;

      PUT("CHAR     :");GET_CHAR(   C);
      PUT("         =");PUT_CHAR(   C); PUT_LINE(",");
      PUT("STRING   :");GET(        S);SKIP_LINE     ;
      PUT("         =");PUT(        S); PUT_LINE(",");
      PUT("NAT      :");GET_NAT(    N);
      PUT("         =");PUT_NAT(    N); PUT_LINE(",");
      PUT("LNAT     :");GET_LNAT(  LN);
      PUT("         =");PUT_LNAT(  LN); PUT_LINE(",");
      PUT("INT      :");GET_INT(    I);
      PUT("         =");PUT_INT(    I); PUT_LINE(",");
      PUT("LINT     :");GET_LINT(  LI);
      PUT("         =");PUT_LINT(  LI); PUT_LINE(",");
      PUT("FLOAT    :");GET_FLOAT(  F);
      PUT("         =");PUT_FLOAT(  F); PUT_LINE(",");
      PUT("DFLOAT   :");GET_DFLOAT(DF);
      PUT("         =");PUT_DFLOAT(DF); PUT_LINE(",");

   END;

/********************* End StFormat *********************/
```

Output		Input
CHAR :		C
	=C,	
STRING :		Nur das erste Wort
	=Nur,	
NAT :		12345 1234567890
	=12345,	
LNAT :	=1234567890,	
INT :		-12345-1234567890
	=-12345,	
LINT :	=-1234567890,	
FLOAT :		1.234567
	=1.23457,	
DFLOAT :		1.23456789012345
	=1.23457,	

Einzugebende Zahlen müssen durch mindestens einen Zwischenraum (space character) oder durch Zeilenende voneinander getrennt sein. Zwischenräume vor (dem Zahl-Vorzeichen oder vor) der Zahl gehören zur Zahl und werden überlesen. Nachfolgender Zwischenraum gehört nicht mehr zur Zahl, d.h. beendet das Einlesen dieser Zahl. Unzulässige Trennzeichen, wie z.B. Komma ',' , würden beim Lesen der nächsten Zahl einen Lesefehler ergeben, da sie nicht zur nächsten Zahl gehören und daher auch nicht überlesen werden.

Zeilenvorschub, d.h. Sprung von der aktuellen Stelle der aktuellen Zeile auf die erste Stelle der nächsten Zeile bewirken

```
        die Eingabeprozedur SKIP_LINE; und
        die Ausgabeprozedur  NEW_LINE;    .
```

Für STRING-Parameter gibt es, ähnlich wie in Ada und Pascal,

```
    Kurzform   GET_LINE(S);   für Langform   GET(S);SKIP_LINE;
    Kurzform   PUT_LINE(S);   für Langform   PUT(S); NEW_LINE;
```

Es folgt die Tabelle der optionalen Format-Parameter von GET und PUT. Für CHAR-Parameter sind keine Format-Parameter angebbar. Der Parameter var der Eingabeprozedur GET muß eine Variable (2.2) sein und der Parameter expr der Ausgabeprozedur PUT muß ein Ausdruck (3) sein. Die Format-Parameter width, prec müssen dezimale INT-Konstanten (decimal integer constant, A.1) sein.

	Format-Parameter Anzahl	Ein/Ausgabe Paramete Typ	Ein/Ausgabe-Parameter var/expr Format-Parameter flag width,prec
Eingabe-Prozedur GET	default 0 1	default STRING _NAT _LNAT _INT _LINT _FLOAT _DFLOAT	optional (var,flag width);
Ausgabe-Prozedur PUT	default 0 1 2	default STRING _NAT _LNAT _INT _LINT _FLOAT _DFLOAT	optional optional (expr,flag width,prec);

Tab. 1.6: Optionale Format-Parameter von GET,PUT

flag ist die "Vorzeichenflagge" (d.h. Vorzeichen) von width:

> \+ Zeichen bedeutet "rechtsbündig" innerhalb width,
> \- Zeichen bedeutet "linksbündig" innerhalb width.

> Nötigenfalls wird innerhalb der Gesamtbreite width mit
> Zwischenraum (space-character) aufgefüllt.

> default-flag ist für Nicht-Zahlen " + " ,
> für Zahlen "rechtsbündig, nur '-' Vorzeichen"

width ist die Gesamtbreite > 0 für Ein/Ausgabe:

> Bei Eingabe ist width eine Maximal-Angabe, d.h.
> die Eingabe könnte vorher abbrechen, z.B. bei
> GET1_INT(I,10);GET_FLOAT(F) mit Input 1 3.14

> Bei Ausgabe ist width eine Minimal-Angabe, d.h.
> die Ausgabe könnte darüber hinausgehen, z.B. bei
> PUT1_INT(10,1);

> default-width ist "bis zum nachfolgenden white-space"
> für STRING-Eingabe, "bis zum notwendig vorhandenen
> STRING-Ende-Zeichen" für STRING-Ausgabe, "bis zur
> vollständigen Standardausgabe" für NAT, LNAT, INT,
> LINT, FLOAT, DFLOAT.

prec ist die 0 <= Präzision <= abs(width), nur für Ausgabe:

> Für STRING ist prec die maximale Anzahl von Zeichen.
> Im Falle prec>"STRING-Länge" muß notwendig ein
> "STRING-Ende-Zeichen" vorhanden sein.

> default-prec ist der Absolutbetrag von width .

> Für NAT, LNAT, INT, LINT ist prec die minimale Anzahl
> von Ziffern und ggf. führendem Minus-Zeichen.
> Nötigenfalls wird innerhalb der Präzision prec mit
> führenden Nullen links aufgefüllt und bereits dort
> vorhandene Zwischenraum-Auffüllung überschrieben.

> default-prec ist 1. prec=0 resultiert zu default prec=1.

> Für FLOAT, DFLOAT ist prec die Anzahl der Dezimalstellen
> nach dem Dezimalpunkt; nötigenfalls wird gerundet.
> Im Falle prec=0 wird auch der Dezimalpunkt unterdrückt.
> Bei Angabe einer Präzision prec wird immer versucht,
> die Zahl ohne Zehner-Exponent darzustellen (in C ist,
> anders als in Ada, keine Exponent-Präzision angebbar).

> default-prec ist "6 signifikante Ziffern insgesamt vor
> und nach dem Dezimalpunkt, ohne äußere Nullen".

Bei formatierter STRING-Eingabe GET1(S,w) wird auch "white-space"
als Zeichen gelesen und kein extra "STRING-Ende-Zeichen" angefügt.

Das folgende Programm "IoFormat" führt dem Leser die für GET/PUT
zulässigen optionalen Format-Parameter am Beispiel vor:

```
/*************************** IoFormat ***************************/
/*            Ein/Ausgabe-Formate von PUT und GET             */
/**************************************************************/

#include <CtoAda.h>

VOID MAIN(VOID)
   BEGIN
      #define                    MaxLen 12
      STRING             S=NEW_STRING(MaxLen);
      NAT    N;LNAT   LN                     ;
      INT    I;LINT   LI                     ;
      FLOAT  F;DFLOAT DF                     ;

      PUT("STRING, 12    :");GET1(          S,  3   );
      PUT("        -12, 3=");PUT2(          S,-12, 3);PUT_LINE(",");
                            GET1(           S,  6   );
      PUT("          9, 6=");PUT2(          S,  9, 6);PUT_LINE(",");
                            GET1(           S,  3   );
      PUT("         12, 3=");PUT2(          S, 12, 3);PUT_LINE(",");
      PUT("NAT    ,  5   :");GET1_NAT(      N,  5   );
      PUT("         10, 8=");PUT2_NAT(      N, 10, 8);PUT_LINE(",");
      PUT("LNAT   , 10   :");GET1_LNAT(    LN, 10   );
      PUT("         20   =");PUT1_LNAT(    LN, 20   );PUT_LINE(",");
      PUT("INT    ,  5   :");GET1_INT(      I,  5   );
      PUT("         10, 8=");PUT2_INT(      I, 10, 8);PUT_LINE(",");
      PUT("LINT   , 10   :");GET1_LINT(    LI, 10   );
      PUT("         20   =");PUT1_LINT(    LI, 20   );PUT_LINE(",");
      PUT("FLOAT  ,  8   :");GET1_FLOAT(    F,  8   );
      PUT("         10, 5=");PUT2_FLOAT(    F, 10, 5);PUT_LINE(",");
      PUT("DFLOAT, 15   :");GET1_DFLOAT(DF, 15   );
      PUT("        -20,10=");PUT2_DFLOAT(DF,-20,10);PUT_LINE(",");
   END;

/*********************** End IoFormat ***********************/
```

Output	Input
STRING, 12 :	LAMPENSCHIRM
-12, 3=LAM ,	
9, 6= PENSCH,	
12, 3= IRM,	
NAT , 5 :	12345
10, 8= 00012345,	
LNAT , 10 :	1234567890
20 = 1234567890,	
INT , 5 :	-123
10, 8= -000123,	
LINT , 10 :	-12345678
20 = -12345678,	
FLOAT , 8 :	1.234567
10, 5= 1.23457,	
DFLOAT, 15 :	1.2345678901234
-20,10=1.2345678901 ,	

1.7   Testfragen

zu	Frage	abdeckbare Antwort
1.2 1.3	Welche der folgenden sind korrekte character literal oder string literal? '' bzw. ''' bzw. "in "DM" Preis" ' ' bzw. '"' bzw. '/' bzw. '^' "" bzw. "'" bzw. "dreifach\"Hoch\""	keine alle, character-c. alle, string liter.
1.3	Ist der folgende Text ein Palindrom? "A MAN A PLAN A CANAL PANAMA"	ja, genau genommen nein,Zwischenräume stimmen nicht
1.4	Gibt es zwei verschiedene INT – Zahlbezeichnungen (integer-constant) mit gleichem Wert?	ja: 1 , 0x1
1.5	Gibt es zwei verschiedene FLOAT – Zahlbezeichnungen (floating-constant) mit gleichem Wert?	ja: 1.0 , 0.1E1,
1.5	Welche der folgenden sind korrekte Zahlbezeichnungen? Sind es integer oder real (based) literals? 10X10U bzw. X10U bzw. 10UE10 0X10U 10.10E-10	 keine ja, integer-const. ja, floating-const.
1.3 1.6	Was wird ausgedruckt? PUT(" '3.14159""E-4'=\",Pi,\""");	'3.14159E-4'=",Pi," vorn ein space
1.6	Was wird ausgedruckt? PUT2_FLOAT(31415.9E-4,8,5);	3.14159 vorn ein space

2   EINFACHER PROGRAMMAUFBAU

Ein Programm besteht nach Syntaxdiagramm A.1 (siehe source file, external definition, declaration, function definition und preprocessing directive) aus einer Funktionsvereinbarung mit Resultattyp VOID und Namen MAIN. Diese Funktion MAIN kann Parameter besitzen (siehe Beispiel "MainArg", 7.4), ist aber meist parameterlos, was durch Anhängen einer "leeren" Parameterliste (VOID) gekennzeichnet wird (siehe A.1, function definition, declarator, parameter declaration und type specifier). Darauf folgt der in BEGIN... END; eingeschlossene Programm-Block mit lokalen Vereinbarungen (declaration) und Anweisungen (statement).

Der umgebenden Kontext des Programms kann externe Vereinbarungen (extern declaration) und Funktionsvereinbarungen (function definition) enthalten. Im Programm und im umgebenden Kontext können Vorübersetzungsanweisungen (preprocessing directive) vorkommen, die vor der Programmübersetzung ausgeführt werden.

Im nachfolgenden Programmbeispiel "UmsatzSt" zur Berechnung des Bruttowertes aus dem Nettowert plus Mehrwerts-Steuer, wird ein parameterloses Hauptprogramm VOID MAIN(VOID)... vereinbart.

```
/************************* UmsatzSt ***************************/
/*    Umsatz-Steuer , zur Demonstration des Programmaufbaus    */
/*************************************************************/
                                                    /*           */
#include <CtoAda.h>                                 /* preproc.*/
#define          MwSt 14.0                          /* direct. */
                                                    /*           */
TYPEDEF DFLOAT     DM;                              /* extern  */
                                                    /* declar. */
DM Steuer(CONST    DM Wert)                         /*           */
   BEGIN                                            /* function*/
      RETURN Wert*MwSt/100;                         /* definit.*/
   END;                                             /*           */
                                                    /*           */
VOID MAIN(VOID)                                     /*           */
   BEGIN                                            /* local   */
      DM Umsatz;                                    /* declar. */
                                                    /*           */
      PUT(        "Umsatz excl.      MwSt:"   );    /*  state  */
      GET_DFLOAT( Umsatz                      );    /*   /     */
      PUT(        "Umsatz incl."              );    /*   /     */
      PUT2_FLOAT(                  MwSt ,4,1);      /*   /     */
      PUT(                         "% MwSt="  );    /*   /     */
      PUT2_DFLOAT(Umsatz + Steuer(Umsatz),1,2);     /*  ments  */
   END;                                             /*           */
                                                    /*           */
/******************* End UmsatzSt ***********************/
```

Output	Input
Umsatz excl. MwSt: Umsatz incl.14.0% MwSt=2280.00	2000

2.1 Umgebender Kontext , Präprozessor-Direktiven vgl. 10

Das Hauptprogramm, d.h. die mit   VOID MAIN... im Quelltext genau einmal vereinbarte Funktion, kann nach Syntaxdiagramm A.1 (siehe source file, external definition) umgeben sein von

```
- externen (gewöhnl.) Vereinbarungen, z.B. TYPEDEF DM FLOAT

- Funktions -           Vereinbarungen, z.B. DM Steuer(DM Wert)..
```

sowie zunächst auch von

```
- Präprozessor-Direktiven          , z.B. #include <CtoAda.h>
                                   , z.B. #define  MwSt 14
```

Die Präprozessor-Direktiven (siehe 10) führen in einem Übersetzungs-Vorlauf (englisch preprocessing) textuelle Ersetzungen im Quelltext aus. Es wird z.B. durch #include <CtoAda.h> (s. A.3.1) u.a. dem nachfolgenden Quelltext die externe Typ-Vereinbarung für DFLOAT hinzugefügt und es werden z.B. durch #define MwSt 14 im nachfolgenden Quelltext vorkommende MwSt durch 14 substituiert.

Im Syntaxdiagramm A.1 werden Präprozessor-Direktiven gesondert betrachtet und zwar nur in der preprocessing-directive. Ansonsten wird angenommen, daß der preprocessing-Vorlauf bereits ausgeführt wurde. Daher ist im Syntaxdiagramm für source-file keine preprocessing-directive mehr zu finden.

Für die Bereitstellung von Ein/Ausgabefunktionen benötigt jedes Hauptprogramm in seinem vorangehenden Kontext mindestens eine #include-Direktive, z.B.

```
#include <stdio.h>    (Standard -  Input / Output)
#include <CtoAda.h>   (enthält #include <stdio.h>)
```

Als Kontext nachfolgen können z.B. Funktions-Vereinbarungen, die extern vor oder lokal im Hauptprogramm bereits unvollständig spezifiziert wurden (vgl. Unterprogramm-Technik, 7.1).

2.2 Vereinbarungsgrundelemente

Vereinbarungen dienen dazu, um Namen für Typen, Konstanten, Variablen u.a.m. festzulegen und um Speicherplätze für Werte zu reservieren.

In diesem Abschnitt werden Konstanten/Variablen-Vereinbarungen für arithmetic-Typen (1) CHAR, NAT, LNAT, INT, LINT, FLOAT, DFLOAT behandelt, die als Datentypen bereits im Kapitel 1 ausführlich besprochen wurden. Außerdem werden synonyme Typ-Vereinbarungen behandelt. Die übrigen Vereinbarungen werden in später folgenden Kapiteln behandelt, Unterprogramm-Vereinbarungen (function definition) in Kapitel 7.

  Eine Vereinbarung oder Vereinbarungs-Folge (englisch declaration oder declaration-sequence, syntaktisch dasselbe) ist nach Syntaxdiagramm A.1 (für declaration, specifier und declarator), vereinfacht, d.h. ohne Speicherbereichs-Angaben EXTERN, STATIC, AUTO, REGISTER, ohne Typ-Spezifikationen VOLATILE, VOID, ENUM, RECORD, UNION, ohne Pointer, geklammerte Deklaratoren, Parameter-Vereinbarungen, ohne ARRAY-Vereinbarung, Aggregat-Initialisierung, von der Form

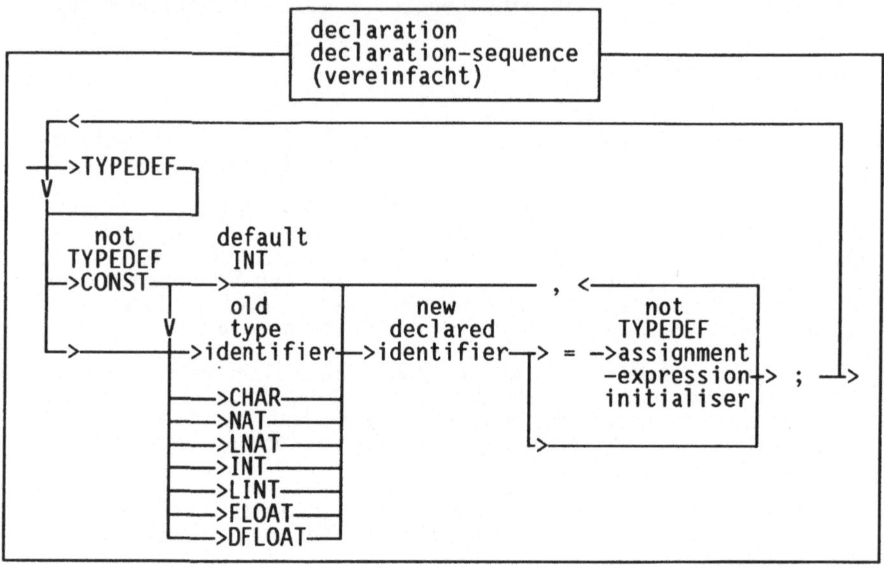

z.B.

```
Typ-Vereinbarungen (einfache Synonym-Vereinbarungen)
      TYPEDEF INT   Ganzzahlig;
      TYPEDEF FLOAT Real      ;
      TYPEDEF Real  Reell     ;

Konstanten-Vereinbarungen, äquivalente #define-Direktiven
      CONST         Tausend=1000;      #define Tausend 1000
      CONST FLOAT Pi     =3.14;        #define Pi       3.14
      CONST Reell e      =2.72;        #define e        2.72

Variablen-Vereinbarungen
      CHAR        Zeichen              ;
      Real        Xfirst=-1.0, X, Xlast=1.0;
      Ganzzahlig i,j,k                 ;
```

  Um die Syntax nicht zu umfangreich werden zu lassen, verwendet man besonders bei den zu declaration gehörigen Diagrammen mehrfach verbale Nebenabreden (siehe oben Einschränkungen 'not TYPEDEF') an Stelle von Auffächerung in widerspruchsfreie Teildiagramme.

Die Vereinbarung eines Objekts als Konstante mit CONST schützt nicht verläßlich gegen fälschliche Verwendung des Objekts als Variable (Standard-C (86a), Draft 3.5.3: "If an attempt is made to modify an object defined with a const-qualified type..., the behaviour is undefined"). Daher empfiehlt der Autor statt dessen äquivalente Präprozessor-Direktiven #define (siehe 2.1, 10.2).

Lediglich bei formalen Parametervereinbarungen (Funktion, 7.3) ist CONST ein unerläßlicher Hinweis für den Benutzer der Funktion.

Im nachfolgenden "NimSpiel" verfolgt der Computer die Strategie, dem "Du"-Spieler 1 oder 1*4+1 oder 2*4+1 ... Münzen übrig zu lassen. Bei "1 Coin" verlierst Du. Die anderen Vorlagen reduziert der Computer auf "1 Coin", indem er in jeder Runde Deinen Zug 1..3 durch seinen Sieg-Zug 3..1 zur Summe "4" ergänzt.

```
/*********************** NimSpiel ****************************/
/* Spiel      :Nimm Muenzen, Spieler0=Ich(Computer), Spieler1=Du */
/* Spielregel:Du gibst N Muenzen,Ich/Du nehmen 1..3 Muenzen/Zug */
/*          Wer zuletzt nimmt ( oder mogelt ), hat  verloren. */
/*******************************************************************/

#include<CtoAda.h>

#define Get_1_3( v)    GET_LINT(v);RANGE_CHECK(v,1,        3)
#define Get_POS( v)    GET_LINT(v);RANGE_CHECK(v,1,LINT_LAST)
#define Put_Coin(e)    PUT("      ");FOR(Coin,1,e) PUT("O");     \
                       IF Coin REM 4==0 THEN PUT(" ");ENDIF;ENDFOR

TYPEDEF LINT RANGE_1_3,RANGE_POS;
STRING Name ARRAY = AG "Ich","Du " FINAG;

VOID MAIN(VOID)
  BEGIN

    NAT        Sieg;
    RANGE_1_3  Nimm;
    RANGE_POS  N  ;      PUT("Gib N pos :");Get_POS(   N);

    FOR(Runde,1,N/2+1)
      FOR(Spieler,0,LAST(Name))              Put_Coin(  N);NEW_LINE;
        CASE Spieler OF
          WHEN 0 DO Nimm=IFOP (Sieg=(N-1)REM 4)>0 THENOP Sieg
                                    ELSEOP 1 FINOP;
                    PUT("Ich nehme =");PUT_NAT(Nimm);NEW_LINE;
          WHEN 1 DO    PUT("Nimm 1..3 :");Get_1_3(Nimm);
        ENDCASE;
        IF Nimm>=N THEN PUT("Verloren =>");
                    PUT_LINE(Name _(Spieler)); RETURN;  ENDIF;
        N-=Nimm;
      ENDFOR/*Spieler*/;
    ENDFOR/*Runde*/;

  END;

/********************** End NimSpiel ***********************/
```

Output	Input	Kommentar:		
Gib N pos : 0000 0000 0	9	optimaler Anfang,		Siegchance
Ich nehme =1 0000 0000		hinhaltender Zug, keine		Siegchance
Nimm 1..3 : 0000 000	1	schlechter	Zug, Siegchance	vertan
Ich nehme =2 0000 0		optimaler	Zug, Siegchance gewahrt	
Nimm 1..3 : 000	2	ratloser	Zug, keine	Siegchance
Ich nehme=2 0		optimaler	Zug, Siegchance gewahrt	
Nimm 1..3 : Verloren =>Du	1	erzwungener	Zug, keine	Siegchance

Falls "Du" dem Computer selbst 1 oder 1*4+1 oder 2*4+1 ...
Münzen "zufällig" vorlegst, dann verfolgt der Computer die
Strategie, die Anzahl der Münzen durch Wegnahme von nur 1 (Sieg-)
Coin möglichst groß zu halten, um Dir noch möglichst viel Gelegen-
heit für einen falschen Gegenzug (d.h. Runden-Summe ungleich 4) zu
geben.

Das obige Beispiel enthält zwei LINT-synonyme Typ-Vereinbarungen
für RANGE_1_3 und RANGE_POS. Da es in C kein Subtyp-Konzept
gibt, kann man, anders als z.B. in Pascal und Ada, diese beiden
Typen nicht wirklich auf die gewünschten Teilbereiche von LINT
einschränken. Man behilft sich zum Beispiel bei RANGE_1_3, d.h.
Variablen v im Bereich 1..3, mit

```
GET_LINT(v);RANGE_CHECK(v,1,3);
```

RANGE_CHECK(X,A,B) ist eine Makro-Konstruktion aus CtoAda,
die unter der Voraussetzung, daß X, A, B innerhalb eines zulässigen
Typs liegen und "<=" erklärt ist, prüft, ob X im Teilbereich
<A,B> liegt. Falls X noch im zulässigen Typ, aber außerhalb <A,B>
liegt, dann bricht RANGE_CHECK das Programm mit der Fehlermel-
dung "range_error" ab. Falls X außerhalb seiner Typ-Grenzen liegt,
dann kann dieser Fehler leider nicht abgefangen werden, da eingetretene "overflow"-Fehler in C nicht erkannt werden und statt dessen mit inkorrekten Werten weitergerechnet wird.

Um möglichst viele Fehler mit RANGE_CHECK abfangen zu können,
z.B. auch fälschlicherweise negativ eingegebene Werte für Nimm,
wird im obigen NimSpiel der zu checkende Bereich RANGE_1_3 als
Typ LINT vereinbart.

Der Standard-Operator a REM b berechnet den ganzzahligen Rest
(remainder, auch modulo genannt) der ganzzahligen Division a/b.
Der Leser verifiziere für sich die Formel "Sieg=(N-1) REM 4", die
ohne Mogeln nur für Sieg>0 befolgt werden kann, d.h. Nimm=Sieg.
Für Sieg=0 schaltet man auf Abwarte-Strategie um, z.B. Nimm=1.

2.3 Testfragen

zu	Frage	abdeckbare Antwort

```
2       Korrigiere die Fehler im folgenden
2.1   Programm :

      /* ************* Test *********** /*

      #include <CtoAda.h> TYPEDEF INT ganz;
      VOID MAIN(VOID);
         ganz N
         BEGIN
            GET("N ganz:");PUT_INT(N  );
            PUT("N * N =");GET_INT(N*N);
         ENDE;

      */ *********** End Test *********** */
```

re-Komm-Begrenz. */
TYPEDEF..neue Zeile
Semikolon ; zuviel
Semikolon ; fehlt
BEGIN 1 Zeile höher
PUT(".. GET_INT(N..
PUT_INT(N*N);
END;
li-Komm-Begrenz. /*

```
2.1     Ist das folgende Programm  korrekt,
2.2   wenn ja, was wird ausgedruckt?

      /********* MakrOper  **********/

      #include <CtoAda.h>

      VOID MAIN(VOID)
         BEGIN
            #define Makro  1+2
            CONST    Const= 1+2;
            #define Brack=(1+2)

            PUT_INT(Makro*3);NEW_LINE;
            PUT_INT(Const*3);NEW_LINE;
            PUT_INT(Brack*3);NEW_LINE;

         END;

      /******** End MakrOper ********/
```

ja

7
9
9

```
2.2     Können auch Konstanten   mit    "="
      initialisiert werden?
```

ja

```
2.2     Welche der folgenden sind korrekte
      Vereinbarungen?

      TYPEDEF CONST    DM;
      TYPEDEF FLOAT    DM
      CONST    FLOAT = DM;
      CONST    TYPEDEF  X;
               XYZ   FLOAT;
```

keine

```
      TYPEDEF FLOAT     X;
      TYPEDEF X        DM;
      CONST       Z = 1.0;
      CONST    X  Y =    Z;
               FLOAT  XYZ;
```

alle

3 AUSDRÜCKE

Ein Ausdruck (englisch expression) ist eine Formel zur Berechnung eines Wertes. Wir geben zunächst eine Übersicht über die Ausdrücke und deren Einteilung (siehe auch Syntaxdiagramm A.1):

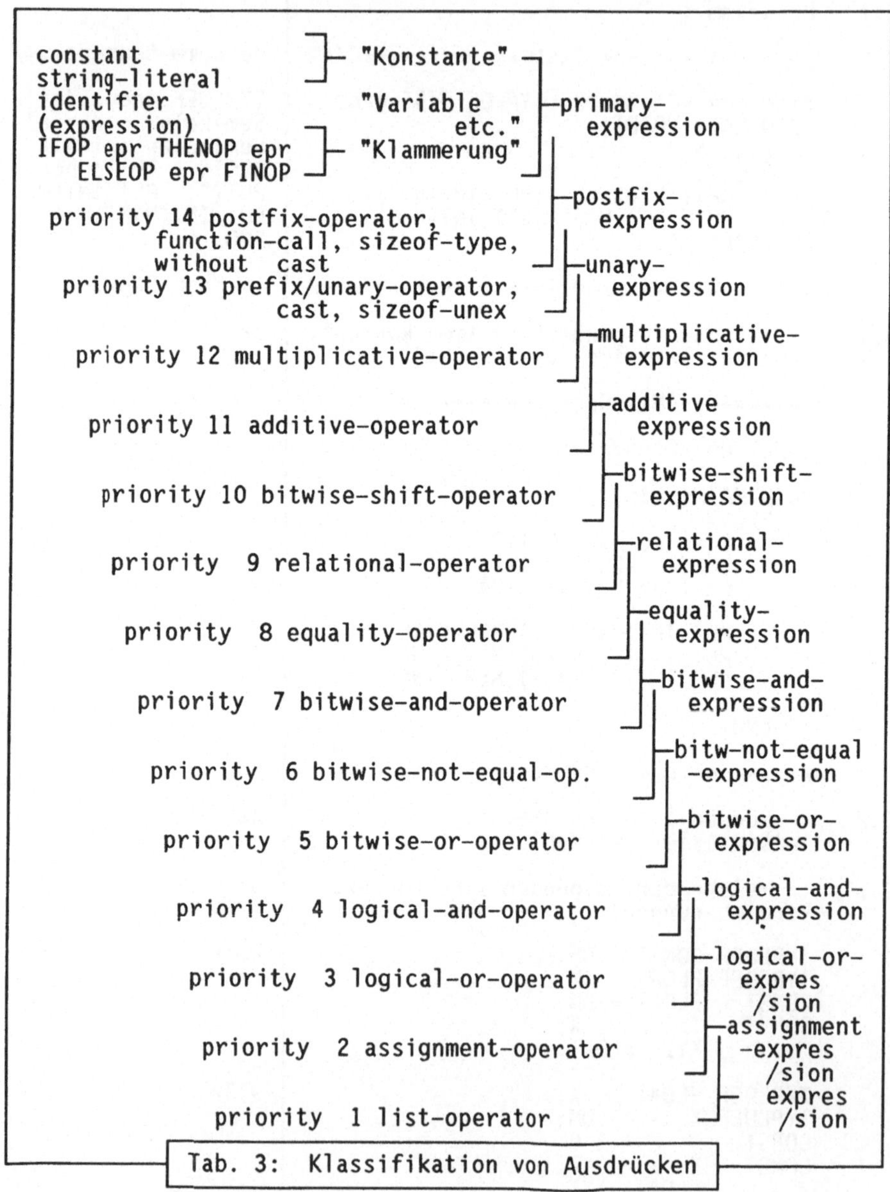

Tab. 3: Klassifikation von Ausdrücken

3.1   Primäre Ausdrücke

Ein Primärer Ausdruck (englisch primary-expression) ist nach Syntaxdiagramm A1 (für primary-expression, constant) von der Form

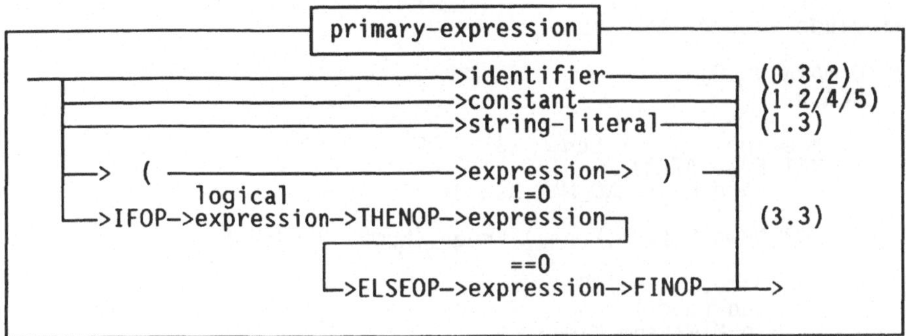

Man erkennt die bereits in vorangehenden Kapiteln ausführlich besprochenen einzelnen Formen Primärer Ausdrücke. Nur der Begriff expression, der in Klammern (,), IFOP, THENOP, ELSOP, FINOP ebenfalls einen Primären Ausdruck ergibt , ist eine Vorwegnahme, und wird erst am Ende dieses Kapitels vollständig erklärt sein.

3.2   Unäre Ausdrücke

Ein Unärer Ausdruck (englisch unary-expression) wird im Syntaxdiagramm A.1 beschrieben. Wir führen hier die Bestandteile Unärer Ausdrücke vor und verweisen auf die entsprechenden Abschnitte:

```
primary-     expression                          (3.1)
++           successor   postfix/prefix          (3.3)
--           predecessor postfix/prefix          (3.3)
.            selector    member  of record/union (6)
->           selector    pointer of record/union (6)
       _( }  subscript   of array                (5)
        ( }  call        of function             (7)
        ( }  cast        explicite type conversion (3.2.1)
SIZEOF( )    sizeof      type                    (9)
SIZEOF       sizeof      unary expression        (9)
```
Tab. 3.2: Bestandteile Unärer Ausdrücke

Anders als z.B. in Pascal und Ada, werden in C index of array, selector of record/union, call of function und sizeof nicht zu den primären Ausdrücken, sondern zu den Operationen gezählt.

Das nachfolgende Programm "RoulFreq" benutzt die im Standard-Include-File <stdlib.h>, d.h. mittelbar in <CtoAda.h> vereinbarte Pseudo-Zufallszahlenfunktion rand() sowie die Konstante RAND_MAX und rechnet die Funktionswerte um in Roulette-Zahlen 0..36.

```
/************************* RoulFreq *************************/
/*            Roulette-Haeufigkeiten,        Len ist 37,   */
/*         oder Wuerfel -Haeufigkeiten, setze Len auf  6,  */
/*         oder Muenzen -Haeufigkeiten, setze Len auf  2.  */
/**********************************************************/

#include <CtoAda.h>

VOID MAIN(VOID)
   BEGIN

      #define        Len      37
      NAT Freq ARRAY_(Len)      ,
          Rand,Min=RAND_MAX,Max=0;

      FOR(Numb,0,LAST(Freq)) Freq _(Numb)=0;ENDFOR;

      FOR(Game,1,Len*100)
         Rand=rand();
         Min=MIN(Rand,Min);
         Max=MAX(Rand,Max);
         Freq _((INT)((1.0-FLOAT_EPSILON)*Len*Rand/RAND_MAX))+=1;
      ENDFOR;
                          PUT("     0 <= "         );
      PUT_INT(Min     ); PUT(      " <= rand() <= ");
      PUT_INT(Max     ); PUT(      " <= "          );
      PUT_INT(RAND_MAX);                            NEW_LINE;
                                                    NEW_LINE;
      FOR(Numb,0,LAST(Freq))
         PUT1_NAT(         Numb ,5);PUT(":");
         PUT1_NAT(Freq _(Numb),3);
         IF              (Numb +1) REM 5 == 0 THEN NEW_LINE;ENDIF;
      ENDFOR;

   END;

/********************** End RoulFreq **********************/
```

```
| Output
|
|     0 <= 11 <= rand()  <= 32738 <= 32767
|
|     0:100     1:103     2:107     3:104     4: 92
|     5: 95     6: 98     7: 95     8:112     9:108
|    10:101    11: 91    12:106    13: 88    14:106
|    15:103    16: 94    17: 85    18:111    19: 90
|    20:103    21: 87    22:101    23:107    24:106
|    25:100    26:100    27:103    28:108    29:107
|    30: 88    31:120    32: 99    33: 99    34: 90
|    35:109    36: 84
```

   Die rand-Funktion erzeugt eine Sequenz von INT Pseudo-Zufalls-
zahlen im Bereich 0..RAND_MAX. Die daraus berechneten und in
INT konvertierten Index-Zahlen (1.0-FLOAT_EPSILON) * 37*rand()/
RAND_MAX liegen im Roulette-Zahlenbereich 0..36 (siehe "Abschnei-
den" der Mantisse bei Konvertierung in INT, 3.2.1.1).

In der Reihung (array,siehe 5) Freq werden die Häufigkeiten der Roulettzahlen-Vorkommen notiert, indem für den per Roulette bestimmten Index I in 0..36 die Frequenz Freq _(I) um 1 erhöht wird. Schließlich werden die in 3700 Würfen erreichten rand()-Grenzen und Roulette-Frequenzen ausgedruckt, ca. 100 pro Roulette-Zahl.

Andere Pseudo-Zufallszahlensequenzen rand() erhält man durch vorangestellten Aufruf von srand(i) mit INT i. Voreingestellt (default) ist srand(1).

Ein bekannter (notwendiger aber nicht hinreichender) Test der Vertrauenswürdigkeit einer Pseudo-Zufallszahlensequenz ist der Chiquadrat-Test.

3.2.1   Typ-Konvertierung, Cast

Ein expliziter Typ-Konvertierungsoperator (englisch cast) ist nach Syntaxdiagramm A.1 von der Form

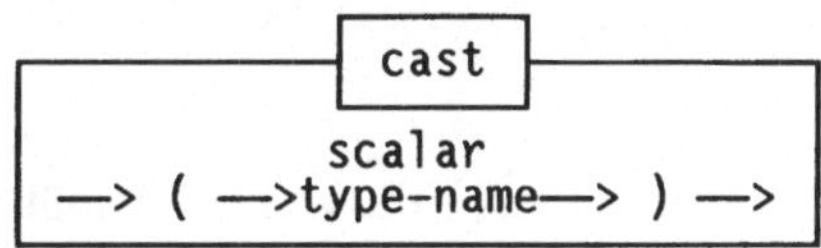

Ein cast ist ein Operator, der in Klammern gesetzt als Konvertierziel-Typ den Typ VOID oder einen skalaren Typ-Namen (siehe oben type-name) besitzt und nachfolgend als Operand einen skalaren Unären Ausdruck, z.B.

```
(NAT) 3.14              ergibt  3    vom Typ NAT   ,
(FLOAT) SIZEOF(CHAR)    ergibt  1.0  vom Typ FLOAT .
```

Bei Typ-Konvertierungen auftretende "Abschneidungs-Effekte" werden nachfolgend besprochen. Bezüglich Zeiger-Konvertierung verweisen wir auf Kapitel 6.

In vielen Fällen, wie z.B. bei Wertzuweisungen (assignment statement, 4.1) oder bei aktuellen Parametern von Funktionen (Unterprogramm-Technik, 7.1), ist der Konvertierziel-Typ bereits vorgegeben, so daß automatisch implizit konvertiert werden kann und eine explizite Konvertierung per cast überflüssig wird.

3.2.1.1   Konvertierungs-Operator (INT), "Abschneiden"

Wird ein floating-type Wert konvertiert in einen integral-type, dann wird die Mantisse, d.h. alle Ziffernstellen nach dem Dezimalpunkt, "abgeschnitten" (englisch discarded), in der Wirkungsweise vergleichbar mit der Pascal-TRUNC-Funktion (englisch truncation).

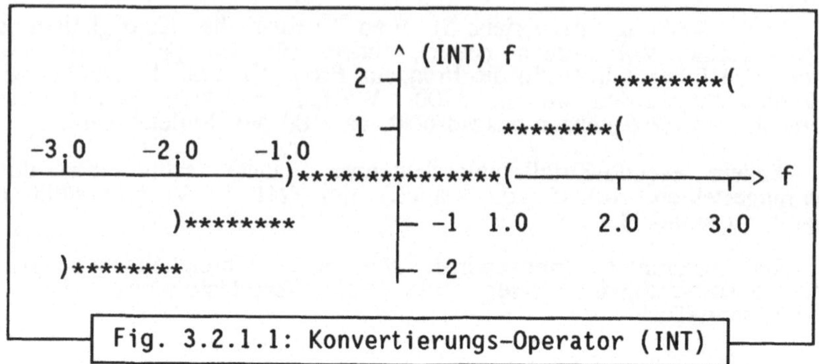

Fig. 3.2.1.1: Konvertierungs-Operator (INT)

Nach dieser definierenden Darstellung für den (INT)-Operator ist

$$(INT)\ -1.7 = -1 \quad , \quad (INT)\ 0.5 = 0 \quad , \quad (INT)\ 1.9 = 1$$

Der Operand f vom Typ FLOAT wird explizit konvertiert in den nach dem Dezimalpunkt "abgeschnittenen" Operationswert (INT)f vom Typ INT.

3.2.1.2 Konvertierungs-Operator (FLOAT), "Annähern"

Wird ein integral-type Wert konvertiert in einen floating-type und existiert auf Grund der beschränkten floating-type-Genauigkeit kein exakt entsprechender floating-type Wert, dann wird implementationsabhängig entweder der nächst höhere oder niedrigere floating-type Wert angenommen.

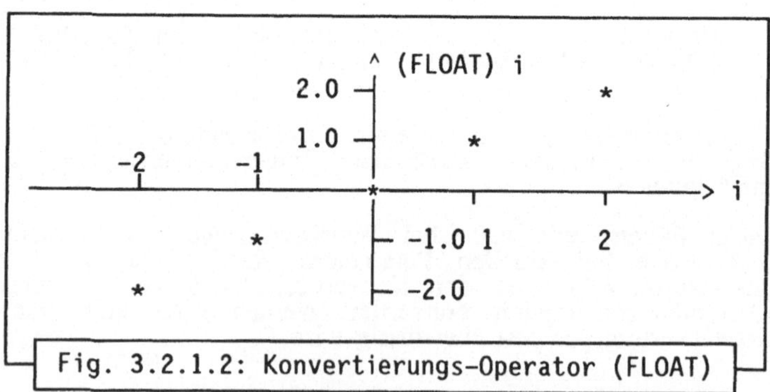

Fig. 3.2.1.2: Konvertierungs-Operator (FLOAT)

Nach dieser definierenden Darstellung für den (FLOAT)-Operator ist

$$(FLOAT)\ -3 = -3.0, \quad (FLOAT)\ 0 = 0.0, \quad (FLOAT)\ 2 = 2.0$$

Das Argument i vom Typ INT wird explizit konvertiert in den implementationsabhängig "nächsten" Operationswert (FLOAT)i vom Typ FLOAT.

3.3   IF-Ausdruck

Ein IF-Ausdruck (englisch if-expression), auch logisch bedingter Ausdruck genannt, ist (in CtoAda) ein Primärer Ausdruck (3.1) und nach Syntaxdiagramm A.1 (für primary expression) von der Form

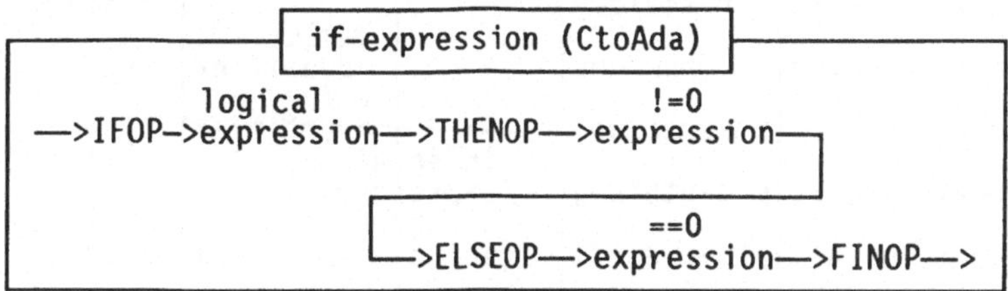

z.B.   IFOP A>B THENOP A-B ELSEOP B-A FINOP   im Programm

```
#include <CtoAda.h>
VOID MAIN(VOID)
    BEGIN   INT A ,          B ;
        GET_INT(A);GET_INT(B);
        PUT_INT(IFOP A>B THENOP A-B ELSEOP B-A FINOP);
    END;
```

Input	Output
3 5	2

Je nachdem, ob der Wert des (logischen) Ausdrucks nach IFOP ungleich 0 (wahr) oder gleich 0 (falsch) ist, wird nur der Wert des Ausdrucks nach THENOP oder nur der Wert des Ausdrucks nach ELSEOP als Ergebnis des gesamten IF-Ausdrucks berechnet.

IF-Ausdrücke sind ähnlich wie IF-Anweisungen (4.4.1) aufgebaut. Man beachte die unterschiedlich reservierten Worte: IFOP, THENOP, ELSEOP, FINOP (Ausdruck) und IF, THEN, ELSE, ENDIF (Anweisung). Es gibt verständlicherweise keine Kurzform eines IF-Ausdrucks ohne ELSEOP-Teil, da das Ergebnis im Falle "falsch" nicht berechenbar wäre (null-expression gibt es nicht).

3.4   Operatoren, Prioritäten

Aus Primären Ausdrücken werden höhere Ausdrücke (Tabelle 3) gebildet durch Anwendung von Standard-Operatoren (operator A.1) verschiedener Prioritäten.

In der nachfolgenden Tabelle sind alle in C standardmäßig vereinbarten Operatoren mit Angabe ihrer Priorität, der Typen (Typen-Übersicht 1) ihrer Operanden, ihres Ergebnisses und ggf. Hinweis auf Seiteneffekte, aufgelistet.

Pr io	Klassifikation Operation	li. Operand Typ	Operator	re. Operand Typ	Resultat Typ	Seit Eff.
14	postfix:					
	postfix-incr.	var-scalar	++		scalar	S
	postfix-decr.	var-scalar	--		scalar	S
	memb-selector	rec/un.	.	member identifier	type	
	pointer-sel.	pto-rec/un.	->	member identifier	type	
	array-subscr.	pto-ptblobj	integral>=0 _(expression)		type	
	function-call	pto-function	object (actual-parameter)		nonarray object	S
	sizeof-type		SIZEOF	sizbl type (identifier)	size_t	
13	cast		scal. (type-name)	scal.unary expr.	scalar	
	prefix:					
	prefix-increm		++	var-scalar	scalar	S
	prefix-decrem		--	var-scalar	scalar	S
	sizeof-unex		SIZEOF	sizable unary expr.	size_t	
	unary:					
	address		&	func-design /variable ptblobject	pto-ptblobj	
	indirection		*	pto-ptblobj	func-design /variable ptblobject	
	identity		+	arithmetic	arithmetic	
	sign-inversion		-	arithmetic	arithmetic	
	bitwise-not		BITNOT	bitwise	bitwise	
	logical-not		NOT	logical	0,1	
12	multiplicative					
	multplication	arithmetic	*	arithmetic	arithmetic	
	division	arithmetic	/	arithm !=0	arithmetic	
	remainder	integral>=0	REM	integral>0	integral>=0	
11	additive:					
	addition	arithmetic	+	arithmetic	arithmetic	
		pto-ptblobj	+	integral	pto-ptblobj	
		integral	+	pto-ptblobj	pto-ptblobj	
	subtraction	arithmetic	-	arithmetic	arithmetic	
		pto-ptblobj	-	integral	pto-ptblobj	
		pto-ptblobj	-	pto-ptblobj	ptrdiff_t	

Fortsetzung:

10	bitwise-shift:					
	bitw-le-shift	bitwise	<<	integral>=0	bitwise	
	bitw-ri-shift	bitwise	>>	integral>=0	bitwise	
9	relational:					
	less	arithmetic	<	arithmetic	0,1	
	less-or-equal	arithmetic	<=	arithmetic	0,1	
	greater	arithmetic	>	arithmetic	0,1	
	grtr-or-equal	arithmetic	>=	arithmetic	0,1	
		pto-ptblobj	relation	pto-ptblobj	0,1	
		pto-incompl	relation	pto-incompl	0,1	
8	equality:					
	not-equal	arithmetic	!=	arithmetic	0,1	
	equal	arithmetic	==	arithmetic	0,1	
		pto-pointbl	equality	pto-pointbl	0,1	
		pt-nfuncptb	equality	pto-VOID	0,1	
		pto-VOID	equality	pt-nfuncptb	0,1	
		pto-pointbl	equality	NULL	0,1	
		NULL	equality	pto-pointbl	0,1	
7	bitwise-and	bitwise	BITAND	bitwise	bitwise	
6	bws-not-equal	bitwise	BITNEQ	bitwise	bitwise	
5	bitwise-or	bitwise	BITOR	bitwise	bitwise	
4	logical-and	logical	AND	logical	0,1	
3	logical-or	logical	OR	logical	0,1	
2	assignment:					
	simple -ass	var-arithm.	=	arithmetic	arithmetic	S
		var-rec/un.	=	record/un.	record/un.	S
		pto-pointbl	=	pto-pointbl	pto-pointbl	S
		pt-nfuncptb	=	pto-VOID	pto-VOID	S
		pto-VOID	=	pt-nfuncptb	pt-nfuncptb	S
		pto-pointbl	=	NULL	NULL	S
	multiplic-ass	var-arithm.	*=	arithmetic	arithmetic	S
	division -ass	var-arithm.	/=	arithm!=0	arithmetic	S
	remainder-ass	var-itgr>=0	REM=	integral>0	integral>=0	S
	addition -ass	var-arithm.	+=	arithmetic	arithmetic	S
		pto-ptblobj	+=	integral	pto-ptblobj	S
	subtract.-ass	var-arithm.	-=	arithmetic	arithmetic	S
		pto-ptblobj	-=	integral	pto-ptblobj	S
	b-l-shift-ass	var-bitwise	<<=	integral>=0	bitwise	S
	b-r-shift-ass	var-bitwise	>>=	integral>=0	bitwise	S
	bitw.-and-ass	var-bitwise	BITAND=	bitwise	bitwise	S
	b-not-equ-ass	var-bitwise	BITNEQ=	bitwise	bitwise	S
	bitw. -or-ass	var-bitwise	BITOR=	bitwise	bitwise	S
1	list	avalu-ated VOID	,	type	type	S

Tab.3.4: Operatoren mit Prioritäten, Typen, Seiteneffekten

Es gibt in C vierzehn verschiedene Prioritäten für die Abarbeitung von Operatoren: von der niedrigsten Priorität 1 bis zur höchsten Priorität 14. Auch durch Einschließung eines Ausdrucks in Klammern (..) oder "Klammern" IFOP..THENOP, THENOP..ELSEOP, ELSEOP..FINOP erhält der Ausdruck die höchste Priorität 14 (siehe 3.1, 3.3).

Abgesehen von den Operatoren höchster Priorität 14 unterscheidet man monadische (unäre, einstellige) Operatoren, d.h. mit nur einem Operanden, wie z.B. -X, die alle von der Priorität 13 sind, und dyadische (binäre, zweistellige) Operatoren, wie z.B. X+Y, deren Prioritäten zwischen 1 und 12 liegen.

Das Syntaxdiagramm A.1 und die obenstehende Tabelle der Operatoren geben Auskunft darüber, ob ein bestimmter Operator oder eine Folge von Operatoren auf bestimmte Operanden anwendbar sind, z.B.

```
                I=1; I= - ++I;    ergibt den Wert  -2  für  I ,
    inkorrekt   I=1; I= ++ -I;    Operand -I ist keine Variable ,
```

und in welcher Reihenfolge die verschiedene Operatoren angewandt werden, z.B.

```
    (13) (11) (13)             (Prioritäten)
     - 1  +   - 1               ergibt  -2

    (13) (11) (8) (13)         (Prioritäten)
     - 1  - 2  ==  - 3          ergibt   1
```

Darüber hinaus gibt es außerdem folgende

Zusatz-Regeln für dyadische Operatoren

a) Ein dyadischer logischer Operator (AND, OR) arbeitet seine Operanden von links nach rechts ab, den rechten Operanden nur dann, wenn das Ergebnis der Operation nicht bereits aus dem linken Operanden bestimmt werden kann (Kurzauswertung, englisch short circuit), z.B.

```
    0 AND ...    ergibt immer 0, ohne ...-Abarbeitung
    1 OR  ...    ergibt immer 1, ohne ...-Abarbeitung
```

b) Ein Listen-Operator (Komma-Operator) arbeitet zunächst seinen linken Operanden ab und konvertiert den Wert zu VOID. Dann arbeitet er seinen rechten Operanden ab und nimmt den Wert und Typ des rechten Operanden als Operationsergebnis an, z.B.

```
    I=1, I=++I, pow(I,2)      ergibt 4.0 vom Typ DFLOAT
```

c) Ein dyadischer nicht-logischer-nicht-Listen Operator
arbeitet seine Operanden (Berechnung von Formeln, Werten) in implementationsabhängiger Reihenfolge ab, z.B.

```
I=1;I=++I+pow(I,2)        ergibt    6 oder 3 für I  .
```

d) Eine Folge von Wertzuweisungs-Operatoren (=, +=, -=,
*=, /=, REM=, <<=, >>=, And=, Or=, Neq=, gleicher
Priorität 2) wird Operator für Operator gegen Schrift-
reihenfolge von rechts nach links abgearbeitet, z.B.

```
I REM= I = 1              ergibt 0               .
```

e) Eine Folge von Nicht-Wertzuweisungs-Operatoren gleicher
Priorität wird Operator für Operator in Schriftreihenfolge von links nach rechts abgearbeitet, z.B.

```
8/4/2                     ergibt 1               .
```

Anders als in ALGOL 68 oder Ada kann der C-Programmierer keine
eigenen Operatoren   schreiben   und auch keine eigenen Prioritäten
für Operatoren setzen, wie dies in ALGOL 68 möglich ist.

Wir besprechen nun einige Operatoren und verweisen im übrigen
auf später folgende Kapitel.

3.4.1 Increment/Dekrement-Operatoren, präfix/postfix

Den Inkrement-Operator + + (englisch successor,   increment) und
den Dekrement-Operator -- (englisch predecessor,   decrement) gibt
es sowohl als vorangestellten (präfix,   englisch prefix) als auch
als nachgesetzen (postfix, englisch postfix) Operator, z.B.

```
präfix       ++I    oder     --I
postfix      I++    oder     I--
```

Diese Operatoren können nur auf Variablen,   nicht auf konstante
Ausdrücke, angewandt werden. Sie berechnen den   "Nachfolger"/
"Vorgänger"-Wert der   Variablen innerhalb ihres scalar-type,   d.h.
sie addieren/subtrahieren eine "1" des entsprechenden scalar-type
auf den Wert der Variablen. Die Inkrementierung/Dekrementierung
der Operanden-Variablen ist ein Seiteneffekt der Operation,   nicht
zu verwechseln mit der noch erforderlichen (normalen) Berechnung
des Operationsergebnisses.

Das Operationsergebnis einer vorangestellten (prefix) Operation
ist der Wert der Operanden-Variablen nach In/Dekrementierung, das
Operationsergebnis einer nachgesetzten (postfix) Operation ist der
Wert der Operanden-Variablen vor In/Dekrementierung, z.B.

```
... INT I=1; PUT_INT(++I);PUT1_INT(I,2); ...   druckt 2 2
... INT I=1; PUT_INT(--I);PUT1_INT(I,2); ...   druckt 0 0
... INT I=1; PUT_INT(I++);PUT1_INT(I,2); ...   druckt 1 2
... INT I=1; PUT_INT(I--);PUT1_INT(I,2); ...   druckt 1 0
```

3.4.2   Ganzzahlige Division, Remainder (REM)

Den Division-Operator   /   im Spezialfall von integer-type Operanden,   genannt ganzzahlige Division (englisch integer division),
und den REM-Operator,   genannt ganzzahliger-Divisionsrest (englisch
remainder) erklärt man am besten in Abhängigkeit:

Das Ergebnis des ganzzahligen-Divisions-Operators   "/"   ist
der ganzzahlige Quotient aus erstem durch zweiten Operanden;

das Ergebnis des ganzzahligen-Divisionsrest-Operators REM ist
der ganzzahlige Rest bei der ganzzahligen Division, z.B.

$$1989 \; / \; 100 == 19$$
$$1989 \; REM \; 100 == \;\; 89$$

In C gilt für beide Operationen: Der erste Operand sei nicht-
negativ, der zweite Operand positiv.

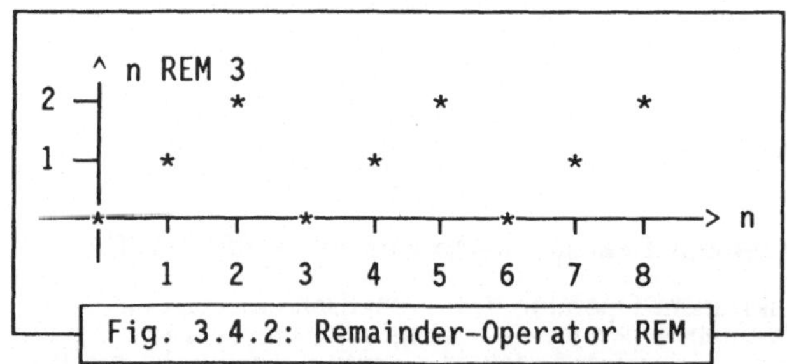

Fig. 3.4.2: Remainder-Operator REM

Nach dieser definierenden Darstellung im Spezialfall n=3 ist z.B.

```
0 REM 3 == 0 ,   1 REM 3 == 1 ,   2 REM 3 == 2 ,
3 REM 3 == 0 ,   4 REM 3 == 1 ,   5 REM 3 == 2 , ...
```

In C wird, ähnlich wie in Ada, anders als in Pascal, das gleiche Operatorzeichen "/" für die verschiedenen Operationen "ganzzahlige Division" (integer/integer) und "nichtganzzahlige Division" (floating/floating oder floating/integer oder integer/floa-
ting) verwendet, z.B.

```
1 /2                                   ergibt  0
1.0/2.0 oder  1.0/2 oder  1/2.0        ergibt  0.5
```

3.5 Testfragen

zu	Frage	abdeckbare Antwort
3	Ist ein primary – expression stets ein expression? (oder umgekehrt?)	ja (umgekehrt nein)
3.1	Ist eine floating – constant ein primary-expression?	ja , speziell constant
3.2.1	Welche der folgenden sind korrekte Ausdrücke (expression) und was ist dann das Ergebnis? (NAT) –1 (CHAR) –1 (FLOAT) DFLOAT_LAST (INT) 0.6 (FLOAT)(INT) 0.6 (FLOAT) NOT 0.6	 keines (implementat.abhg.) alle 0 0.0 1.0
3.3	Was ist das Ergebnis? IFOP 1 THENOP 2 ELSEOP 3 FINOP IFOP 1<2 THENOP 3<4 ELSEOP 5<6 FINOP IFOP I=1,—I THENOP ++I ELSEOP I++ FINOP	 2 1 0
3.4	Welche der folgenden sind korrekte Ausdrücke (expression) und was ist dann das Ergebnis? +1 + – 1 1 + – 1 +0.1 OR –0.1 1+ ++1 +++X ++X++	 alle 1 –1 0 1 keiner
3.4.2	Was ist das Ergebnis? 3.0/9 3 /9.0 81/9/3 3 /9/81 0 REM 1 3 / 2 REM 1	 0.3333333 0.3333333 3 0 0 0

4 ANWEISUNGEN

Eine Anweisung (englisch statement) ist eine Tätigkeit (englisch action), die statisch vorprogrammiert wird und dynamisch bei Erreichen der betreffenden Programmstelle ausgeführt wird. Alle Anweisungen enden mit einem Semikolon.

Ähnlich wie in ALGOL_68 hat eine Anweisung in C insgesamt den Wert VOID (leer, englisch void), d.h. führt im Unterschied zu Ausdrücken (3) nur "(Seiten-) Effekte" aus und berechnet insgesamt keinen "Resultat-Wert".

In C kann jeder Ausdruck zur Anweisung umfunktioniert werden durch Anhängen eines Semikolons an den Ausdruck. Dies ist nur sinnvoll für Ausdrücke mit "Seiteneffekten" (Tabelle 3.4), d.h. für increment/decrement-expression (3.4.1), function-call-expression (7.1.2), assignment-expression (Tabelle 3.4, 4.1) und list-expression (Tabelle 3.4, 4.2).

Wir geben zunächst eine Übersicht über die vorkommenden Anweisungen und deren Einteilung (siehe auch Syntaxdiagramm A.1):

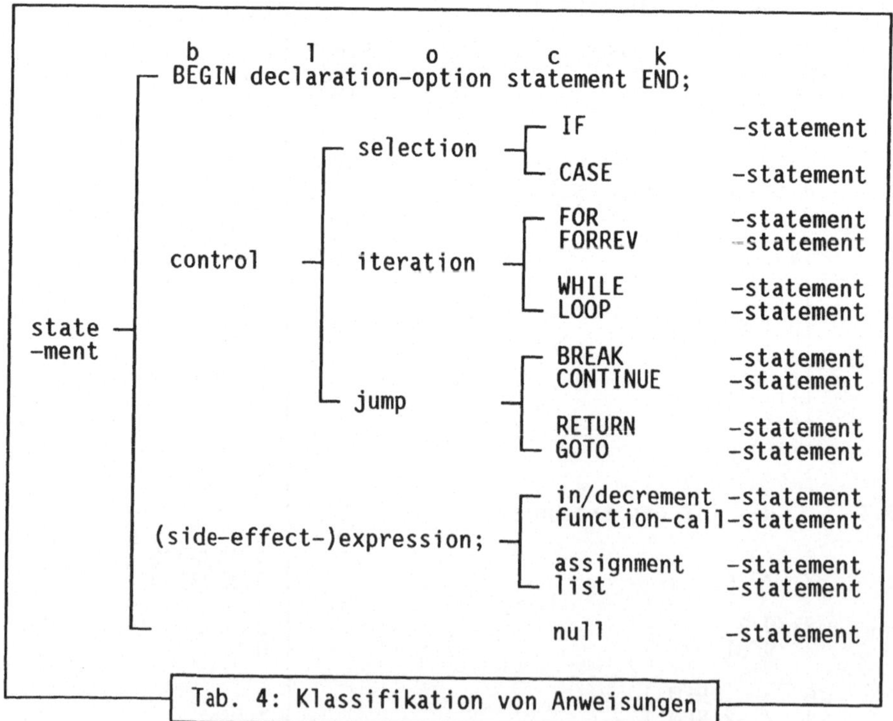

Tab. 4: Klassifikation von Anweisungen

4.1   Assignment Statement

Eine Wertzuweisung (englisch assignment-statement) ist nach Syntaxdiagramm A.1 und gemäß dem unten eingeführten Begriff Variable (englisch variable, steht in diesem Buch synonym für den ANSI-Standardbegriff 'modifiable lvalue') von der Form

```
       ┌──────────────────────────────┐
───────┤     assignment-statement     ├───────
       └──────────────────────────────┘
 —>variable—> =  —>logical-or-expression—> ; —>
```

in der Bedeutung (H. Feldmann, ALGOL-68-Bulletin, Dec. 74) von

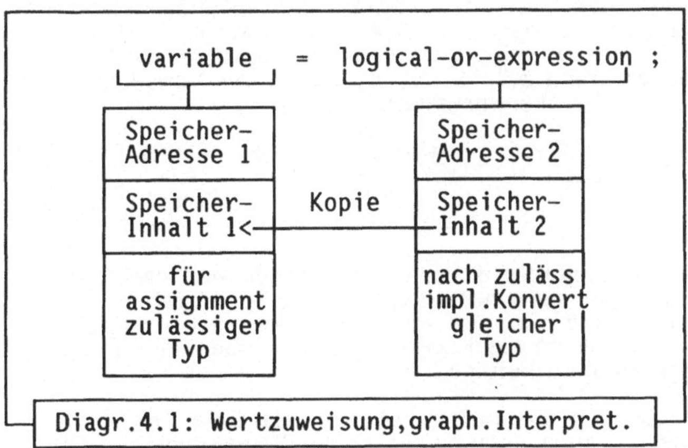

Statt des simple-assignment-Zeichen $=$ kann auch $+=$, $-=$, $*=$, $/=$, REM$=$, $<<=$, $>>=$, And$=$, Or$=$, Neq$=$ stehen (Tabelle 3.4). Ein assignment-statement ersetzt den jeweiligen Wert (Speicherinhalt) der linken Seite durch eine Kopie des Werts (Speicherinhalt) der rechten Seite unter folgenden Bedingungen:

1) Die linke Seite muß eine Variable sein (englisch variable, im ANSI-C-Standard 'modifiable lvalue' genannt).

   Eine Variable ist ein unary-expression (siehe Syntaxdiagramm A.1) vom Typ scalar oder record oder union (d.h. nicht void, nicht function, nicht array, siehe Typen 1), der ein Objekt (d.h. nicht incomplete, siehe Typen 1) "bezeichnet" (d.h. nicht constant, nicht string-literal, siehe Syntaxdiagramm A.1) und nicht CONST (bei record-type auch nicht rekursiv bzw. komponentenweise) vereinbart ist, z.B.

```
einfache Variable:    FLOAT F                  ; F   =3.14;
Zeiger-       "   :    FLOAT* Z                 ; Z   =NULL;
indizierte    "   :    STRING S=NEW_STRING(6) ;S _(0)= 'S';
selektierte   "   :    RECORD IS INT K;FINIS R; R.K  = 1 ;
```

r) Die rechte Seite muß ein logischer-or-Ausdruck (englisch
logical-or-expression) sein.

Ein logischer-OR-Ausdruck (logical-or-expression , d.h.
nicht assignment-expression, nicht expression-list) wird
im Syntaxdiagramm A.1 definiert. Er muß nicht notwendig
einen OR Operator (3.4) enthalten, sondern kann auch
einfacher ausgewählt sein, bis hin zum primary-expression (siehe Syntaxdiagramm A.1), z.B.

```
rechts logical-or-epxr.:   OutOfCircle = X>1 OR Y>1   ;
   "         additive-expr.:   Z           = 2.17*X+3.14*Y;
   "         primary -expr.:   X           = 3.14         ;
```

lr)Die für assignment-statements zulässigen Typen der linken
und rechten Seite entnehme man der Operator-Tabelle 3.4.
Der Typ des logischen-OR-Ausdrucks auf der rechten Seite
muß nach ggf.zulässiger impliziter Konvertierung (siehe Typ-
Konvertierung 3.2.1), mit dem Typ der Variablen auf der
linken Seite übereinstimmen, z.B.

```
li/re                  gleicher Typ :   FLOAT F; F=3.14;
li/re nach impliz.Konvert.    :   INT   I; I=3.14;
                                  ergibt den Wert 3 für I
```

Da ein assignment-statement, abgesehen vom nachfolgenden
Semikolon, aus einer assignment-operation (Tabelle 3.4)
besteht, sind noch vor Ausführung der oben beschriebenen
Wertzuweisung die Regeln 3.4 für Abarbeitung von dyadischen
Operatoren zu befolgen, d.h.

Ein assignment-statement arbeitet seine linke und rechte
Seite in implementationsabhängiger Reihenfolge ab, z.B.

```
STRING S=NEW_STRING(6);INT I=1;   S _(I)=++I;
bewirkt implementationsabhängig   S _(1)=2; oder S _(2)=2;
```

Die zum Teil aus   ALGOL_68 übernommenen non-simple-assignments
(Tabelle 3.4) lassen sich als Kurzform einer simple-assignment-
Langform wie folgt deuten:

```
Kurzform X       += Y; äquivalent zur Langform X = X     + Y;
   "     X       -= Y; äquivalent      "        X = X     - Y;
   "     X       *= Y; äquivalent      "        X = X     * Y;
   "     X       /= Y; äquivalent      "        X = X     / Y;
   "     X      REM= Y; äquivalent     "        X = X   REM Y;
   "     X      <<= Y; äquivalent      "        X = X    << Y;
   "     X      >>= Y; äquivalent      "        X = X    >> Y;
   "     X BITAND= Y; äquivalent       "        X = X BITAND Y;
   "     X  BITOR= Y; äquivalent       "        X = X  BITOR Y;
   "     X BITNEQ= Y; äquivalent       "        X = X BITNEQ Y;
```

Es ist implementationsabhängig, ob eine Kurzform eine kürzere
Laufzeit hat als die zugehörige Langform.

Der zur jeweiligen Wertzuweisung gehörige Wertzuweisungs-Operator (englisch assignment-operator, siehe Tabelle 3.4) erklärt sich aus der oben beschriebenen Wertzuweisung: Zunächst führt die Operation als "Seiteneffekt" die Wertzuweisung an den linken Operanden aus, dann nimmt die Operation als Ergebnis den Wert des linken Operanden an.

Das nachfolgende Programm "Fibonac" berechnet die Vermehrung unsterblicher (Kaninchen-) Paare. Fib(N) ist die Anzahl von Paaren zur Zeit N.

```
/*************************** Fibonac ***************************/
/* Fibonacci , Leonardo Pisano (aus Pisa),Filius Bonacci,13.Jh. */
/*  -Zahlen    1 Paar wird   nach  1 Zeiteinheit   fruchtbar  und */
/*             gebiert dann nach je 1 Zeiteinheit 1 neues Paar: */
/*             Fib(0)=0,Fib(1)=1,Fib(N)=Fib(N-2)+Fib(N-1), N>=2 */
/***************************************************************/

#include <CtoAda.h>

VOID MAIN(VOID)
   BEGIN
      NAT            N,                      Fib0,Fib1         ;
          PUT1_NAT(N=0,8);PUT1_NAT(Fib0 =    0        ,6);NEW_LINE;
          PUT1_NAT(N=1,8);PUT1_NAT(Fib1 =          1,6);NEW_LINE;

      WHILE                         (Fib1<=-Fib0+NAT_LAST)
          PUT1_NAT(++N,8);PUT1_NAT(Fib1 = Fib0+Fib1  ,6);NEW_LINE;
                                    Fib0 =-Fib0+Fib1        ;
      ENDWHILE;                                        NEW_LINE;

          PUT("NAT_LAST=");PUT1_NAT(        NAT_LAST   ,5);NEW_LINE;
      END;

/********************** End Fibonac **********************/
```

```
| Output
|
|      0      0
|      1      1
|      2      1
|      3      2
|      4      3
|      5      5
|      6      8
|      7     13
|     ..     ..
|     22  17711
|     23  28657
|     24  46368
|
| NAT_LAST=65535
```

Der Assignment-Ausdruck Fib1=Fib0+Fib1 berechnet die neue n-te Population und außerdem zusammen mit der Assignment-Anweisung Fib0=-Fib0+Fib1; die neuen Vorgänger Fib0, Fib1 für die nachfolgende Population.

4.2 Expression List, List Statement

Eine Ausdrucks-Liste (englisch expression list) und eine daraus durch Anhängung eines Semikolons konstruierte Listen-Anweisung (englisch list statement) sind nach Tabelle 3.4 und Syntaxdiagramm A.1 (expression-list, assignment-operator, statement) von der Form

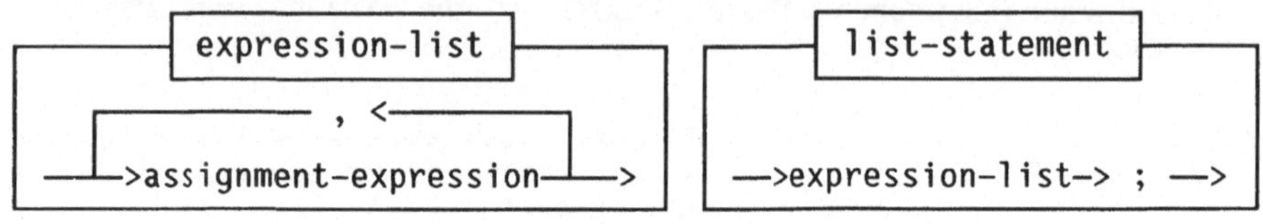

z.B.

```
expression-list als Parameter: PUT_INT((I=1,++I)); druckt 2
list-statement                : I=1, PUT_INT(++I) ; druckt 2
```

Das Syntaxdiagramm A.1 (für actual-parameter) verbietet die Einsetzung einer Liste aus mehreren Ausdrücken ohne Klammerung als aktuellen Parameter bei einem Funktionsaufruf. Im obigem Beispiel würde PUT_INT(I=1,I++) vom Compiler mißverstanden als Versuch, die einparametrige Prozedur PUT_INT mit zwei aktuellen Parametern zu besetzen.

Die Abarbeitung einer Ausdruck-Liste von links nach rechts und die Annahme des Typs und Werts des letzten Ausdrucks als Ergebnis wurden bereits in der Operator-Regel 3.4b beschrieben. Alle Ausdrücke außer dem letzten Ausdruck werden nach Abarbeitung implizit zu VOID konvertiert. In Falle einer Listen-Anweisung wird auch der letzte Ausdruck nach Abarbeitung implizit zu VOID konvertiert.

4.3   Null Statement

Eine Null-Anweisung (englisch null statement), auch leere Anweisung genannt, besteht nach Syntaxdiagramm A.1 nur aus einem Semikolon und bedeutet "nichts ausführen, weiter zur nächstfolgenden Anweisung".

Null-Anweisungen können verwendet werden etwa für die Konstruktion von Such-Schleifen, z.B.

```
                                   |
                                   v
    ... WHILE(S _(++I) = ' ');ENDWHILE; ...
```

oder für die Markierung eines Block-Endes, z.B.

```
                                 |
                                 v
    ... BEGIN    ...    block_exit:;END;       ...
```

4.4 Verzweigungen

Eine Verzweigung, auch bedingte oder konditionale Anweisung oder Auswahl (englisch selection) genannt, besteht aus einer Bedingung und verschiedenen Anweisungen, die dynamisch beim Erreichen der Bedingung ausgewählt werden. Eine Verzweigung kann nach Syntaxdiagramm A.1 (für statement) sein

- IF-Anweisung (Verzweigung mit logical-type Bedingung), z.B.

```
IF    I    <    0 THEN PUT(   "neg"   );
                    ELSE PUT(   "nat"   );ENDIF   ;
```

- CASE-Anweisung (Verzweigung mit integral-type Bedingung), z.B.

```
CASE    I OF WHEN 5   DO    PUT(" Samstag");
             WHEN 6   DO    PUT(" Sonntag");
             OTHERS   DO    PUT("Wochentag");ENDCASE;
```

4.4.1 IF Statement

Eine IF-Anweisung (englisch if-statement), auch logisch-bedingte Anweisung genannt, ist nach Syntaxdiagramm A.1 (für statement) von der Form (CtoAda)

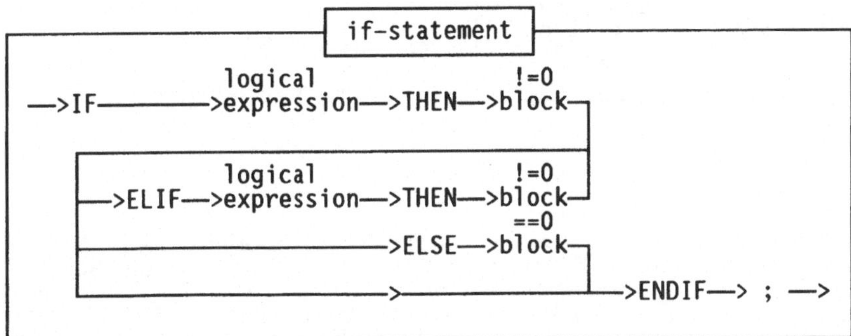

z.B.

```
IF   I> 0 THEN PUT("pos.");
ELIF   I==0 THEN PUT("null");
ELSE              PUT("neg.");
ENDIF;
```

Bedeutung einer IF-Anweisung ohne ELIF, mit ELSE (Langform):

Je nachdem, ob der Wert des (logischen) Ausdrucks nach IF ungleich 0 (wahr) oder gleich 0 (falsch) ist, wird nur der Block (siehe 4.6) nach THEN durchlaufen oder es wird nur der Block nach ELSE durchlaufen.

Bedeutung einer IF-Anweisung ohne ELIF, ohne ELSE (Kurzform):

Eine IF-Anweisung in Kurzform ohne ELSE ist äquivalent einer Langform mit einem null statement (4.3) nach ELSE.

Bedeutung einer IF-Anweisung mit (mehreren) ELIF (Schachtelung):

Eine IF-Anweisung mit (ggf.mehreren) ELIF ist äquivalent einer Langform, in der nach ELSE als block wieder eine IF-Anweisung eingesetzt wird (ggf. Mehrfach-Schachtelung). ELIF statt ELSE IF spart ein abschließendes ENDIF .

4.4.2   CASE Statement (switch in Original-C)

Eine CASE-Anweisung (englisch case statement), auch ganzzahlig-bedingte Anweisung genannt, ist nach Syntaxdiagramm A.1 (für statement) von der Form (CtoAda)

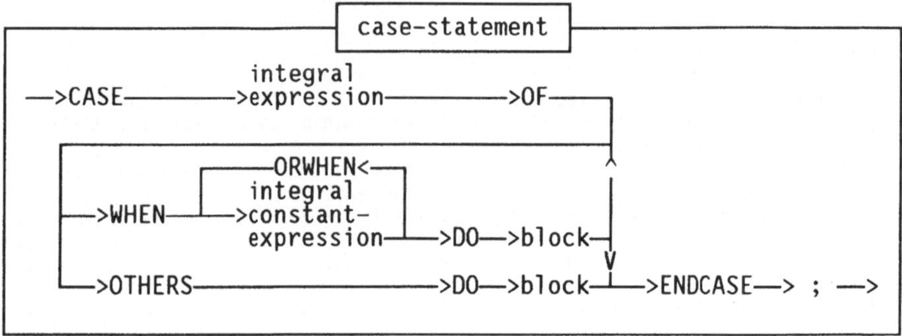

Bedeutung der CASE-Anweisung:

Je nachdem, mit welchem der verschiedenen Ausdrücke nach WHEN (ggf. mehrere) oder OTHERS (höchstens einmal und nur am Schluß) der Wert des (ganzzahligen) Ausdrucks nach CASE übereinstimmt, wird nur der Block (siehe 4.6) nach dem betreffenden WHEN oder OTHERS durchlaufen. Die Auswahl OTHERS steht für alle Werte, die nicht in anderen (voranstehenden) WHEN Auswahl-Alternativen erfaßt wurden.

Kein integral-type Wert (nach CASE) darf mehrere zugehörige Auswahl-Alternative (nach WHEN oder OTHERS) besitzen (Eindeutig-keit wird verlangt).

Ein integral-type Wert (nach CASE) braucht keine zugehörige Auswahl-Alternative (nach WHEN oder OTHERS) besitzen (Vollständig-keit nicht verlangt), die CASE-Anweisung wirkt dann wie eine Null-Anweisung (null statement ,4.3).

Die CASE-Anweisung im nachfolgenden Programm "WochTag" druckt zu einer aus dem Datum berechneten Wochentag-Nummer 1,...,7 die zugehörige Wochentag-Kurzbezeichnung Mo,...,So aus.

```
/************************** WochTag **************************/
/*     Bestimmung des Jahres- und Wochentags aus dem Datum    */
/*            Gregorianischer Kalender  1582 ... 2099          */
/************************************************************/

#include <CtoAda.h>

NAT Mo_Len ARRAY_(2)_(12)=                        AG /* 0..11 Jan..Dez */
  AG 31,28,31,30,31,30,31,31,30,31,30,31 FINAG,/* 0    Normaljahr */
  AG 31,29,31,30,31,30,31,31,30,31,30,31 FINAG /* 1    Schaltjahr */
                                         FINAG;
#define SCHALT(J) J REM 4 ==0 AND J REM 100 !=0  OR  J REM 400 ==0

NAT  Jahr_Tag(NAT Tg,NAT Mo,NAT Jahr)             /* 1...365 Normal */
BEGIN NAT T=Tg,J=SCHALT(Jahr);                    /* 1...366 Schalt */
   FOR(M,0,Mo-2) T+=Mo_Len _(J)_(M);ENDFOR; RETURN T;
END/*Jahr_Tag*/;

LNAT Greg_Tag(NAT Tg,NAT Mo,NAT Jahr)          /* 577449..766644 */
BEGIN LNAT T=(LNAT)Jahr_Tag(Tg,Mo,Jahr),J=(LNAT)(Jahr-1);
   RETURN         J*365LU  + (J/4LU-J/100LU)+J/400LU + T;
END/*Greg_Tag*/; /*Vorjahre + Schaltjahre        + lfd.Jahr*/

STRING Woch_Tag(NAT Tg,NAT Mo,NAT Jahr)
BEGIN CASE (NAT)((Greg_Tag(Tg,Mo,Jahr)-1LU) REM 7LU)+1LU OF
   WHEN 1 DO RETURN "Montag    ";WHEN 2 DO RETURN "Dienstag  ";
   WHEN 3 DO RETURN "Mittwoch  ";WHEN 4 DO RETURN "Donnerstag";
   WHEN 5 DO RETURN "Freitag   ";WHEN 6 DO RETURN "Samstag   ";
   WHEN 7 DO RETURN "Sonntag   ";
ENDCASE;END/*Woch_Tag*/;

VOID MAIN(VOID)
BEGIN NAT Tg,Mo,Jahr;CHAR C;PUT("Tg.Mo.Jahr:");
   GET_NAT(Tg);GET_CHAR(C);GET_NAT(Mo);GET_CHAR(C);GET_NAT(Jahr);
   RANGE_CHECK(Jahr,1582,                        2099);
   RANGE_CHECK(Mo  ,   1,                          12);
   RANGE_CHECK(Tg  ,   1,Mo_Len _(SCHALT(Jahr))_(Mo-1));
   PUT("Schaltjahr=");PUT_INT (SCHALT (      Jahr));NEW_LINE;
   PUT("Greg_Tag  =");PUT_LNAT(Greg_Tag(Tg,Mo,Jahr));NEW_LINE;
   PUT("Jahr_Tag  =");PUT_NAT (Jahr_Tag(Tg,Mo,Jahr));NEW_LINE;
   PUT("Woch_Tag  =");PUT_LINE(Woch_Tag(Tg,Mo,Jahr));
END;

/********************** End WochTag **********************/
```

Output	Input
Tg.Mo.Jahr: Schaltjahr=0 Greg_Tag =730119 Jahr_Tag =365 Woch_Tag =Freitag	31.12.1999

Der Gregorianische Kalender mit seinen Schaltjahrregeln, siehe
Makro-Konstruktion SCHALT, gilt nur im Jahr-Bereich 1582...2099.
RANGE_CHECK ist eine Makro-Konstruktion aus CtoAda. Es gibt
auch eine Standard-Kalenderfunktion asctime in <time.h> (A.3.14).

4.5   Schleifen

Eine Schleife, auch iterative Anweisung genannt (englisch iteration), bewirkt, daß eine Folge von Anweisungen wiederholt durchlaufen wird, bis die Prüfung (englisch check) auf Schleifenende oder der Schleifen-Heraussprung (englisch break) auf Abbruch entscheiden. Eine Schleife kann nach Syntaxdiagramm A.1 (für statement) im einzelnen sein:

- FOR-Schleife, d.h. Schleife mit INT-type Laufparameter, z.B.

```
FOR(I,1,9) PUT_INT(I);ENDFOR;          druckt 123456789
```

- WHILE-Schleife, d.h. Schleife mit logical-type Prüfung, z.B.

```
INT I=10;
WHILE(--I) PUT_INT(I);ENDWHILE;        druckt 987654321
```

- LOOP -Schleife, d.h. Schleife ohne Schleifenende-Prüfung,
  ggf. mit Schleifen-Heraussprung, z.B.

```
INT I=0;
LOOP
   PUT_INT(++I);
   IF I=9 THEN BREAK;ENDIF;
ENDLOOP;                               druckt 123456789
```

4.5.1 FOR Statement

Eine FOR-Schleife (englisch for statement) ist nach Syntaxdiagramm A.1 (für statement) von der Form (CtoAda)

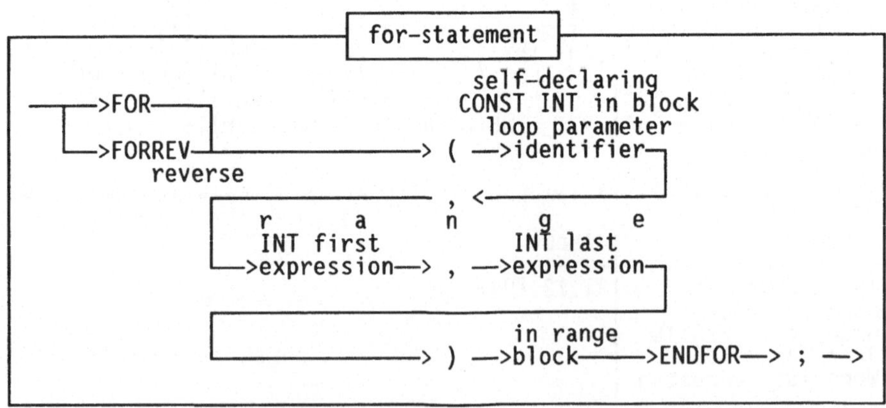

z.B.

```
FOR   (I,1,9) PUT_INT(I);ENDFOR;       druckt 123456789
FORREV(I,1,9) PUT_INT(I);ENDFOR;       druckt 987654321
```

Bedeutung der normalen FOR-Schleife:

Gibt man den Namen (identifier nach FOR) und die Laufgrenzen (first expression, last expression nach dem Namen) des Laufparameters an, so vereinbart die FOR-Schleife den Laufparameter selbst vom Typ REGISTER INT und erhöht ihn, ausgehend von first, vor jedem weiteren Schleifendurchlauf jeweils um 1 (Inkrement) bis zum Erreichen von last einschließlich.

```
                                        +1   ┌──> last
Aufwärts-Treppe                    +1  ┌─┘
                              +1  ┌─┘
                   first   >──┘
```

Bedeutung der reversen FORREV-Schleife:

Gibt man den Namen (identifier nach FORREV) und die Laufgrenzen (first expression, last expression nach dem Namen) des Laufparameters an,so vereinbart die FORREV-Schleife den Laufparameter selbst vom Typ REGISTER INT und erniedrigt ihn, ausgehend von last, vor jedem weiteren Schleifendurchlauf jeweils um 1 (Dekrement) bis zum Erreichen von first einschließlich.

```
                                        -1   ┌─< last
Abwärts-Treppe                     -1  ┌─┘
                              -1  ┌─┘
                   first   <──┘
```

Die Laufgrenzen first, last werden nur einmal zu Beginn der Schleife berechnet. Eventuelle Änderungen der Laufgrenzen aus dem Block der Schleife heraus haben keine Wirkung auf den Schleifenablauf!

Der Laufparameter (identifier) ist im Block der Schleife nur wie eine Konstante vereinbart. Daher ist es nicht möglich, den Laufparameter aus dem Block der Schleife heraus zu ändern! Außerhalb der Schleife, d.h. vor oder nach FOR...ENDFOR; , ist der Laufparameter nicht vereinbart. Ist außerhalb eine andere Größe mit gleichem identifier wie der Laufparameter vereinbart, so wird diese innerhalb der Schleife durch den Laufparameter unterdrückt (siehe Bereichsschachtelung 7.5).

Wird durch Laufgrenzen first>last ein sogenannter "leerer Bereich" (englisch null range) für den Laufparameter angegeben, dann wirkt die ganze Schleife wie eine leere Anweisung (null statement, 4.3), z.B.

```
FOR    (I,1,0) PUT_INT(I);ENDFOR;        druckt nichts
FORREV(I,1,0) PUT_INT(I);ENDFOR;         druckt nichts
```

Das nachfolgende Beispiel "ShelSort" enthält sowohl FOR-Schleifen (dieser Abschnitt 4.5.1) als auch WHILE-Schleifen (nächster Abschnitt 4.5.2) und verwendet die MAKRO-Schreibweise "LAST(Row)" für "Len-1" (Len=LENGTH(Row), CtoAda, A.3.1).

In diesem Beispiel wird eine Reihe (ARRAY siehe 5) von 6 Worten (STRING, 1.3) der Maximal-Wortlänge 80 nach dem Verfahren von Shell (1950) sortiert. Zur Vereinfachung des Beispiels wird der zu sortierende ARRAY A global und nicht als formaler Parameter in die Prozeduren Change und Shell_Sort eingebracht (Parameterübergabe siehe 7.2).

```
/************************* ShelSort *************************/
/* Shell-Sort: Shell (1950),  Ordnen  durch  Distanzpaar-Tausch */
/*(bin.bubble) mit fortlaufender (binaerer) Distanz-Halbierung, */
/*            Speicher : nur Hilfsspeicher  fuer  den  Tausch */
/***********************************************************/

#include <CtoAda.h>
#include <string.h>

#define          Len 6
STRING R ARRAY_(Len) ;
#define          StrLen 80

#define GetR   FOR(I,0,LAST(R)) PUT("STRING(");PUT_NAT(StrLen); ??/
              PUT(")");PUT_NAT(I+1);PUT("/");PUT_NAT(Len);     ??/
              PUT(":");GET_LINE(R _(I)=NEW_STRING(StrLen));ENDFOR
#define PutR   FOR(I,0,LAST(R)) PUT_LINE(R _(I));             ENDFOR

VOID Change(INT I,INT J)
 BEGIN CONST STRING S=R _(I);R _(I)=R _(J);R _(J)=S;END;

VOID    SortR(VOID)
   BEGIN                                      INT J          ;
                                              NAT    Dist  =Len-1;

     WHILE(Dist >= 1)
       FOR(I,0,LAST(R)-Dist)                  J =I           ;
         WHILE(J>=0 AND strcmp(R _(J),R _(J+ Dist))>0)
             Change(J,J+Dist);                J-=Dist        ;
         ENDWHILE;
       ENDFOR;                                Dist /=2       ;
     ENDWHILE;
   END;

VOID MAIN(VOID) BEGIN GetR;SortR();PutR;END;

/******************** End ShelSort *******************/
```

Output	Input	Output (Fortsetzung)
STRING(80)1/6:	Ford	190
STRING(80)2/6:	AUDI	AUDI
STRING(80)3/6:	BMW500	BMW500
STRING(80)4/6:	Opel	Ford
STRING(80)5/6:	190	Golf
STRING(80)6/6:	Golf	Opel

Sortieren nach Shell (1950) wird durch wiederholten "Distanzpaar-Tausch" (Change) ausgeführt, beginnend mit der größtmöglichen

Distanz Dist=Len-1, dann fortlaufend mit der halbierten Distanz Dist/=2, sofern noch Dist>=1.

Die fortlaufende Distanz-Halbierung wird in der Prozedur Shell_Sort durch eine WHILE-Schleife beschrieben:

```
WHILE(Dist >= 1) ... Dist/=2;ENDWHILE;
```

Darin geschachtelt findet man eine weitere WHILE-Schleife zum "Nachsortieren nach links", um eventuell nach einem Distanzpaar-Tausch links von I entstehende Unordnung wieder zu bereinigen:

```
WHILE(J>=0 AND strcmp(R _(J),R _(J+Dist))>0)
    Change(J,J+Dist);J-=Dist;ENDWHILE;
```

Diese WHILE-Schleife übernimmt auch den normalen Distanzpaar-Tausch an der laufenden Stelle J=I. Der Durchlauf I selbst wird in der umgebenden FOR-Schleife hochgezählt.

Ein Distanzpaar-Tausch Change(I, J) vertauscht die Werte von R _(I) und R _(J). Man benötigt dazu (vgl."Tausch", 7.2.2) eine STRING Konstante S als Zwischenspeicher für den Wert von R _(I).

Durch Vorsortieren mit doppelter Distanz entfallen viele Sortierungen mit einfacher Distanz. Das Verfahren "Shell-Sort" ist schneller als das Verfahren "Nachbar-Tausch" (Übungsaufgaben), das nur mit der Distanz 1 arbeitet und größenordnungsmäßig n*n Vergleiche benötigt: n Vergleiche für jeden Durchlauf und n Durchläufe, um nach links nachzusortieren.

Da "Shell-Sort" mit einem Durchlauf (und wenigen Nachsortier-Schritten) pro Distanz auskommt, und bei binärer Distanz-Halbierung nur log2(n) verschiedene Distanzen auftreten, benötigt "Shell-Sort" größenordnungsmäßig n*log2(n) Vergleiche, ebenso wie die anderen bekannten Binärverfahren "Bin-Sort" (6.2.1), "Merge-Sort"(Übungsaufgaben Übg) und "Quick-Sort" (<stdlib.h>, A.2.13).

Sortiert man z.B. n=1024 Elemente, so ist ein Binärverfahren wie "Shell-Sort" etwa um den Faktor n/log2(n)=1024/10 = 102,4 mal schneller als ein Elementar-Verfahren wie "Nachbar-Tausch"!

4.5.2 WHILE Statement

Eine WHILE-Schleife (englisch while statement) ist nach Syntax-diagramm A.1 (für statement) von der Form (CtoAda)

```
                 while-statement
            logical            !=0
—>WHILE—> ( —>expression—> ) —>block—>ENDWHILE—> ; —>
```

z.B.

```
    INT I=10;
    WHILE(--I) PUT_INT(I);ENDWHILE;        druckt 987654321
```

Wie bei der FOR-Schleife handelt es sich auch bei der WHILE-Schleife um einen wiederholt durchlaufenen Block mit vorangestellter Abbruch-Prüfung (englisch pre-check). Die WHILE-Schleife besitzt jedoch keinen selbst vereinbarten Laufparameter .

Ergibt die Prüfung, d.h. der Wert des in Klammern gesetzten logical expression "wahr", d.h. !=0, dann wird der folgende block bis zu ENDWHILE noch einmal durchlaufen , bei "falsch", d.h. ==0, wird die Schleife abgebrochen.

WHILE-Schleifen können verwendet werden etwa für die Konstruktion von Schleifen mit Nicht-INT Laufparametern (Zeiger 6.1, size_t und ptrdiff_t siehe Tabelle 1), z.B.

```
    WHILE(++Pointer != NULL) ...        ENDWHILE;
```

oder für die Konstruktion von Schleifen mit nicht-linear inkrementierten Laufparametern (vgl. ShelSort oben), z.B.

```
    INT I=10;
    WHILE(I           >= 1   ) ... I/=2;ENDWHILE;
```

oder für die Abfrage von Ereignissen, die aus dem Schleifen-Block heraus beeinflußt werden, z.B.

```
    WHILE(NOT           EOF ) ...        ENDWHILE;
```

4.5.3   LOOP Statement, BREAK und CONTINUE

Eine freie Schleife (englisch free loop statement) ist nach Syntaxdiagramm A.1 (für statement) von der Form (CtoAda)

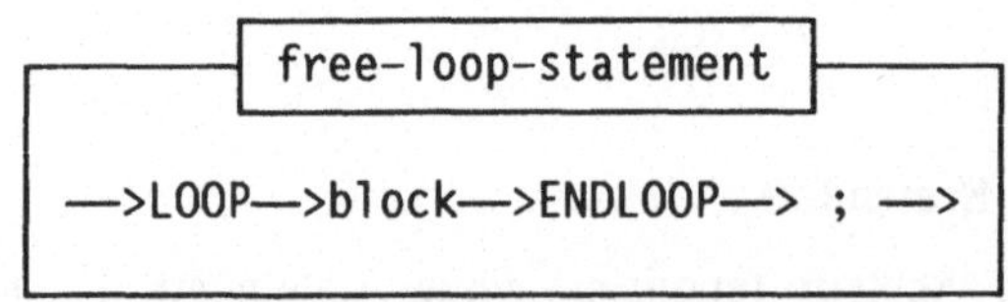

Eine freie Schleife besitzt zunächst keine Abbruch-Prüfung, würde also den Schleifen-Block unbegrenzt oft wiederholen. Ein Abbruch eines/aller Durchgänge der Schleife kann erreicht werden

etwa durch eine BREAK-Anweisung, die einen Sprung an das Ende aller Durchgänge der Schleife bewirkt, z.B.

```
    LOOP ... IF    EOF    THEN BREAK   ;ENDIF; ... ENDLOOP;
```

oder durch eine   CONTINUE-Anweisung, die einen Sprung an den Anfang des nächsten Durchgangs der Schleife bewirkt, z,B.

```
    LOOP ... IF Spalte=66 THEN CONTINUE ;ENDIF; ... ENDLOOP;
```

oder durch eine   RETURN-Anweisung, die einen Sprung an das Ende der umgebenden Funktion (auch ggf. MAIN) bewirkt (siehe 7.3),   z.B.

```
    LOOP ... IF Error(I)  THEN RETURN...;ENDIF; ... ENDLOOP;
```

oder durch eine   GOTO-Anweisung, die einen Sprung an den Anfang der mit dem Sprungziel (label) markierten Anweisung innerhalb der umgebenden Funktion bewirkt (siehe 4.6), z.B.

```
    LOOP ... IF Wert<0    THEN GOTO Neg ;ENDIF; ... ENDLOOP;
```

Die Setzung aller dieser Abbruch-Prüfungen innerhalb des Schleifen-Blocks (englisch in-check) ist nicht nur bei freien Schleifen, sondern auch bei den bereits besprochenen FOR- und WHILE-Schleifen möglich.

Das nachfolgende Beispiel Primzahl enthält freie Schleifen, sowohl mit BREAK- als auch mit RETURN-statements.

```
/************************** Primzahl **************************/
/*                  Groesste LNAT Primzahl                  */
/************************************************************/

#include <CtoAda.h>
#include   <math.h>

INT IsPrim(LNAT N)
  BEGIN  LNAT First =3,         Last=sqrt(N);
     IF N REM 2    ==0 AND     N>2     THEN RETURN 0         ;ENDIF;
    LOOP
     IF N REM First==0 OR First>Last THEN RETURN First>Last;ENDIF;
             First+=2;
    ENDLOOP;
  END;

VOID MAIN(VOID)
  BEGIN LNAT N=LNAT_LAST;PUT("Groesste LNAT Primzahl=");
    LOOP
        IF IsPrim(N) THEN PUT_LNAT(N);NEW_LINE;BREAK;ENDIF;N--;
    ENDLOOP;
  END;

/********************** End Primzahl ************************/
```

```
| Output
 _______________________________

| Groesste LNAT Primzahl=4294967291
```

Zur Prüfung einer natürlichen Zahl N auf Primzahl-Eigenschaft, untersucht man, ob N ganzzahlig durch Divisoren $1<Div<N$ teilbar ist, d.h. N REM Div $== 0$.

Zur Beschleunigung des Verfahrens beschränkt man sich auf Div=2 und sonst nur ungerade Div. Außerdem braucht man nicht bis zu Div=N-1, sondern nur bis zu Div=sqrt(N) zu suchen: Gibt es oberhalb der Wurzel aus N einen Teiler DivOben, so muß bereits unterhalb der Wurzel aus N ein Teiler DivUnten zu finden sein mit DivUnten*DivOben=N.

Die Wurzel-Funktion sqrt ist vereinbart in <math.h> (Standard-Bibliothek, A.2.7).

4.6 Block, GOTO-Statement

Ein Block , d.h. gemeint ist ein offener Block, (englisch block, open-block) ist nach Syntaxdiagramm A.1 von der Form (CtoAda):

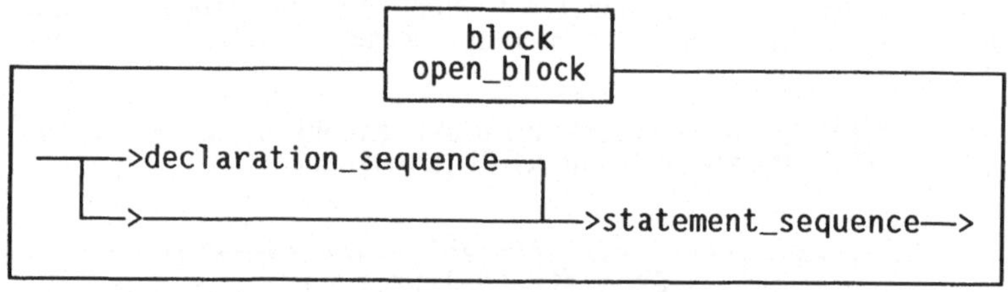

Ein Block besteht also aus einer optionalen Folge von Vereinbarungen und einer Folge von Anweisungen.

In modernen strukturierten Programmiersprachen braucht ein Block nicht notwendig in BEGIN...END 'geklammert' zu werden, da alle für Block-Schachtelung vorgesehenen Programmkonstruktionen ihre eigenen spezifischen Anfangs- und Schluß-Begrenzer besitzen, z.B.

```
IF ...THEN block ENDIF ;
FOR( ... ) block ENDFOR;
```

Nur der Block einer Funktion verlangt BEGIN..END 'Klammerung', z.B.

```
VOID MAIN(VOID) BEGIN block END;
```

Das macht moderne strukturierte Programmiersprachen übersichtlich und vermeidet die z.B. aus Pascal bekannten 'Doppelklammern' THEN BEGIN , und die BEGIN...END Inflation.

Auch kann in C (speziell CtoAda), wie in anderen Programmiersprachen, die moderner strukturiert sind als ALGOL_60, z.B. ALGOL_68 und Ada,

an jeder Programmstelle, an der eine Vereinbarung (englisch declaration) syntaktisch zulässig ist, auch eine Folge von Vereinbarungen (declaration-sequence) ohne zusätzliche 'Klammern' BEGIN..END geschrieben werden und an jeder Programmstelle, an der eine Anweisung (englisch statement) syntaktisch zulässig ist, auch eine Folge von Anweisungen (statement-sequence) ohne zusätzliche 'Klammern' BEGIN..END geschrieben werden.

Vereinbarungen innerhalb eines Blocks gelten nur in diesem und in seinen innneren Blöcken, nicht aber in äußeren Blöcken (siehe Bereichs-Schachtelung 7.5).

Im Gegensatz dazu ist die 'Vereinbarung' eines Sprungziels (englisch label), d.h. eines identifiers mit Doppelpunkt vor einer Anweisung, siehe Syntaxdiagramm A.1 (für statement), in C gefährlicherweise in der ganzen umgebenden Funktion gültig!

Man kann also in C mit einer GOTO-Anweisung, siehe Syntaxdiagramm A.1 (für statement), in nicht ordnungsgemäß durchlaufene Blöcke, z.B. auch in FOR-Schleifen , mitten hineinspringen und Fehler, wie z.B. Aufruf von Operationen mit noch nicht vereinbarten oder noch nicht initialisierten Größen, verursachen!

Es wird dringend empfohlen, keine GOTO-statements zu benutzen (Dijkstra 1960: "Goto considered harmful"). Programme mit GOTO werden wegen ihrer Unübersichtlichkeit als "Spaghetti-Programme" charakterisiert.

4.7 Testfragen

zu	Frage	abdeckbare Antwort
4.1	Kann im assignment statement U=A ; A wieder ein assignment expression sein?	ja, z.B. U=V=4; v.re.abgearbeitet
4.1	Welche Werte haben A und B ? A='B';B=A;A='A';	'A' UND 'B'
4.2	Was wird ausgedruckt? PUT_INT(I=1,I=2); PUT_INT(I=1),PUT_INT(I=2);	2 12
4.4	Welche der folgenden sind korrekte Anweisungen? IF X>0 THEN Sign=1;ELSE Sign= IFOP X==0 THENOP 0 ELSEOP-1 FINOP;ENDIF;	ja
	Sign= IFOP X>0 THENOP 1 ELSEOP IF X==0 THEN 0 ELSE -1 ENDIF;FINOP;	nein

4.4   Bestimme den Wert von I in

```
I=0;IF 1<2 THEN;ELIF
       3<4 THEN;ELSE I=5;ENDIF;
```
                                              I=0

```
I=0;IF 1>2 THEN;ELIF
       3>4 THEN;ELSE I=5;ENDIF;
```
                                              I=5

4.5.1   Was wird im folgenden Block ausge-
         druckt ?

```
BEGIN INT I=1;
   FOR(I,2,3);ENDFOR;
   PUT_INT(I);
END;
```
                                              1

4.5.1   Was wird ausgedruckt?
4.5.2
```
FOR(I,1,2)
WHILE(I REM 2!=0) PUT_INT(I);ENDWHILE;
ENDFOR;
```
                                              111...

4.5.2   Was wird ausgedruckt?
4.5.3
```
I=1;
WHILE(I REM 2!=0)
 LOOP PUT_INT(++I);
    IF I REM 2 != 0 THEN BREAK;ENDIF;
 ENDLOOP;
ENDWHILE;
```
                                              234...

4.6   Darf GOTO "auseinander"-geschrieben   nein,
           werden als GO TO ?   keyword, A.1

4.6   Sind   alle   reservierten   Worte   ja (CtoAda)
           (keyword), die mit END... beginnen,
           "Schluß-Begrenzer" für Blöcke (block)?

4.6   Gibt es auch "Schluß-Begrenzer" für   ja, z.B. ELSE
           Blöcke, die nicht mit END... beginnen?

           Können im Programm

4.3   mehrere Semikolon aufeinanderfolgen?   ja (null statement)

4.6   mehrere END direkt aufeinanderfolgen?   nein (';' CtoAda)

           Können im Programm

4.6   Semikolon END aufeinanderfolgen?   ja

4.6   END Semikolon aufeinanderfolgen?   ja

5   REIHUNG (ARRAY, [ ] in Original-C)

Reihungen von Elementen gibt es in einer (Vektor), zwei (Matrix) oder mehr Dimensionen. Die Anzahl der gewünschten Dimensionen und die Indexlänge in jeder Dimension sind bei der vollständigen Vereinbarung einer Reihung festzulegen. Die untere Indexgrenze in jeder Dimension ist 0, die obere Indexgrenze ist Indexlänge-1.

Wie in Programmiersprachen durchweg üblich, müssen die Elemente einer Reihung alle vom gleichen Typ sein.

Indexgrenzen für Reihungen können in C, wie in Pascal, anders als in ALGOL, SIMULA oder Ada, leider nicht dynamisch, d.h. nicht mit einlesbaren Grenzen, vereinbart werden.

5.1   Reihungstyp, Element, Ausschnitt

Eine Vereinbarung für Konstanten oder Variablen vom Reihungstyp ist nach Syntaxdiagramm A.1 (für declaration, specifier, declarator) vereinfacht (vgl.2.2) von der Form

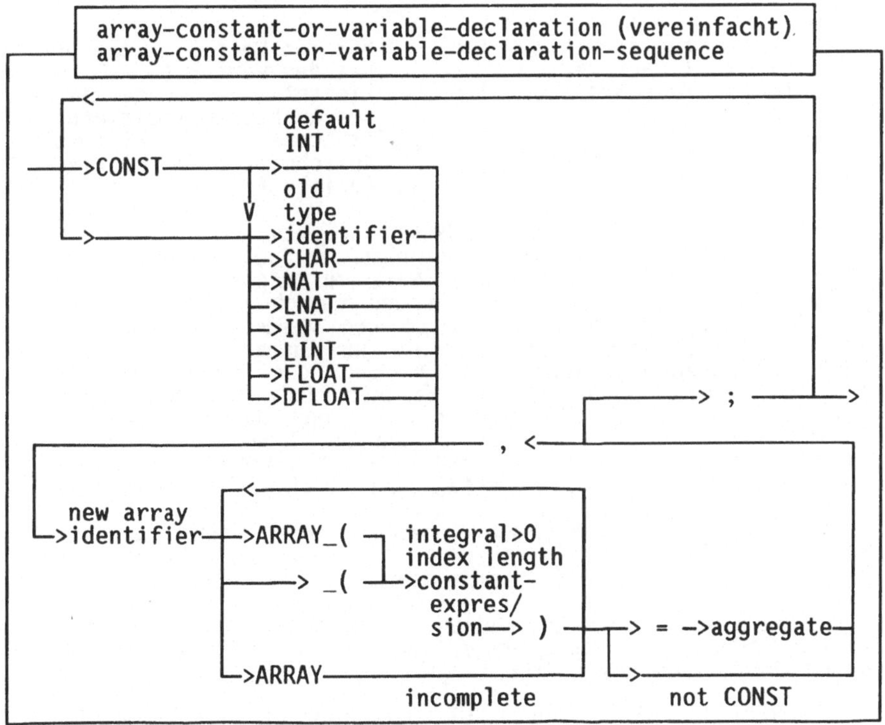

Z.B.

```
CONST INT Konstanter_Vektor    ARRAY_(3)   = AG 3,1,5 FINAG;
CONST     Konstanter_Vektor    ARRAY       = AG 3,1,5 FINAG;
CHAR      Vektor_fuer_10_Elem  ARRAY_(10)              ;
INT       Initialisiert_Vektor ARRAY       = AG 1,2,3 FINAG;
FLOAT     Matrix_fuer_3x4_Elem ARRAY_(3)_(4)           ;
```

Von einer vorher vereinbarten Reihung (siehe oben) sind in C
nicht nur einzelne Elemente, sondern wie in ALGOL_68 und Ada, auch
Ausschnitte (englisch slice) aufrufbar.

Eine indizierte Konstante oder Variable (englisch subscripted
constant or variable) ist nach Syntaxdiagramm A.1 (für postfix-expression) von der Form

```
┌─────────────────────────────────────────────────────┐
│           subscripted-constant-or-variable           │
│                                                      │
│   pointer to                    index                │
│   pointable object              integral>=0          │
│ —>primary-expression—>   _( —>expression—> ) —>      │
│                                                      │
└─────────────────────────────────────────────────────┘
```

z.B.

```
    Konstanter_Vektor  _(0)        hat den Wert 3 (siehe oben)
    Initialisiert_Vektor _(2)      hat den Wert 3 (    "     )
    Matrix_fuer_3x4_Elem _(0)_(1)  Element    einer Matrix
                                   geschachtelte Indizierung
                                   (successive subscription)
    Matrix_fuer_3x4_Elem _(2)      Ausschnitt einer Matrix
                                   (dritte Zeile)
```

Im nachfolgenden Demonstrationsbeispiel FigRev wird im einzelnen vorgeführt, wie eine zweidimensionale Reihung Figur vollständig vereinbart wird, wie dann die Werte für Figur einzeln zeilenweise von der Input-Datei eingelesen und danach einzeln zeilenweise wieder auf die Output-Datei ausgegeben werden. Die äußere i-
Schleife enthält eine innere j-Schleife zur Eingabe jeweils einer
Zeile von Reihungselementen. Nach Durchlauf der inneren j-Schleife
gibt die äußere i-Schleife einen Zeilenvorschub. Die Spaltenlänge
von Figur ist 5, d.h. Spaltenindex 0..4,   und die Zeilenlänge ist
7, d.h. Zeilenindex 0..6. Für die Angabe des Indexbereichs in den
FOR-Schleifen   werden die in CtoAda (A.3.1) vordefinierten Makros
LAST1(Figur), gleich 4, und LAST2(Figur), gleich 6, verwendet.

Anders als in kartesischen Koordinaten (i, j) zählt bei einer
Matrix wie Figur _(i)_(j) der erste   (Spalten-)Index i nach unten
und der zweite (Zeilen-)Index j nach rechts.

Um das Beispiel etwas interessanter zu gestalten,   wird die Figur
in den Zeilen revers ausgegeben, d.h. im zweiten Index j in umgekehrter Reihenfolge ausgegeben.

```
FORREV(j,0,LAST2(Figur)) PUT_CHAR(Figur _(i)_(j));ENDFOR;
```

```
/*************************** FigRev ****************************/
/* Figur-Reversion: zur Array-Demonstration , sehr ausfuehrlich */
/* Eingabe          : 5 Zeilen mit (7 Figur -Zeichen + line-feed) */
/* Ausgabe          : 5 Zeilen mit (revers 7 Zeichen + line-feed) */
/****************************************************************/

#include <CtoAda.h>

VOID MAIN(VOID)
    BEGIN

        CHAR Figur ARRAY_(5)_(7) ;

        FOR(i,0,        LAST1(Figur))        /********************/
            FOR(j,0,    LAST2(Figur))        /* Zwei geschachtelte */
                GET_CHAR(        Figur _(i)_(j));/*   FOR-Schleifen    */
            ENDFOR;                          /* fuer Eingabe eines */
            SKIP_LINE;                       /*    2-dim. ARRAYs   */
        ENDFOR;                              /********************/
                                                         NEW_LINE;
        FOR(i,0,        LAST1(Figur))        /********************/
            FORREV(j,0,LAST2(Figur))         /* Zwei geschachtelte */
                PUT_CHAR(        Figur _(i)_(j));/*   FOR-Schleifen    */
            ENDFOR;                          /* fuer Ausgabe eines */
            NEW_LINE;                        /*    2-dim. ARRAYs   */
        ENDFOR;                              /********************/

    END;

/*********************** End FigRev **************************/
```

Input	Output
*******	*******
*......	......*
****...	...****
*......	......*
*......	......*

Das folgende Beispiel "Labyrint" ist in Gestalt des sagenumwobenen Ariadne-Faden Verfahrens nicht weniger reizvoll als in moderner Gestalt mit rekursivem Backtracking.

"Labrys" ist ein vorgriechisch, vorindogermanisches Wort, bedeutet "Stein-Paar" und weist vielleicht auf das Gipfelpaar des Ida-Bergs von Kreta hin, wo die Geburtshöhle des Zeus liegt. Die steinzeitlich synonyme Deutung "Doppel-Beil" kann aber auch Insignie für einen Stamm oder einen König sein. Auch der Königspalast Knossos in Kreta in Sichtweite des Berges Ida kann gemeint sein. Dort finden sich mannshohe Steinsymbole, die sowohl als oberer Teil einer Doppelaxt als auch als Hörner-Paar des Zeus-Stiers gedeutet werden können.

Nach der Sage wurde das palastartige "Labyrinth" vom Architekten Daidalos im Auftrag des Königs Minos auf Kreta erbaut. Darin hauste der Minotaurus, ein Mensch-Stier Ungeheuer, Sohn eines göttlichen Stiers und der Gattin Pasiphae des Minos. Der Minotaurus verschlang alle, die sich im Labyrinth verirrten. Mit Hilfe eines Fadens, den ihm Ariadne, die Tochter des Minos, mitgegeben hatte, fand Theseus den Weg zum Minotaurus, tötete ihn, und fand den Weg zurück.

Vielleicht ist die Sage eine Allegorie auf den Sieg der Vernunft (Ariadne-Faden) über die dumpfen Urtriebe (Stier); vielleicht auch überliefert sie den Sieg der Griechen (Theseus) über die Kreter (Minos) und die Übernahme der kretischen Kultur. Noch ist nicht geklärt, ob die Alt-Kreter (Bilderschrift 2.Jt. v. Chr, Linear-A Schrift seit 1800 v.Chr., beide nicht entziffert) schon griechisch sprachen.

Der Jahrtausende alte Algorithmus des "Ariadnefaden"s ist der antike Vorläufer des modernen rekursiven "backtracking" Verfahrens, das 1960 von E.W. Dijkstra eingeführt wurde am Beispiel des "8-Königinnen-Problem" (Übungsaufgaben).

Backtracking-Regeln:

- Zur Vermeidung von Rundläufen um "Inseln" wird auf dem Weg ein Ariadne-Faden ausgelegt (tracking), der im weiteren Wegverlauf nicht mehr betreten werden darf (wie eine Mauer), d.h. Rundläufe werden zu Sackgassen.

- Zur Erreichung aller Ausgänge werden auch die Ausgänge wie Sackgassen behandelt. Als Besonderheit wird nur vor dem Rückzug aus diesen Sackgassen ein Weg-Protokoll ausgegeben.

- Beginnend an der Start-Stelle werden systematisch nacheinander (rekursiv auch an den Nachfolge-Stellen) alle Wegrichtungen ausprobiert. Erst nach der Rückkehr aus einer Wegrichtung darf die nächste Wegrichtung ausprobiert werden.

- Erreicht man das Ende einer Sackgasse, so kehrt man zurück, indem man den Ariadne-Faden wieder einholt (backtracking), und so den Rückweg frei macht.

Da es nur Sackgassen gibt, befindet man sich zum Schluß wieder an der Start-Stelle mit wiedereingeholtem Ariadne-Faden.

Das Labyrinth ist hier nicht zweidimensional, sondern eindimensional in Schriftreihenfolge durchnumeriert, um die Zahl der Parameter von BackTrack und somit Aufrufzeiten zu reduzieren.

Bei einer Zeilenlänge Len2=9 startet BackTrack bei '+' in Zeile 6 und Spalte 4 in der U-förmigen "Insel" des Labyrinths, d.h. bei Start=49. Ob eine Stelle i am Ende einer Zeile liegt, erkennen die Prozeduren GetLab und PutLab an "i REM Len2 == 0".

```
/************************ Labyrint ***************************/
/* Labyrinth: Ariadne-Faden-Sage, Knossos (Kreta) , 3.Jt.v.Chr. */
/*            Rekursives Backtracking-Verfahren, Dijkstra, 1960 */
/*            Suchen/Drucken aller Faden-Wege '.' im Rechtecks- */
/*            Labyrinth von Len1 Reihen  und Len2 Spalten . */
/*            Innen: Start '+', Weg ' ', Mauer 'O', Ausgang '*' */
/*            Aussen  am  Rand  nur : Mauer 'O', Ausgang '*' */
/***********************************************************/

#include <CtoAda.h>

#define         Len1      9
#define              Len2 9
CHAR Lab ARRAY_(Len1*Len2);
NAT  Start              ;

#define GetLab    FOR(I,0,LAST(Lab))        GET_CHAR(Lab _(I));  ??/
                  IF(I+1)REM Len2==0 THEN SKIP_LINE;ENDIF;     ??/
                  IF Lab _(I) == '+' THEN Start=I ;ENDIF;ENDFOR

#define PutLab    FOR(I,0,LAST(Lab))        PUT_CHAR(Lab _(I));  ??/
                  IF(I+1)REM Len2==0 THEN NEW_LINE;ENDIF;ENDFOR

VOID BackTrack(NAT First)
   BEGIN        NAT Next;
      Lab _(First)='.';
      FOR(Direction,1,4)
         CASE Direction OF
                  WHEN 1 DO Next=First-Len2;
            WHEN 2 DO Next=First-1;WHEN 3 DO Next=First+1;
                  WHEN 4 DO Next=First+Len2;            ENDCASE;
         IF   Lab _(Next)==' ' THEN BackTrack(Next);
         ELIF Lab _(Next)=='*' THEN NEW_LINE;PutLab;         ENDIF;
      ENDFOR;
      Lab _(First)=' ';
   END;

VOID MAIN(VOID)
   BEGIN
      PUT_INT(Len1);PUT("*");PUT_INT(Len2);PUT_LINE(" Lab :");
      GetLab;BackTrack(Start);
   END;

/********************* End Labyrint ********************/
```

Output	Input	Output Fortsetzung	Output Fortsetzung
9*9 Lab :			
	0000*0000	0000*0000	0000*0000
	0 0 0	0 0....0	0 0....0
	0 00000 0	0 00000.0	0 00000.0
	0 0 0	0... 0.0	0 ...0.0
	0 0 0 0 0	0.0.0 0.0	0 0.0.0.0
	0 0+0 0 0	0.0.0 0.0	0 0.0.0.0
	0 000 0 0	0.000 0.0	0 000.0.0
	0 0	0.......0	0 ...0
	000000000	000000000	000000000

Die über bzw. unter der Stelle First liegende Stelle findet man als First-Len2 bzw. First+Len2. Die links bzw. rechts von der Stelle First liegende Stelle findet man als First-1 bzw. First+1.

5.2 Aggregat

Ein Aggregat (englisch aggregate) ist nach Syntaxdiagramm A.1 (für initializer) von der Form

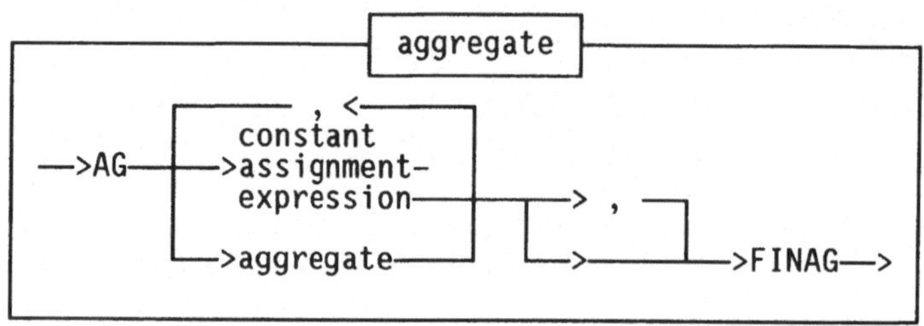

z.B.

```
NAT Vektor ARRAY =    AG  0, 1 FINAG                        ;
NAT Matrix ARRAY = AG AG 00,01 FINAG,AG 10,11 FINAG FINAG;
```

Anders als in ALGOL_68 und Ada, dienen Aggregate in C nur zur Initialisierung (initialiser, siehe A.1), dürfen also nur in Vereinbarungen vorkommen. Sie sind keine Ausdrücke, dürfen also z.B. nicht in Wertzuweisungen (assignment statement, siehe 4.1) vorkommen, z.B.

```
inkorrekt   CHAR   A ARRAY;A = AG 'A','r','r','a','y' FINAG;
```

Es ist nicht plausibel, warum die sehr ähnliche (multiple-value) Konstruktion des String-Literals (1.3) ein Primärausdruck ist und daher auch außerhalb von Vereinbarungen, z.B. in Wertzuweisungen zugelassen ist, z.B.

```
STRING S      ;S = "String";
```

5.3 Zusammenhang von Reihungstyp und Zeigertyp, s. 6.1.2

In C sind Reihungen stets elementweise konsekutiv abgespeichert und ihre successiv um 1 erhöhten Adressen per Zeiger erreichbar. Daher besteht per Definition ein Zusammenhang zwischen Reihungstypen und Zeigertypen, siehe 6.1.2 .

5.4   Testfragen

zu	Frage	abdeckbare Antwort

5.1   Sind Reihungs – Indizes stets vom Typ INT ?   ja

5.1   Sind Reihungs – Indizes von anderen als Typ INT zugelassen, z.B. CHAR, die dann (wie in ALGOL 60 und SIMULA) implizit zu INT konvertiert werden?   ja

5.1   Sind bei zeilenweiser Ausgabe einer Matrix A _(x)_(y) mit Zeilenvorschub nach jeder Zeile die Elemente der Matrix   nein, x zählt nach unten y nach rechts

A _(0)_(0)   A _(0)_(1) ...
A _(1)_(0)   A _(1)_(1) ...
   .   .
   .   .

den Indizes x,y zugeordet wie in einer kartesischen Ebene , d.h. zählt der Index x nach rechts, y nach oben?

5.1   Es sei vereinbart
INT Feld ARRAY_(2)
     Wald ARRAY_(2)=AG 0,1 FINAG;

Was ist im folgenden korrekt?

GET_INT(Feld _(Wald _(1)));   alles
PUT_INT(Wald _(Wald _(1)));

GET(Feld);PUT(Feld);   keines
Feld=Wald;

5.2   Kann man den Werte – Tausch mit Hilfe von Aggregaten wie folgt programmieren?   nein, ein aggregate ist weder Variable noch Ausdruck,d.h. nicht zulässig im assignment

AG x,y FINAG = AG y,x FINAG ;

6   ZEIGER UND VERBUND

Dem Programmierer erschließt sich durch Verwendung von

```
- Verbundtypen, z.B.
  TYPEDEF RECORD Verbund IS NAT Object;Verbund *Next;FINIS Liste;
- Zeigertypen,   z.B.   TYPEDEF Liste* Zeiger;
- Zeigern,       z.B.   Z1,Z2:Zeiger;
```

ein neues Gebiet,   das   mathematisch   der   Relationen-Algebra   (Relation, Diagramm, Baum, Verbund) und der Graphentheorie (gerichteter
Graph),   programmiertechnisch   den   Listen-Strukturen   (LISP 1960)
und in den Anwendungen hauptsächlich den Dokumentationssystemen
(englisch   information   retrieval) bzw. Datenbanken (englisch   data
base) zugerechnet wird.

In C können, ähnlich wie in ALGOL 68, Pascal und Ada, nur Vereinbarungen, aber keine statements in die RECORD-Strukturen aufgenommen werden. Will man, wie in   SIMULA mit class oder in Ada mit
package möglich, Strukturen mit statements schaffen,   so kann man
sich in C nur mit include-files behelfen (Präprozessor-Direktiven,
10).

6.1   ZEIGER (* Symbol)

Man benutzt Zeigertechnik, um Baumstrukturen zu beschreiben und
um aufwendige Kopiertechnik zu vermeiden.

Ein Zeiger-Zugriff wird intern realisiert durch eine Konstrukt-
tion aus zwei Speichern, wobei der erste Speicher die Adresse des
zweiten Speichers zum Inhalt hat.

6.1.1   Zeigertyp, Allokator, Indirektor

Ein Zeigertyp (englisch pointer type oder access type) wird nach
Syntaxdiagramm A.1 (für declaration,   specifier,   declarator,   pointer) eingeführt durch Anhängung eines Symbols * an den betreffenden Objekt-Typ, auf den gezeigt werden soll, z.B.

```
        TYPEDEF FLOAT* Zeiger;   (vgl. unten ZweiZeig)
```

Man kann auch Zeiger-Konstanten oder -Variablen ohne vorherige
Zeigertyp-Vereinbarung   direkt   als   Zeiger   vereinbaren,   allerdings
gehört dann das * Symbol nicht zum vorangehenden Objekt-Typ,   sondern zum nachfolgenden Konstanten/Variablen-Bezeichner, z.B.

```
          FLOAT *Z1, *Z2;   (Z1 und Z2 sind Zeiger)
inkorrekt FLOAT* Z1,  Z2;   (nur Z1 ist ein Zeiger)
```

Zur Deutung von Zeigern benutzen wir unsere schon für assignment statements im Abschnitt 4.1 eingeführte graphische Interpretation (Feldmann, "Graphical Interpretation", ALGOL_68-Bulletin, Dec. 74).

In C ist, ähnlich wie in Pascal und Ada, Zeiger-Zugriff auf Objekte beliebigen Typs möglich. In den Anwendungen kommen zumeist Zeiger-Zugriffe auf Verbunde vor.

Im folgenden ersten Einführungsbeispiel "ZweiZeig" verwenden wir der Einfachheit halber nur Zeiger-Zugriffe auf Objekte vom Typ FLOAT.

```
/*********************** ZweiZeig **************************/
/*          Zwei Zeiger zeigen auf das gleiche Objekt         */
/*          Eingabe  ueber Z1  und  Ausgabe  ueber Z2         */
/*          Zur  Demonstration  der  Zeiger - Technik         */
/**********************************************************/

#include <CtoAda.h>

VOID MAIN(VOID)
    BEGIN

        TYPEDEF FLOAT* Zeiger                                 ;
                    Zeiger Z1 = NEW(FLOAT),   Z2 = Z1;
/*                         `-,-'             `-,-'            */
/*                           !                 !             */
/*          erzeugt und ;---'---,      ;---'---, erzeugt und */
/*             Zugriff  !   1   !      !   2   !    Zugriff   */
/*              durch   !-------!  a)  b) !-------!    durch  */
/*          declaration !   3 --+---,  ;---+-- 3 ! declaration*/
/*          Zeiger Z1;  !-------! ! !  !-------! Zeiger Z2;   */
/*                      ! Zeiger! ! !  ! Zeiger!             */
/*                      `-------';-+-+-,`-------'            */
/*                              ! V V !                     */
/*                              !   3 ! a) verknuepft durch */
/*          erzeugt            !-------!    Z1=NEW(FLOAT);   */
/*           durch            !       !                     */
/*          allocation        !-------! b) verknuepft durch */
/*          Z1=NEW(FLOAT);    ! FLOAT !    init.ass. Z2=Z1; */
/*                            `---,---'                     */
/*          Zugriff durch         !         Zugriff durch   */
/*          indirection  ;--------'--------,  indirection   */
/*             *Z1       !                 !     *Z2        */
/*                       ;-'-,           ;-'-,              */
        PUT("*Z1:");GET_FLOAT(*Z1);
        PUT("*Z2=");              PUT_FLOAT(*Z2);

    END;

/********************** End ZweiZeig ***********************/
```

Output	Input
*Z1:	3.14
*Z2=3.14	

Bei einer Zeiger-Vereinbarung Zeiger Z1; würde zunächst nur der erste Speicher, noch ohne definierten Inhalt, neu geschaffen.

Anders als in SIMULA, Pascal und Ada, wird in C der Inhalt eines neu geschaffenen Zeiger - Speichers nicht sofort mit der Adresse 0 der "Endstation" NULL initialisiert! Wünscht man dies, um bereits jetzt Abfragen Z1==NULL tätigen zu können (siehe "BinSort", 6.2.1), dann müßte man die Initialisierung mit NULL selbst vornehmen, z.B. Zeiger Z1=NULL; .

Mit Hilfe des Allokators NEW(FLOAT) (CtoAda) wird nun der zweite Speicher für den FLOAT-Wert in der Zeiger-Konstruktion für Z1 neu geschaffen.

Durch die Initialisierung ...Z1=NEW(FLOAT)..., die mit einem assignment statement Z1=NEW FLOAT; vergleichbar ist, wird die Addresse des neugeschaffenen Speichers, hier "3" , in den obersten (!) Speicher von Z1 als Inhalt hineinkopiert.

Anschließend wird durch die Initialisierung ...Z2=Z1..., die mit einem assignment statement Z2=Z1; vergleichbar ist, der Inhalt des obersten (!) Speichers von Z1, hier "3", in den obersten (!) Speicher von Z2 als Inhalt hineinkopiert.

Jetzt zeigen beide Zeiger Z1,Z2 auf das gleiche FLOAT-Objekt.

Mit Hilfe des Indirektors "*" in *Z1 hat man Zugriff auf das FLOAT-Objekt und kann darauf einen FLOAT-Wert einlesen, hier mit GET(*Z1), und anschließend den Wert ausdrucken, hier mit PUT(*Z2). Auch eine Wertzuweisung *Z1=3.14; oder ein Werte-Vergleich *Z1==*Z2 wäre möglich.

Ein Indirektor "beraubt" demnach einen Zeiger seines ersten Speichers und schafft damit "indirekten" Zugriff auf seinen zweiten Speicher der quasi zum obersten Speicher wird. Diese "Entverweisung" (englisch dereferencing) ist eine spezielle Typ-Konvertierung.

Die mit NEW erzeugten internen Objekte sind "unsterblich", da sie nicht wie andere interne Objekte nach Verlassen des nächsten sie umgebenden Vereinbarungsbereichs als Speicher freigegeben werden. Das hat entscheidende Vorteile für den Aufbau von Listen mit Hilfe von Zeigern und RECORDs, hat aber andererseits den Nachteil, daß "lebende Speicher-Leichen" entstehen können, falls alle ehemals auf ein namenloses NEW-Objekt zugreifenden Zeiger nicht mehr existieren.

Ob der Compiler zur Laufzeit automatische Speicherbereinigung (Entschrottung, englisch garbage collection) durchführt, ist implementationsabhängig (meist nicht).

Speicherfreigabe durch den Programmierer selbst ist möglich mit Hilfe der in <stdlib.h> definierten Standard-Funktion free(Z) (in CtoAda includiert).

6.1.2 Zusammenhang von Zeigertyp und Reihungstyp

In C sind Reihungen stets elementweise konsekutiv abgespeichert, das erste Reihungselemente ist per Zeiger erreichbar und es gilt:

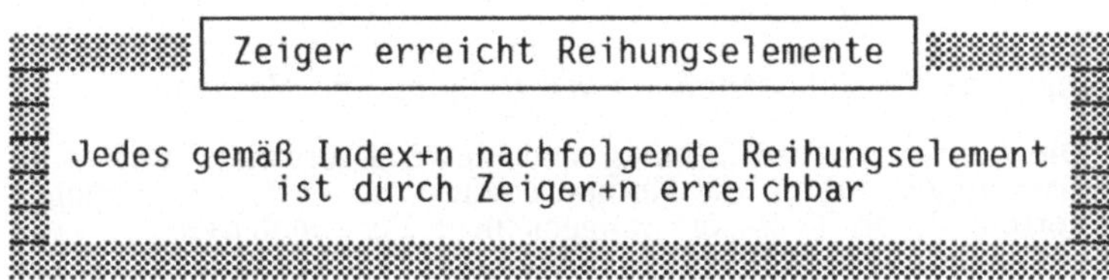

Es gilt für postfix-expression P und expression E die Identität:

wobei P auf der linken Seite eine Reihung und auf der rechten Seite (implizite Konvertierung) einen Zeiger auf das erste Element einer Reihung darstellt. * ist hier Indirektor-Operator.

Man kann das (nach Konvertierung) gleiche Objekt entweder als Reihung (Kapitel 5) oder als Zeiger vereinbaren, z.B.

```
FLOAT  Zeiger_bzw_Reihe      ARRAY_(    6);    bzw.
FLOAT *Zeiger_bzw_Reihe=NEW_ARRAY(FLOAT,6);
```

In beiden Fällen kann man auf Reihungselemente Werte zuweisen

```
Zeiger_bzw_Reihe _(5) =3.14;    bzw.
(*(Zeiger_bzw_Reihe + 5))=3.14;
```

Auch der meist, z.B. in Ada, als Reihungstyp eingeführte Typ STRING wurde in CtoAda (A.3.1), ähnlich wie in SIMULA, als Zeigertyp vereinbart

```
TYPEDEF CHAR* STRING;    (vgl. 1.3)
```

Ein String-Literal (englisch string-literal, A.1) ist ein Zeiger auf eine konstante Reihung. Diese Sonderkonstruktion ist ausnahmsweise nicht durch ein CHAR-Reihungs-Aggregat zu ersetzen (siehe 5.2).

In der Standard-Bibliothek (A.2) ist der Typ STRING, obwohl bereits von Kernighan/Ritchie (Lit) vorgeschlagen, noch nicht enthalten. Statt STRING wird dort stets char* angegeben, z.B.

```
char *strcat(char *s1, const char *s2);    (A.2.14, 1.3)
```

6.2   VERBUND (RECORD, struct in Original-C)

Verbunde sind wie Reihungen (5) Objekte, die unter einem Namen
eine Menge von Teilobjekten, die Komponenten des Verbunds, zusam-
menfassen.

Vorab eine Gegenüberstellung von Reihung und Verbund:

- Die Elemente einer Reihung sind notwendigerweise alle
  vom gleichen Typ, die Komponenten eines Verbunds können
  verschiedenen Typs sein (allgemeinere Verwendbarkeit).

- Die Namen der Elemente einer Reihung werden durch den
  Reihungsnamen und durch Indizes innerhalb von Indexgrenzen
  bestimmt, die Namen der Komponenten eines Verbunds durch den
  Verbundnamen und die Namen der Komponenten des Verbunds.
  Das schließt wegen des Namen-Schreibaufwands die Verwendung
  von Verbunden mit vielen Komponentennamen aus. Man verwendet
  statt dessen Verbunde mit wenig Komponenten und baut daraus
  rekursiv die gewünschte Baumstruktur auf. Auch werden nur
  wenige Zeiger benannt, z.B. ein Anfangszeiger, ein Endzeiger
  und ein freier Zeiger zum Durchsuchen des Verbunds.

- Die Identifikation von Reihungselementen ist erst dynamisch
  zur Laufzeit durch Berechnung der Indizes möglich, die
  Identifikation von Verbundkomponenten bereits statisch zur
  Übersetzungszeit (kürzere Laufzeiten).

6.2.1   Verbundtyp, Komponente, Selektor

Eine Verbundtyp-Vereinbarung (englisch record type declaration)
ist nach Syntaxdiagramm A.1 (declaration, specifier, type specifier, record specifier) vereinfacht von der Form

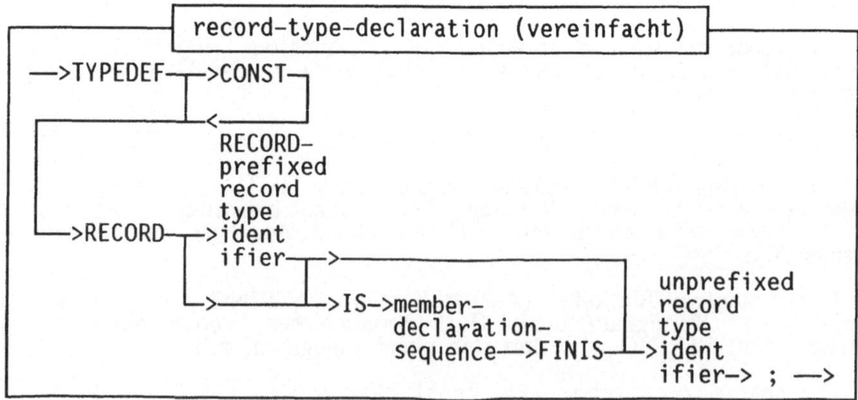

Zunächst ein kurzes Einführungsbeispiel:

```
TYPEDEF RECORD IS    STRING Name     ;
                     NAT    Telefon  ;
                     STRING Anschrift;
          FINIS                   Adresse;
```

Um eine Inkarnation eines Verbundtyps zu erzeugen,   muß eine Konstante oder Variable dieses Typs vereinbart werden, z.B.

```
Adresse Kunde =AG "Meier"  ,564413,"Hofweg 5,2 Hamburg" FINAG;
Adresse Firma =AG "Schmidt",472645,  "Damm 3,2 Hamburg" FINAG;
Adresse Fabrik=AG "Koks"   ,633167, "Reihe 3,2 Hamburg" FINAG;
```

Die Verbundtyp-Variablen Kunde, Firma und Fabrik sind bereits mit jeweils einem Verbundtyp-Aggregat (6.2.3) initialisert worden.

Eine Verbundtyp-Komponente eines nonpointer-Verbundtyps wird aufgerufen mit einem member-selector "." (Operatoren 3.4), z.B.

```
          Fabrik.Anschrift       (vgl. Fabrik oben),
```

eine Verbundtyp-Komponente eines pointer-Verbundtyps wird aufgerufen mit einem pointer-selector "->" (Operatoren 3.4), z.B.

```
               T->Knot          (vgl. BinSort unten),
```

d.h. mit Hilfe des Verbundtyp-Variablennamens, nachgesetztem Selektor "." oder "->" und anschließendem Komponenten-Namen.

Eine Verbundtyp-Variablen-Vereinbarung (ohne CONST) wirkt stets wie Variablen-Vereinbarungen für alle ihre Komponenten. Verbundtypen fallen etwas aus dem Konzept der "Bereichsschachtelung" (7.5) heraus, da ihre Komponenten lokal im Verbund vereinbart und dennoch außerhalb des Verbunds unter Zuhilfenahme des Verbundtyp-Variablennamens aufrufbar sind. Außerhalb der Verbundtyp-Vereinbarung dürfen andere Größen mit gleichen Namen wie die Komponenten des Verbunds vereinbart sein.

Das folgende Programm "BinSort" enthält einen rekursiven RECORD-Typ Tree. Der elementare Baum Tree besteht aus einem STRING-Knoten und zwei Zeigern auf andere elementare Bäume. Tree beschreibt demnach einen binären Baum.

Binäres Sortieren nach Williams wird durch Aufbau eines geordneten binären Baums und anschließendes Traversieren (Linearisieren unter Beibehaltung der Ordnung) ausgeführt. Die Plot-Prozedur ermöglicht es, den Aufbau des binären Baums zu verfolgen.

```c
/*************************** BinSort ***************************/
/*     Bin-Sort  :    Williams 1964 , Ordnen durch Aufbau  und    */
/*    (Heap-Sort)     Traversieren eines geordneten bin. Baums     */
/*                    Speicher: Fuer jeden STRING ein  Verbund     */
/*************************************************************/

#include <CtoAda.h>

#include <string.h>

#define StrMax 80
#define GetS          PUT("Terminator=");PUT(Terminator);NEW_LINE; ??/
                      PUT("STRING(");PUT_NAT(StrMax);PUT("):");     ??/
                      GET(S=NEW_STRING(StrMax));SKIP_LINE;

STRING S,Terminator="#";

TYPEDEF RECORD Binary                         /**** Tree* T ****/
   IS                                         /*       ;--T1-->  */
      STRING          Knot   ;                /*       !         */
      RECORD Binary *T1,*T2;                  /* -->Knot         */
   FINIS                                      /*       !         */
Tree;                                         /*       `--T2-->  */
Tree* T=NULL;                                 /****************/

VOID GrowS(Tree** TT)
   BEGIN IF *TT==NULL THEN (*TT=NEW(Tree))->Knot=S;(*TT)->T1=NULL;
                                             (*TT)->T2=NULL;
      ELIF strcmp(S,(*TT)->Knot)<0 THEN    GrowS(&(*TT)->T1    );
                                   ELSE    GrowS(&(*TT)->T2    );
   ENDIF;END;

VOID Trav(Tree* T)
   BEGIN IF T != NULL THEN
      Trav(T->T1);PUT_LINE(T->Knot);Trav(T->T2); free(T);
   ENDIF;END;

VOID Plot(Tree* T,              STRING S1,STRING SK,STRING S2 )
BEGIN IF T != NULL THEN BEGIN      STRING s1,       sk,       s2   ;
 Plot(T->T1,strcat(strcpy(s1=NEW_STRING(strlen(S1)+3),S1),"    "),
            strcat(strcpy(sk=NEW_STRING(strlen(S1)+3),S1),";->"),
            strcat(strcpy(s2=NEW_STRING(strlen(S1)+3),S1),"!    "));
 PUT (SK );                        PUT_LINE (                T->Knot);
 Plot(T->T2,strcat(strcpy(s1=NEW_STRING(strlen(S2)+3),S2),"!    "),
            strcat(strcpy(sk=NEW_STRING(strlen(S2)+3),S2),"`->"),
            strcat(strcpy(s2=NEW_STRING(strlen(S2)+3),S2),"    "));
                            free(s1); free(sk); free(s2);
END;ENDIF;END;

VOID MAIN(VOID)
   BEGIN
      LOOP          NEW_LINE;
         GetS      ;IF strcmp(S,Terminator)==0 THEN BREAK;ENDIF;
         GrowS(&T);NEW_LINE;Plot(T,"    "," ->","    ");
      ENDLOOP;      NEW_LINE;Trav(T               );
   END;

/********************** End BinSort **********************/
```

Output	Input	Output Fortsetzung	Input	Output Fortsetzung
Terminator=# STRING(80): ->Ford Terminator=# STRING(80): ;->AUDI ->Ford Terminator=# STRING(80): ;->AUDI ! \`->BMW5  ->Ford  Terminator=# STRING(80):    ;->AUDI  !   \`->BMW5 ->Ford \`->Opel	Ford AUDI BMW5 Opel	Terminator=# STRING(80): ;->190E ;->AUDI ! \`->BMW5  ->Ford   \`->Opel Terminator=# STRING(80): ;->190E ;->AUDI ! \`->BMW5   ->Ford  !   ;->Golf   \`->Opel Terminator=# STRING(80):	190E Golf \#	190E AUDI BMW5 Ford Golf Opel

Der Pointer T zeigt am Beginn auf den leeren Baum NULL.

Danach wächst jeweils ein STRING S als neuer Knoten an den Baum T mit GrowS(&T). Da Ausgabe-Parameter von Unterprogrammen in C 'by address'(7.2.2) übergeben werden, muß der formale Ein/Ausgabe-Parameter TT von GrowS als Zeiger-auf-Zeiger vereinbart werden und der aktuelle Parameter &T von Grow mit Hilfe des adress-operator & (3.4) vom Zeiger zum Zeiger-auf-Zeiger explizit konvertiert werden. S ist globaler Parameter für GrowS.

GrowS untersucht durch "IF (*TT)==NULL...", ob der jeweils zu bearbeitende Teilbaum noch NULL ist, dann wird ein neuer Teilbaum mit (*TT)=NEW(Tree); alloziert und seinem Knoten der Wert des neu eingelesenen STRING S zugewiesen; sonst wird je nach S<Knot (in Form eines String-Vergleichs mit strcmp) der erste Zweig mit GrowS(&(*TT)->T1) oder der zweite Zweig mit GrowS(&(*TT)->T2) rekursiv weiterverfolgt, was ebenfalls, über ggf. mehrere rekursive Stationen, zu einem Wachstum NEW(Tree) des Baums und einer Zuweisung des neu eingelesenen STRING S führt.

Wie die Plot-Darstellung der Bäume zeigt, sind die Knoten dann bereits richtig geordnet und müssen nur noch "travers", d.h. hier zeilenweise von oben nach unten, rekursiv mit Trav(T) ausgedruckt werden: zuerst rekursiv mit Trav der (obere) erste Zweig, dann mit PUT der Knoten und dann rekursiv mit Trav der (untere) zweite Zweig.

Ganz ähnlich wie Trav arbeitet auch die Prozedur Plot, die noch zusätzlich in den Strings S1, SK, S2 die bisher getätigten Zwischenraum-Vorschübe und die erforderlichen Diagramm-Pfeile für den oberen Zweig (S1), den Knoten (SK) und den unteren Zweig (S2) als Parameter mitführt.

Für das Austesten von Baum-Konstruktionen sollte man immer eine Plot-Prozedur rechtzeitig bereitstellen! "Durch's Schlüsselloch Programmieren" von komplizierten Verbund-Strukturen ohne Druckprozedur zur plot-graphischen Darstellung der Bäume führt nicht zu Erfolgserlebnissen. Die String-Funktionen strcat, strcopy, strlen sind vereinbart in <string.h> (A.2.14).

Unser Programmbeispiel weist sowohl "Unterprogramm-Rekursion", in GrowS, Trav und Plot, als auch "Typ-Rekursion", in Tree, auf.

Voreinstellung eines Programm-Abschnitts auf bestimmte Präfix-Gebilde zum Zwecke der Abkürzung der Namen von Verbundkomponenten, wie z.B. INSPECT in SIMULA, WITH in Pascal oder RENAMES in Ada, gibt es in C nicht.

6.2.2 Aggregat

In C gibt es anolog zu Reihungtyp-Aggregaten (5.3) auch Verbundtyp-Aggregate, d.h. multiple Werte für ganze Verbunde, z.B.

```
Adresse Kunde = AG "Meier",564413,"Hofweg 5,2 Hamburg" FINAG;
```

Der formale Aufbau von Verbund-Aggregaten entspricht genau dem der Reihungs-Aggregate (siehe 5.3) . Erst aus dem Programm-Kontext (declaration) kann der Compiler Aggregate identifizieren.

6.2.3 Vereinigungstyp (UNION)

RECORD- und UNION-specifier haben nach Syntaxdiagramm A.1 (für record-or-union-specifier), abgesehen von den Schlüsselworten RECORD bzw. UNION, dieselbe Form. Deshalb werden Vereinigungstypen (UNION) zusammen mit Verbundtypen (RECORD) in diesem Kapitel behandelt. Im Unterschied zu RECORD-Typen, deren Komponenten alle eigenen Speicher besitzen, überlappen sich bei UNION-Typen die Speicherbereiche der Komponenten, d.h. es kann nur eine der Komponenten zur Zeit gespeichert werden.

Das Konzept der Vereinigungstypen in C wurde aus ALGOL_68 übernommen. Nicht mit übernommen aus ALGOL_68 wurde das für die Unterscheidung, welche Komponente zur Zeit gespeichert sei, erforderliche CASE-UNION-statement. Ada hat die Vereinigungstypen (Varianten) mit in die Verbundtypen integriert und zur Unterscheidung Verbund-Diskriminanten eingeführt.

Der C-Programmierer muß selbst Buch führen, welche Komponente er zur Zeit im UNION-Typ gespeichert hat! Man könnte (ähnlich wie in Ada) die UNION-Struktur als Komponente in eine RECORD-Struktur einbetten und in dieser RECORD-Struktur auch eine Komponente

```
NAT Diskriminante;
```

vereinbaren, mit deren Hilfe man Buch führt über die jeweils in der UNION-Struktur gespeicherte 1-te,..., n-te2 UNION-Komponente. Dann kann der Programmablauf (ähnlich wie in ALGOL_68) mit einem CASE-statement gemäß dem NAT-Wert der Diskriminante verzweigt werden. Diese "UNION-Bastelei" in C ersetzt aber grundsätzlich nicht das fehlende Konzept einer "abfragbaren UNION-Besetzung".

6.3 Testfragen

zu	Frage	abdeckbare Antwort
6.1	Verweist jeder Zeiger (*) auf einen Verbund (RECORD)?	nein, vgl. ZweiZeig
6.1	Ist jede Verbund – Komponente ein Zeiger?	nein, vgl. Knot in BinSort
6.1	Sind Zeiger auf Zeiger konstruier- bar , d.h. Zeiger der Stufe 2 (und höher)?	ja, z.B. durch type ** oder durch address &&
6.1	Unter Bezug auf die vorige Frage: Wieviel interne Speicherobjekte sind nach Vereinbarung von FLOAT** PP; für PP bereits geschaffen und wieviele müssen noch durch NEW alloziert werden oder durch assignment verknüpft werden?	eins, zwei
6.2.1	Ist der folgende ein korrekter (im Rechner darstellbare) RECORD- Verbund? TYPEDEF RECORD Recursion IS RECORD Recursion Member;FINIS Infinite_Record;	 nein (unendlich)
6.2.1	Vereinbare einen Verbund (Telefon-) Teilnehmer	TYPEDEF RECORD IS STRING Name; NAT Nummer; FINIS Teilnehmer;
6.2.2	Unter Verwendung des Typs Teilnehmer (siehe oben) vereinbare und initiali- siere die Konstante Notruf 110	CONST Teilnehmer Notruf= AG "Polizei",110 FINAG;

7 UNTERPROGRAMME

Bei Unterprogrammen unterscheidet man herkömmlich

a) Funktionen, Operationen,

   die stets einen Resultat-Typ besitzen und aufgerufen werden
   in einem Ausdruck, d.h. einen Wert (value) berechnen, z.B.

$$\text{sin(X)} \quad , \quad \text{X+Y}$$

b) Prozeduren,

   die keinen Resultat-Typ besitzen, durch VOID angezeigt,
   und aufgerufen werden als Anweisung im Programm,
   d.h. eine Tätgkeit (action) ausführen, z.B.

$$\text{PUT(X);}$$

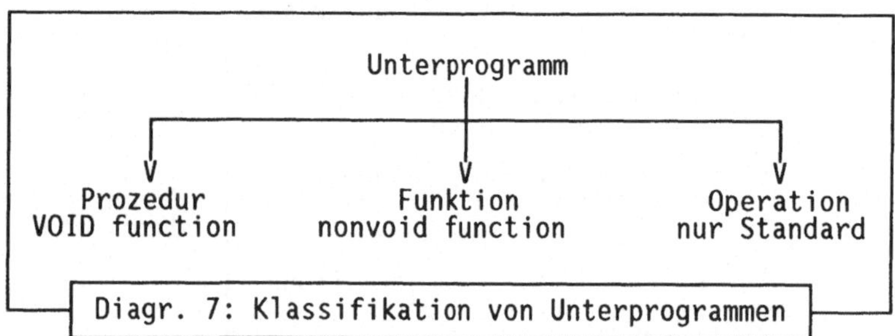

Diagr. 7: Klassifikation von Unterprogrammen

Prozeduren werden in C, ähnlich wie in   ALGOL_68, wie Funktionen (mit Resultattyp   VOID, siehe oben) behandelt. Die C-Syntax
(A.1) kennt nur den Sammelbegriff function.

In C kann der Programmierer, anders als z.B. in   ALGOL_68 und
Ada, keine eigenen Operationen vereinbaren, ist also auf die vorhandenen Standard-Operationen (siehe 3) angewiesen.

Ohne Unterprogrammtechnik sind umfangreiche Probleme, die in
Gemeinschaftsarbeit bewältigt werden müssen, kaum lösbar.

7.1   Unterprogramm-Technik

Ein Unterprogramm wird vereinbart durch eine Unterprogramm-Vereinbarung (7.1.1). Vorausgehen kann eine ggf. bei indirekter Unterprogramm-Rekursion (siehe nachfolgendes Programm "IndRekur")
erforderliche Unterprogrammprototyp-Vereinbarung die zur Unterprogramm-Vereinbarung passen muß. Zu einem (genau) einmal vereinbarten Unterprogramm kann es dann mehrere Unterprogramm-Aufrufe
(7.1.2) geben.

Unterprogramme werden aufgerufen, indem vom Ort des Aufrufs zum Ort der Vereinbarung gesprungen wird, nachdem vorher die aktuellen Parameter und die Rücksprungadresse übergeben worden sind.

Nach Abarbeitung des Unterprogramms wird (ggf. der Resultatwert der Funktion rückübergeben und) an den Ort des Aufrufs (Rücksprungaddresse) zurückgesprungen.

Das folgende Programm "UpAufruf" erbringt den experimentellen Nachweis dafür, daß tatsächlich vom Ort des Unterprogramm-Aufrufs zum Ort der Unterprogramm-Vereinbarung und zurück gesprungen wird, und nicht etwa der Text der Unterprogramm-Vereinbarung an den Ort des Unterprogramm-Aufrufs hin kopiert wird.

```
/************************* UpAufruf *************************/
/*            Unterprogramm-Aufruf wird implementiert           */
/*       als An/Rueck-Sprung (call) und nicht als Kopie (copy)  */
/*             Zur Demonstration der Unterprogramm-Technik       */
/***********************************************************/

#include <CtoAda.h>

        STRING    Implementation="call";

VOID Sub(VOID)
    BEGIN
        PUT_LINE(Implementation);
    END;

VOID MAIN(VOID)
    BEGIN
        STRING    Implementation="copy";
        Sub();
    END;

/********************** End UpAufruf **********************/

| Output
+---------
|call
```

Diese Probe auf's Exempel hat gezeigt, daß das Unterprogramm Sub nicht in den Block von MAIN an den Ort des Aufrufs hin kopiert wird, wo über den dort vereinbarten lokalen Parameter Implementation "copy" hätte ausgedruckt werden müssen, sondern daß Sub außerhalb von MAIN am Ort der externen Vereinbarung verbleibt, wo über den dort vereinbarten globalen Parameter Implementation "call" ausgedruckt wird.

7.1.1　Unterprogramm-Vereinbarung

Einer Unterprogramm-Vereinbarung kann eine dazu passende Unterprogrammprototyp-Vereinbarung vorausgehen, siehe etwa das Demonstrationsbeispiel IndRekur im folgenden Abschnitt 7.1.2.

Eine Unterprogramm-Prototyp-Vereinbarung (englisch function prototype declaration) ist als Vereinbarung (englisch declaration) in einem block oder extern zulässig, enthält selbst noch keinen block und ist nach Syntaxdiagramm A.1 (declarator enthält eine parameter-declaration), vereinfacht von der Form

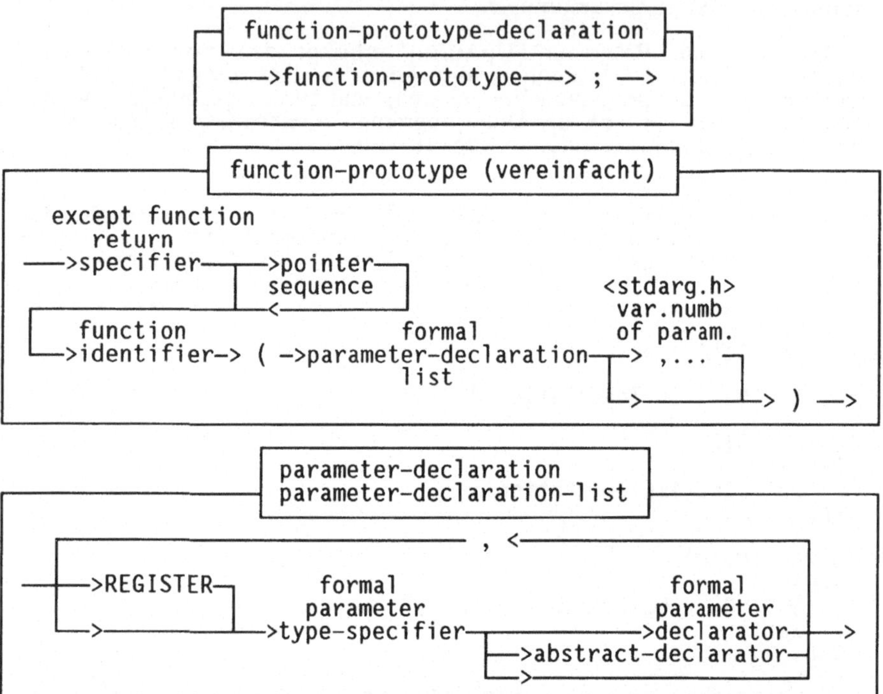

Die Speicher-Spezifikation REGISTER verlangt möglichst schnellen Zugriff auf den betreffenden formalen Parameter. In wieweit dieses Verlangen erfüllt werden kann, ist implementationsabhängig.

Eine Unterprogramm-Vereinbarung (englisch function definition) ist nach Syntaxdiagramm A.1 keine Vereinbarung (declaration), nur extern, nicht in einem block zulässig, enthält selbst einen block, und ist vereinfacht (unter Verwendung der obigen Syntax für function-prototype) von der Form

z.B.
```
DFLOAT Faktor(DFLOAT Prozent) BEGIN RETURN 1+Prozent/100;END;
VOID   MAIN (VOID         ) BEGIN NAT N=3; PUT_NAT(N) ;END;
```

7.1.2   Unterprogramm-Aufruf, Rekursion

Ein Unterprogramm-Aufruf (englisch function call) ist nach Syntaxdiagramm A.1 (für postfix expression) von der Form

```
                        ┌─────────────────┐
              ──────────┤ function-call   ├──────────
        (implicitely    └─────────────────┘
         converted to)
        pointer to function
  —>primary-expression——> ( ———┬—>actual-parameter—┐
                               │        list        │
                               └—>──────────────────┴——> ) —>
```

z.B. (Faktor vgl. oben 7.1.1)

                Faktor(14.0)   ergibt   1.14

Mehrfache Unterprogrammaufrufe sind ökonomisch, da stets nur ein Exemplar des Unterprogrammtextes vom Compiler vorgehalten wird. Lediglich die jeweiligen aktuellen Parameter und Sprungadressen werden in einem Gedächtnis gekellert. Mit Hilfe dieses Keller-Gedächtnisses für die jeweilige Unterprogramm-"Inkarnation" ist auch rekursiver Unterprogramm-Aufruf möglich. Das Skript enthält viele Beispiele für direkt rekursive Unterprogramme, etwa das Einführungsbeispiel "TowHanoi" (0.2.2) oder das backtracking-Beispiel "Labyrint"h (5.1).

Neben direkter Rekursion ist auch indirekte Rekursion möglich, wenn sich zwei Unterprogramme gegenseitig aufrufen, wie im nachfolgenden Beispiel "IndRekur".

```
/************************ IndRekur *************************/
/* Sich gegenseitig aufrufende Unterprogramme, d.h. indirekte */
/* Rekursion , erfordert vorherige Prototyp - Vereinbarung  */
/***********************************************************/

#include <CtoAda.h>

CHAR C;

VOID Ley(VOID);                 /* vorherige Prototyp-Vereinbarung */

VOID Lore(VOID)
    BEGIN IF C=='?' THEN PUT_CHAR(C);ELSE Ley ();ENDIF;END;

VOID Ley (VOID)
    BEGIN IF C!='?' THEN PUT_CHAR(C);ELSE Lore();ENDIF;END;

VOID MAIN(VOID)
    BEGIN LOOP
        GET_CHAR(C);Lore();Ley();IF C=='?' THEN BREAK;ENDIF;
    ENDLOOP;END;

/********************* End IndRekur ***********************/
```

Input	Output
Was soll es bedeuten?	WWaass ssooll eess bbeeddeeuutteenn??

In C muß einem Unterprogramm-Aufruf, hier Ley(), stets statisch
eine Unterprogramm-Prototyp-Vereinbarung, hier VOID Ley(VOID); ,
vorausgehen, wenn noch keine (vollständige) Unterprogramm-Vereinbarung vorausging.

PL/I- und Pascal-Programmierer sind mit derartigen forward-
declarations vertraut. ALGOL_60-, ALGOL_68- und SIMULA-Pro-
grammierer müssen sich erst an diese redundanten Vereinbarungen
gewöhnen. Zweck der Übung ist die Unterstützung des Compilers, der
den Quelltext möglichst in einem Lesevorgang (one pass) übersetzen
soll.

Direkt-rekursiver Unterprogramm-Aufruf erfordert keine vorherige Unterprogramm-Prototyp-Vereinbarung, da die (vollständige) Unterprogramm-Vereinbarung ja bereits in dem Teil, der einem Unter-
programm-Prototyp entspricht, vorausgegangen ist.

In modernen Compilern ist die Parameterübergabe so effizient implementiert, daß Iteration mit nicht allzu vielen Schritten rekursiv (per Unterprogramm) laufzeit-günstiger programmiert werden
kann als repetiv (per FOR Schleife).

7.2   Parameterübergabe

Die Parameter einer Unterprogramm-Vereinbarung nennt man "formale Parameter". Die Parameter eines Unterprogramm-Aufrufs nennt
man "aktuelle Parameter". Formale und aktuelle Parameter eines Unterprogramms müssen im Parametertyp zueinander passen, brauchen
jedoch nicht im Namen übereinzustimmen.

Formale Parameter von Unterprogrammen sind lokal innerhalb des
Unterprogramms als Variablen, oder wenn formal   CONST spezifiziert wurde, als Konstanten vereinbart.

7.2.1   Wert-Übergabe, pass by value

C kennt nur Parameterübergabe per Wert (englisch pass by value),
d.h. Übergabe des Werts des aktuellen Parameters an die entsprechenden formalen Parameter beim Unterprogramm-Aufruf per Wert-
Kopie.

Daher ist nur Eingabe, aber keine Ausgabe über formale Parameter möglich. Die zugehörigen aktuellen Parameter sind vor Über-
schreibung durch das Unterprogramm geschützt. Allerdings lassen
sich mit Hilfe von Zeiger-Typen für aktuelle und formale Parameter
auch Ausgabe-Effekte erzielen (siehe 7.2.2/3).

Im nachfolgenden Programm "Euklid" sind die als aktuelle Parameter eingesetzten nonpointer-Variablen X, Y   vor Überschreiben
geschützt. Nur die formalen Parameter A,B werden in der Funktion
GGT verändert, sind also in GGT lokale Variablen.

```
/**************************** Euklid ***************************/
/*    Groesster gemeinsamer Teiler GGT zweier positiver Zahlen,  */
/*    deren Werte erhalten bleiben sollen  (Euklid 3.Jh.v.Chr.)  */
/*       Zur Demonstration der Parameteruebergabe 'by value'     */
/**************************************************************/

#include <CtoAda.h>

#define GET_POS(v)              GET_LINT(v);RANGE_CHECK(v,1,LINT_LAST)
#define PUT_POS(e)              PUT_LINT(e);RANGE_CHECK(e,1,LINT_LAST)

TYPEDEF LINT POS;

POS GGT(POS A,POS B)
   BEGIN
      WHILE(A!=B) IF A>B THEN A-=B;ELSE B-=A;ENDIF;ENDWHILE;
      RETURN A;
   END;

VOID MAIN(VOID)
   BEGIN
      POS X,Y;
      PUT("POS X:");GET_POS(X);PUT("POS Y:");GET_POS(Y);
      PUT_POS(GGT(X,Y));PUT("=GGT(");
      PUT_POS(X);PUT(",");PUT_POS(Y);PUT(")");NEW_LINE;
   END;

/********************** End Euklid **********************/
```

Output	Input
POS X:	66
POS Y:	385
11=GGT(66,385)	

Der größte gemeinsame Teiler zweier positiver Zahlen A, B wird
nach dem bekannten Reduktionsverfahren von Euklid (3. Jh. v. Chr.)
durch forlaufende Subtraktion bestimmt:

"Da jeder Teiler von A,B auch Teiler von A-B und B-A ist,
 reduziert man das Problem im Falle A>B auf die Bestimmung des
 größten gemeinsamen Teilers von A-B,B und im Falle von B>A
 auf die Bestimmung des größten gemeinsamen Teilers von A,B-A.

Gilt für das neue Zahlenpaar A=B, so ist A oder B der ge-
 suchte größte gemeinsame Teiler, sonst wird weiter reduziert.

Bei jeder Reduktion nähern sich die beiden Zahlen A,B um
 mindestens 1. Da der Abstand von A zu B endlich ist, führt
 die Reduktion nach endlich vielen Schritten zum Ziel A=B."

7.2.2   Adress-Übergabe, pass by address

Ausgabe (und Eingabe) über formale Parameter von Unterprogrammen ist möglich mit Zeiger-Technik. Zwar kennt C nur Wert-Übergabe (7.2.1), aber wenn der per Wert-Kopie übergebene Wert eine Adresse ist, der aktuelle Parameter ein mit einem Adress-Operator versehenes Objekt und der zugehörige formale Parameter ein Zeiger, dann zeigt nach Unterprogramm-Aufruf der formale Parameter auf das 'aktuelle' Objekt.

Allgemein muß bei Parameter-Übergabe per Adresse (englisch pass by adress) der formale Parameter von einer Zeigerstufe höher sein als das 'aktuelle' Objekt, das mit einem Adress-Operator "&" hochgestuft als aktueller Parameter eingesetzt wird. Man bezahlt für das genial einfache Parameterübergabe-Konzept in C mit einer Inflation von Adress "&"- und Indirektions "*"-Operatoren.

Es folgt ein einfaches Beispiel "Tausch". Ein anspruchsvolleres Beispiel wäre GrowS in "BinSort" (6.2.1).

```
/**************************** Tausch ****************************/
/*          Tausch der Werte zweier FLOAT-Variablen           */
/*      Zur Demonstration der Parameteruebergabe 'by address' */
/***************************************************************/

#include <CtoAda.h>

VOID Change(FLOAT* CONST A,FLOAT* CONST B)
   BEGIN CONST FLOAT Aux=*A;*A=*B;*B=Aux;END;

VOID MAIN(VOID)
   BEGIN FLOAT X,Y;
      PUT("FLOAT X:");GET_FLOAT(X);PUT("FLOAT Y:");GET_FLOAT(Y);
      Change(&X,&Y);
      PUT_FLOAT(X);PUT(" ");PUT_FLOAT(Y);NEW_LINE;
   END;

/********************** End Tausch *************************/
```

Output	Input
FLOAT X:	3.14
FLOAT Y:	2.72
2.72 3.14	

Da die formalen Parameter A,B sowohl Eingabe- als auch Ausgabe-parameter sein sollen (ohne Eingabe könnte man die Werte der ak-tuellen Objekte X, Y nicht in das Unterprogramm Change einbringen und ohne Ausgabe könnte man die vertauschten Objekte *A, *B der formalen Zeiger-Parameter A, B nicht den aktuellen Objekten X,   Y gleichsetzen), muß Parameterübergabe per Adresse gewählt werden.

Die Zeiger A, B selbst werden per Wert übergeben (siehe 7.2.1) und in der Prozedur Tausch nicht verändert. Sie dürfen als Kon-stanten "FLOAT* CONST A,FLOAT* CONST B" vereinbart werden.

Auch ohne Hilfsspeicher wäre Tausch möglich, zum Beispiel ohne Unterprogramm einfach als X=X+Y; Y=X-Y; X=X-Y; . Unvorbereitete Leser würden vielleicht auch X=Y;Y=X; für einen Tausch halten, was aber nicht der Fall ist.

7.2.3   Unterprogr-Namen-Übergabe, pass by function-name

Wie in Pascal und ALGOL_ 68, in diesem Falle sogar über Ada hinausgehend, kann man in C Unterprogramme auch als Parameter in andere Unterprogrammen einsetzen.

Die Unterprogramm-Namen-Übergabe (englisch pass by funtion-name) wird wie die bereits besprochene Adress-Übergabe (7.2.2) auf die Parameterübergabe per Wert-Übergabe zurückgeführt, indem als Wert die Adresse des Unterprogramms übergeben wird.


```
/*************************** FuncName **************************/
/* Crement hat als ersten formalen Parameter eine  Funktion F, */
/* die aktuell mit dem Funktionsnamen In oder De besetzt wird. */
/* Zur Demonstration der Paramam.Uebergabe 'by function-name'. */
/* Mit aequival. Schreibweisen und impliziten Konvertierungen. */
/*************************************************************/

#include <CtoAda.h>
TYPEDEF     INT FUNC        (INT X);

            INT      In  (INT X) BEGIN RETURN ++X ;END;/*aequi-
                 FUNC In             BEGIN RETURN ++X ;END;  valent*/

            INT      De  (INT X) BEGIN RETURN --X ;END;/*aequi-
                 FUNC De             BEGIN RETURN --X ;END;  valent*/

INT Crement(INT  F (INT  ),INT X) BEGIN RETURN F(X);END;/*aequi-
INT Crement(INT  F (INT X),INT X) BEGIN RETURN F(X);END;  va   -
INT Crement(FUNC F        ,INT X) BEGIN RETURN F(X);END;  lent,
INT Crement(INT(*F)(INT  ),INT X) BEGIN RETURN F(X);END;  implizit
INT Crement(INT(*F)(INT X),INT X) BEGIN RETURN F(X);END;  konver-
INT Crement(FUNC*F        ,INT X) BEGIN RETURN F(X);END;  tiert */

VOID MAIN(VOID)
   BEGIN
      INT X;
      PUT("INT X  :");GET_INT(              X );
      PUT("In( X )=");
                  PUT_INT(Crement( In,X));NEW_LINE;/*implizit
                  PUT_INT(Crement(&In,X));NEW_LINE;  konv. */
      PUT("De( X )=");
                  PUT_INT(Crement( De,X));NEW_LINE;/*implizit
                  PUT_INT(Crement(&De,X));NEW_LINE;  konv. */

      PUT("    X  =");PUT_INT(              X );NEW_LINE;
   END;

/*********************** End FuncName ***********************/
```

```
| Output        | Input
|INT X   :      | 7
|In( X )=8      |
|De( X )=6      |
|    X   =7     |
```

Im obigen Beispiel "FuncName" wird eine Funktion Crement vereinbart, deren erster Parameter F formal selbst als Funktion spezifiziert wird. F paßt im Typ zu vorhandenen Funktionen In, De. Je
nach Namensaufruf In bzw. De aktuell für F berechnet die Funktion
Crement als Resultat das Inkrement bzw. Dekrement ihres zweiten
Parameters X, ohne jedoch X selbst zu in/dekrementieren.

Anders als bei der Adress-Übergabe (7.2.2) stehen für die Unterprogramm-Namen-Übergabe besondere implizite Konvertierungen zur
Verfügung, die das Setzen eines Indirektion-Operators "*" bei der
formalen Vereinbarung und eines Adress-Operators "&" beim aktuellen Aufruf vor den Unterprogramm-Namen erübrigen!

Wie das obige Beispiel zeigt, sind Unterprogramme mit Parametern, die selbst Unterprogramme (genauer Unterprogramm-Zeiger)
sind, als "Mehrzweck-Unterprogramme" anzusehen. Eine "Mehrzweck-
Sortier-Prozedur" ist z.B. das Quicksort-Verfahren qsort (A.3.13)
in <stdlib.h>, das als letzten aktuellen Parameter den Namen einer
Vergleichsfunktion verlangt, die als formaler Parameter compar
heißt.

7.3   Funktion, RETURN

In C werden, wie in   ALGOL_68, alle Unterprogramme als Funktionen mit einem Resultat betrachtet. Das Resultat einer "Prozedur" (siehe Einleitung 7) hat den Typ   VOID, d.h. ist zwar definiert, aber "leer".

Für die Übergabe des Resultats an die Funktion und für den
anschließenden Rücksprung an den Ort des Funktions-Aufrufs (siehe
Unterprogramm-Technik 7.1) ist die   RETURN-Anweisung vorgesehen.
Eine   RETURN-Anweisung (englisch return statement) ist nach Syntaxdiagramm A.1 (für statement) von der Form

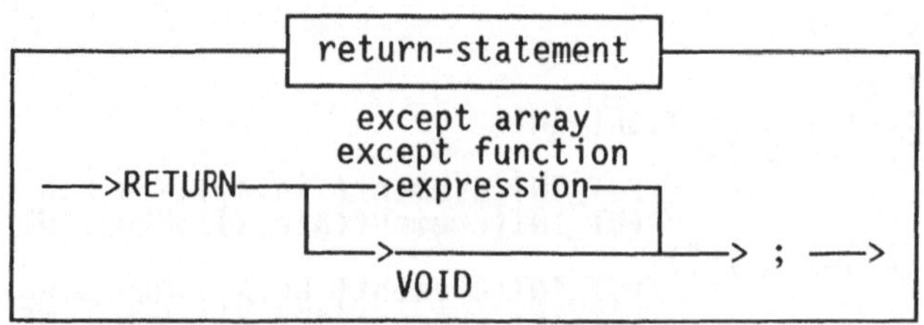

z.B.

```
RETURN 2.72+3.14*X;    (in nonvoid Funktion )
RETURN;                (in Prozedur bzw. MAIN)
```

Eine RETURN-Anweisung darf nur in einer function-definition vorkommen, d.h. in einer Unterprogramm-Vereinbarung bzw. in einem Hauptprogramm MAIN. Hinsichtlich ihrer Wirkung als (Rück-) Sprung-Anweisung besteht eine Analogie zur BREAK-Anweisung bei Schleifen (4.5.3). Im Falle von Prozeduren, d.h. VOID Funktionen oder VOID MAIN... , wirkt auch das dynamische Erreichen des END des Prozedur-Blocks wie eine RETURN-Anweisung.

7.4 Hauptprogramm, MAIN

Ein Hauptprogramm ist eine Funktion MAIN vom Resultattyp VOID (7.3), die zu Beginn des Programmablaufs aufgerufen wird.

```
             Mögliche Vereinbarung von MAIN

  ohne  Parameter :     VOID MAIN(VOID)
  mit 2 Parametern:     VOID MAIN(INT Len,STRING Arg ARRAY)
```

Len übergibt die Länge des array Arg an das Hauptprogramm,
Arg _(0) übergibt den Pfad-und-File-Namen des Hauptprogramms,
Arg _(1)...Arg _(Len-1) übergeben die nach dem File-Namen des
Hauptprogramms beim Aufruf angegebenen STRING-Argumente.

Das nachfolgende Hauptprogramm-Beispiel MainArg mit zwei Parametern kann mit beliebig vielen STRING-Argumenten nach dem File-Namen MainArg aufgerufen werden. Es protokolliert den Parameter Len und die dem Hauptprogramm übergebenen STRINGs Arg.

```
/*************************** MainArg ***************************/
/* Hauptprogramm mit zwei Parametern  INT Len,STRING Arg ARRAY */
/*     Aufruf mit beliebig vielen STRINGs nach dem File-Namen   */
/***************************************************************/

#include <CtoAda.h>

VOID MAIN(INT Len,STRING Arg ARRAY)
   BEGIN
      PUT("Len=");PUT_INT(Len);NEW_LINE;
      FOR(I,0,Len-1)
         PUT("Arg _(");PUT_NAT(I);PUT(")=");PUT_LINE(Arg _(I));
      ENDFOR;
   END;
```

Aufruf des Files MAINARG.EXE im Verzeichnis-Pfad C:\C\C\	Output
MainArg Eins Zwei Drei	Len=4 Arg _(0)=C:\C\C\MAINARG.EXE Arg _(1)=Eins Arg _(2)=Zwei Arg _(3)=Drei

7.5 Bereichsschachtelung

C gehört als ALGOL_60-Familienmitglied zu den "blockstruktu-
rierten" Programmiersprachen, d.h. weist eine Bereichsschachtelung
auf.

Ein (Vereinbarungs-) Bereich (englisch declarative region) kann
im einzelnen sein:

- Quell-Datei (3, 10)
- Funktion oder Funktion-Prototyp (7.1)

- Block (4.6)
- FOR-Schleife (CtoAda) (4.5.1)

- Verbund (6.2)
- Vereinigungstyp (6.3)
- Aufzählungstyp (1.1)

Bereiche können

```
- ineinander enthalten
  bzw.
```

```
A
   ist B übergeordnet
  B
     ist A untergeordnet
```

```
- nicht ineinander enthalten
  sein.
```

```
  A
     ist B parallelgeordnet

  B
     ist A parallelgeordnet
```

7.5.1 Vereinbart / nicht vereinbart

Der "innerste" Bereich (englisch innermost region), d.h. der
Bereich, in dem die Vereinbarung einer Größe "unmittelbar vor-
kommt" (englisch occurs immediately), ist dieser Größe als ihr
Vereinbarungsbereich (englisch declarative region) zugeordnet. In
diesem Bereich heißt die Größe "vereinbart" und sonst "nicht vereinbart".

Die interne Belegung von Speicher für Bereichs-Größen erfolgt dynamisch konsekutiv zur Laufzeit bei der Vereinbarung der Größe. Beim Verlassen des Vereinbarungsbereichs wird der gesamte Speicher-Keller (englisch stack) aller in diesem Bereich vereinbarten Größen wieder freigegeben.

```
Bereichsschachtelung spart Namen und Speicher

Eine nicht mehr vereinbarte  Größe verliert ihren Namen
    (im Programm) und ihren Wert (intern im Speicher)
```

7.5.2   Lokal / global

Ein "Lokalbereich" (englisch local decalarative region) entsteht aus einem Bereich durch Ausschluß aller ihm (echt) untergeordneten Bereiche. Mit dem Vereinbarungsbereich (7.5.1) ist einer Größe demnach auch ein Lokalbereich zugeordnet. In diesem Lokalbereich heißt die Größe "lokal".

In einem Lokalbereich dürfen nicht zwei verschiedene Größen gleichen Namens lokal sein, z.B. inkorrekt

```
... INT Incorrect;FLOAT Incorrect;...
```

```
Bereichsschachtelung gibt Namensfreiheit

Außerhalb des Lokalbereichs einer Größe dürfen andere
Größen gleichen Namens vereinbart (und gespeichert) werden
```

z.B.

```
... VOID P(INT   Local) BEGIN PUT_INT  (Local);END;
    VOID Q(FLOAT Local) BEGIN PUT_FLOAT(Local);END;...
```

Ein "Globalbereich" ist das Komplement eines Lokalbereichs bezüglich des Bereichs, aus dem der Lokalbereich entstanden ist. Eine vereinbarte, nicht lokale Größe heißt "global" bezüglich des betreffenden Lokalbereichs, z.B.

```
...INT Global=2;
   VOID MAIN(VOID)
      BEGIN FLOAT Local=3.14;
          PUT_FLOAT(Global*Local);    /* prints 6.28 */
      END;...
```

7.5.3   Erzeugt / nicht erzeugt, Ausnahmen

Eine Größe wird erst dynamisch bei Erreichen ihrer Vereinbarung erzeugt, und nicht schon am Anfang ihres Vereinbarungsbereichs.

Der Erzeugungsbereich einer Größe (englisch scope of an entity declared by a declaration) entsteht demnach aus ihrem Vereinbarungsbereich durch Ausschluß desjenigen Anfangsbereichs, der vor der Vereinbarung der Größe liegt. In diesem Erzeugungsbereich heißt die Größe "erzeugt" und sonst "nicht erzeugt".

Ausnahmeregelungen:

- Label (Sprungziele) haben 'function-scope', d.h. können überall in der Funktion, in der sie vorkommen, aufgerufen werden. Wie z.B. in Ada, anders als in Pascal, werden Sprungziele nicht vorher extra vereinbart (4.6).

- Komponenten von Verbunden können mit Hilfe des Verbund-Namens durch Selektion im umgebenden Erzeugungsbereich des Verbundes aufgerufen werden (6.2).

7.5.4   Aufrufbar / unterdrückt

Der Aufrufbarkeitsbereich einer Größe (englisch region of visibility of an entity declared by a declaration) entsteht aus ihrem Erzeugungsbereich durch Ausschluß aller derjenigen (echt) untergeordneten Bereiche, die Vereinbarungsbereich einer anderen Größe gleichen Namens sind. In diesem Aufrufbarkeitsbereich heißt die Größe "aufrufbar".

Der " Unterdrückungsbereich" (englisch hidden entity declared by a declaration) einer Größe ist das Komplement ihres Aufrufbarkeitsbereichs bezüglich ihres Vereinbarungsbereichs. Eine vereinbarte, nicht aufrufbare Größe heißt (vorübergehend) "unterdrückt", d.h. ihr Name ist im Unterdrückungsbereich nicht zugänglich. Statt dessen ist der gleichlautende Name der sie unterdrückenden Größe zugänglich.

Ihr (intern gespeicherter) Wert bleibt im Unterdrückungsbereich erhalten und steht wieder zugriffsbereit zur Verfügung, wenn der dynamische Fluß des Programms den Unterdrückungsbereich verläßt und wieder in den Aufrufbarkeitsbereich gelangt, z.B.

```
...BEGIN
        STRING S="Global";
    BEGIN
        STRING S="Local ";PUT_LINE(S);   /*prints Local */
    END;                    PUT_LINE(S);   /*prints Global*/
END;...
```

```
Bereichsschachtelung schützt Namen

Eine (vorübergehend) unterdrückte Größe behält
ihren während der Unterdrückung unzugänglichen Namen
und (intern gespeicherten) Wert
```

Jede unterdrückte Größe ist global, aber nicht jede globale Größe ist unterdrückt.

7.5.5 Bereichsfreie Größen, Speicherbereinigung, u.a.m.

Mit NEW erzeugte Objekte (Allokator, 6.1, 9.1) sind bereichsfreie Größen. Sie werden in einem besonderen Halden-Speicher (englisch heap) gehalten und sind im Programm "unsterblich".

Ob der Compiler zur Laufzeit automatische Speicherbereinigung (Entschrottung, englisch garbage collection) durchführt, indem er Objekte eliminiert, auf die kein Zeiger mehr zugreift, ist implementationsabhängig (meist nicht).

Speicherfreigabe durch den Programmierer selbst ist möglich mit Hilfe der in <stdlib.h> (A3.13) definierten Standard-Funktion free(p) (in CtoAda includiert, 9.1).

Ein anschauliches Modell für "Speicherbereinigung" ist die Entnahme einer Menge feinkörnigen Sandes aus einer Halde (englisch heap). Nach der Entnahme fließt die Halde wieder lückenlos zu einer neuen Halde zusammen.

Es sei noch darauf hingewiesen, daß String-Literals (1.3) und Aggregate (5.2, 6.2) Größen sind, die weder (vorher) vereinbart noch mit NEW erzeugt zu werden brauchen.

Mit der weiteren Verbreitung von Listenverarbeitung (siehe Zeiger und Verbund 6) wird die Bedeutung bereichsfreier Größen zunehmen. Die Zukunft blockorientierter Programmiersprachen ist ungewiß.

7.6 Testfragen

zu	Frage	abdeckbare Antwort
7.1	Wie findet das Programm nach einem Unterprogrammaufruf , d.h. einem Ansprung des Unterprogramms,zurück zur betreffenden Aufruf-Stelle (da es mehrere geben kann)?	beim Ansprung wird die Rück - sprung - Adresse dem Unterprogramm mitgeteilt.

7.1.1   Was ist für die Vereinbarung eines
          Unterprogramms immer erforderlich?

          eine Unterprogramm-Prototyp-Vereinbarung? | nein
          ein Unterprogramm-Vereinbarung? | ja

7.1.2   Ist für rekursiven Aufruf eines Un- | nein
          terprogramms (in sich selbst) eine vor-
          herige Unterprogramm Prototyp-Verein-
          barung erforderlich?

7.2   Gibt es in C eine Parameterübergabe | nein (leider)
          ähnlich dem 'pass by name' in ALGOL 60?

7.2.1   Ersetze in "Euklid"
          die " mehrmalige Subtraktion A – B " | IF A>B
          durch " einmalige Division A REM B " . | THEN A= A REM B;
                                                      | ELSE B= B REM A;
                                                      | ENDIF;
7.2.2   Ist 'pass by address' in C vergleich- | ja
          bar mit 'pass by variable' in Pascal?

7.2.3   Ist 'pass by function-name' in C | ja
          vergleichbar mit 'pass by function /
          procedure-name' in Standard-ISO-Pascal?

7.3   Kann in C der Funktionswert ein | ja
          Zeiger sein?

7.3   Können (nonvoid) Funktionen neben | ja
          ihrem RETURN-Wert auch Seiteneffekte
          haben,wie Ausgabe über Zeiger-Parameter,
          globale Zuweisungen , Allokationen oder
          Sprünge zu Fehlerausgängen?

7.3   Wie heißt der Vorbezeichner, mit dem | VOID
          eine Prozedur-Vereinbarung beginnt?

7.4   Haben Hauptprogramme in C einen Namen? | ja, alle MAIN

7.5   Können in C Unterprogramme ineinander | nein
          geschachtelt sein? | (alle extern)

7.5   Welche der folgenden Aufzählungstyp-
          vereinbarungen für Type ist korrekt?

          TYPEDEF ENUM | ja
             IS Null=0   ,Eins=Null+1 FINIS Type;

          TYPEDEF ENUM
             IS Null=Eins-1,Eins=   1 FINIS Type; | nein

7.5.2   Sind formale Parameter von Unter- | ja
          programmen lokal im (Block des) Unter-
          programm?

8   DATEI (FILE)

Zur Komunikation des Programms mit der externen Umgebung, d.h. für den Daten-Fluß (englisch stream) vom Programm zu externen Dateien (englisch external file) und zurück, stehen in <stdio.h> (A.2.12) der vordefinierte (object RECORD-) Typ

FILE

und weitere vordefinierte Makros und Standardfunktionen zur Verfügung. Eine externe Datei kann z.B. eine Eingabetastatur, ein Ausgabebildschirm, ein Platten-Laufwerk oder ein Drucker sein.

Eine Datei ist eine eindimensionale Kette wachsender (nur durch die Implementation begrenzter) Länge aus Elementen mit einer jeweils nach dem Beschreiben oder Lesen automatisch weitergesetzten Position. In C gibt es nur Dateien aus CHAR-Elementen. Es ist nicht möglich, wie z.B. in Pascal oder Ada, einen eigenen Datei-Element-Typ selbst zu vereinbaren.

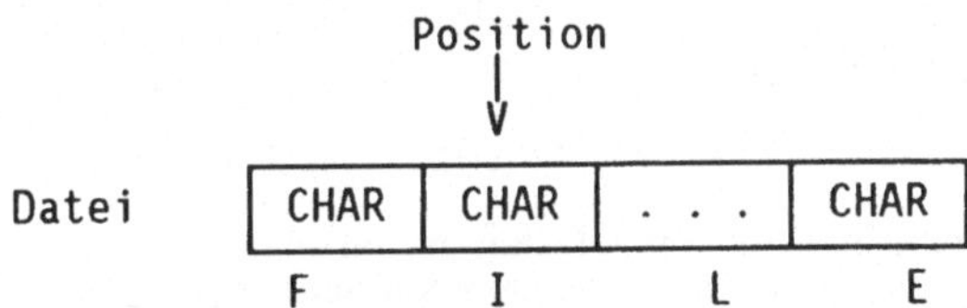

Man unterscheidet Text-Dateien, d.h. Dateien bei denen die CHAR-Elemente lesbar sind und eine Zeilen-Unterteilung vorhanden ist (mindestens 254 Zeichen incl. Zeilen-Ende-Zeichen müssen pro Zeile in jeder Implementation zulässig sein), und Binär-Dateien, bei denen die CHAR-Elemente interne Daten repräsentieren und keine Zeilen-Unterteilung vorhanden ist.

Leider läßt der ANSI-C-Standard einige Implementationsabhängigkeiten zu, die soweit gehen könen, daß nicht mehr zwischen Text- und Binär-Dateien unterschieden werden kann.

Datei-Form	Element	Zeilen-ende-zeichen vorhand.	Leer-zeichen vor Zeilen- Ende	Null-zeichen am Datei -Ende	Leere Datei (Läng.0) zulässig
Text -Datei	druckbar oder hor.Tab oder ZeilEnd	implabh. (ggf.nur 1 Zeile)	implabh. unter-drückt		implabh.
Binär-Datei	Byte implabh.	implabh. (nein)		implabh. hinzu-gefügt	implabh.

Tab.8a: Implementationsabhängigkeiten bei Dateien

Text- und Binär-Dateien können sequentiell (nur Zurücksetzen auf Anfangs-Position 1 oder Vorsetzen auf Nachfolger-Position) abgearbeitet werden. Das Zurücksetzen auf die Anfangs-Position geschieht mit der Standard-Funktion rewind(F) (<stdio.h>, A.2.12). Das Vorsetzen auf die Nachfolger-Position ist ein Seiteneffekt der Schreib/Lese-Makro-Funktionen PUTF.../GETF.. (CtoAda).

Die durch P=ftell(F) abzählbare Position P einer Binär-Datei F ist die Anzahl der CHAR-Zeichen vom Anfang der Datei. Da bei Text-Dateien Leerzeichen vor Zeilen-Ende implementationsabhängig unterdrückt werden können, ist die durch P=ftell(F) abzählbare Position P einer Text-Datei F nicht notwendig die Anzahl der Zeichen vom Anfang der Datei. Allerdings kann die durch P=ftell(F) abgezählte Position sowohl für Binär- als auch Text-Dateien F später in fseek(P,SEEK_SET) eingesetzt werden und bewirkt dann Zurücksetzen auf die ursprüngliche Position. Die Standard-Funktionen fseek und ftell sind in <stdio.h> vereinbart (A.2.12).

Demnach können Binär-Dateien auch direkt (beliebig positionierbar), Text-Dateien auch quasi-direkt (nur Zurücksetzen auf vorher mit ftell abgezählte Position) abgearbeitet werden.

Die wichtigste Standard-Funktion zur Einrichtung von Dateien ist

```
FILE *fopen(const char *filename, const char *mode);
```

Die Funktion fopen eröffnet eine Datei, deren Namen als STRING filename gegeben ist und deren zweites Argument mode als STRING wie folgt wählbar ist:

mode	B e d e u t u n g			
	falls Datei	Modus der Datei		Art
	bereits noch nicht	Lesen	Schreiben/	der Datei
	vorhanden vorhanden		Verlängern	
"a"	open /create		append	text file
"a+"	open /create	read	/ append	text file
"ab"	open /create		append	binary file
"ab+"	open /create	read	/ append	binary file
"r"	open /return NULL	read		text file
"r+"	open /return NULL	read	/ write	text file
"rb"	open /return NULL	read		binary file
"rb+"	open /return NULL	read	/ write	binary file
"w"	truncate/create		write	text file
"w+"	truncate/create	read	/ write	text file
"wb"	truncate/create		write	binary file
"wb+"	truncate/create	read	/ write	binary file

Tab. 8b: Parameter mode der Standard-Funktion fopen

Anders als in Pascal, können in C Dateien zugleich in Lese-
(read mode "r") und Schreibmodus (write mode "w") versetzt werden.

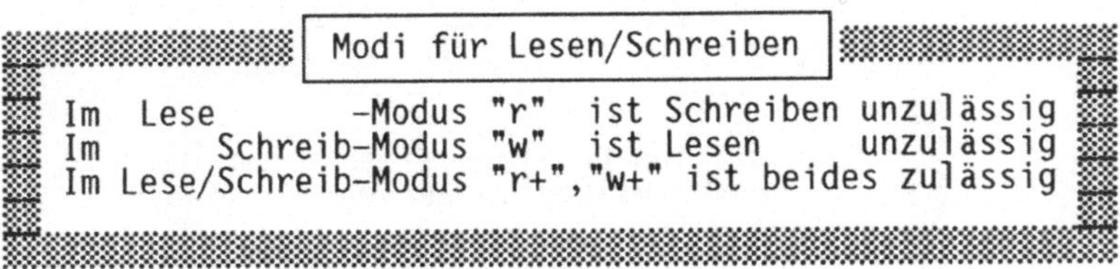

Beim (Wieder-) Eröffnen (open, truncate, create) werden Dateien
auf die Anfangs-Position (zurück-) gesetzt. Bereits beschriebene,
mit "w..." wiedereröffnete Dateien werden zunächst vollständig ge-
löscht (truncate).

Die Position kann über die Datei hinausragen und bedeutet dann
Datei-Ende (englisch end of file, Makro EOF). Das Datei-Ende einer
Datei F ist mit feof(F) abfragbar.

Eine Datei kann mit fclose(F) vorübergehend geschlossen und anschließend mit remove(F) endgültig entfernt werden.

Alle diese Standard-Funktionen sind in <stdio.h> (A.2.12) vereinbart.

Das (formatierte) Schreiben-in bzw. Lesen-aus eröffneten Dateien
geschieht mit den Standardprozeduren FGET/FPUT... , die Verall-
gemeinerungen der Standardprozeduren GET/PUT... (1.6) sind. Man
muß nur FGET/FPUT statt GET/PUT schreiben und als zusätzlichen
aktuellen Parameter an erster Stelle den File-Identifier setzen,

z.B.

```
FPUT    (F,"Hallo"    );    schreibt Hallo auf den FILE *F
FPUT_INT(F,   -123,5,4);    schreibt -0123 auf den FILE *F
```

Das Erreichen des Endes des Hauptprogramms oder ein Aufruf der
der exit-Funktion aus <stdlib.h> (A.2.13, in CtoAda includiert)
wirkt wie fclose(F) für alle offenen Dateien F.

Weitere Einzelheiten über Standard-Makros und -Funktionen zur
Datei-Verarbeitung entnehme man der Übersichtsliste zu <stdio.h>
im Anhang A.2.12 oder der ausführlichen Beschreibung von <stdio.h>
innerhalb der Standard-Library im Proposed C-ANSI-Standard.

8.1 Text-Datei

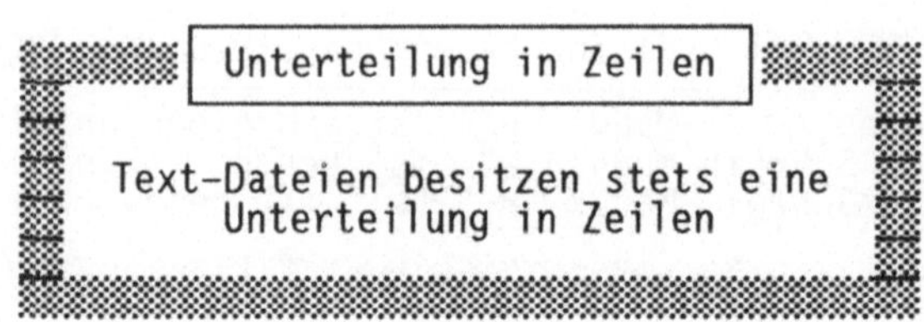

Jede Implementation muß Text-Dateien unterstützen. Zu Beginn eines Hauptprogramms werden stets drei Standard-Text-Dateien automatisch eröffnet (<stdio.h>, A.2.12):

```
stdin       standard input , for reading conventional  input
stdout      standard output, for writing conventional output
stderr      standard error , for writing diagnostic   output
```

z.B.

```
FGET(stdin , Wort  );    gleichbedeutend    GET( Wort  );
FPUT(stdout,"Hallo");    gleichbedeutend    PUT("Hallo");
```

Wir setzen im folgenden voraus, daß für Text-Dateien ein Zeilen-ende-Zeichen

```
ASCII_LF    '\n'   (Bedeutung "new line")
```

implementiert ist (siehe Tabelle der Implementationsabhängigkeiten bei Dateien, 8a).

Zeilenende kann bei Editierung einer Text-Datei F mit der Return-Taste eingegeben werde, vom Programm her mit FNEW_LINE(F); (CtoAda) gesetzt oder mit FSKIP_LINE(F); (CtoAda) angesprungen oder zeichenweise mit IF C == ASCII_LF THEN...ENDIF; abgeprüft werden. Eine zu feof(F) analoge Standardfunktion feol(F), wie z.B. in Pascal oder Ada, gibt es in C leider nicht.

Die Anzahl der Zeilen in einer Text-Datei F ist abfragbar durch

```
FLINES(F)        (CtoAda, A.3.1)
```

Quasi-direkte Zeilen-Positionierung wird bewirkt durch

```
FSET_LINE(F,To);    (CtoAda,A.3.1)
```

Das nachfolgende Programm KfzRepar arbeitet mit zwei bereits fertig editierten Text-Dateien Arb_Wert.F und Mat_Wert.F, in denen, abgesehen von noch zu berücksichtigenden Faktoren Arb_Fakt bzw. Mat_Fakt, zeilenweise die Kosten für die jeweilige Arbeits- bzw. Material-Position ausgewiesen sind. Im Unterprogramm Faktur von KfzRepar werden die gewünschten Zeilen-Positionen Pos der Text-Datei F quasi-direkt mit FSET_LINE(F,Pos); angesprungen.

```
/*********************** KfzRepar ****************************/
/*            Kraftfahrzeug-Reparatur-Rechnung              */
/*       mit externen Text-Dateien Mat_Wert.F, Arb_Wert.F   */
/*  Quasi-direkte Zeilen-Positionierung mit FSET_LINE (CtoAda) */
/*************************************************************/

#include <CtoAda.h>

#define Arb_Fakt  5.50
#define Mat_Fakt  2.75
#define Prz_MwSt 14.0

FLOAT Faktur(CONST STRING FileName,CONST FLOAT Fakt)
BEGIN
   NAT Len,Pos;STRING Art=NEW_STRING(11);FLOAT Val,Sum_Val=0.0;
   FILE *F ;
   F=fopen(FileName,"r");NEW_LINE;PUT_LINE(FileName);
   Len=FLINES(F);PUT1_NAT(Len+1,6);PUT_LINE(" Terminator");
   LOOP
      PUT("Pos: ");GET_NAT(Pos);
      IF Pos<1 OR Pos>Len THEN BREAK;ENDIF;FSET_LINE(F,Pos);
      FGET1_NAT(F,Pos,6);FGET1(F,Art,11);FGET1_FLOAT(F,Val,7);
      Val     *=Fakt;        PUT1(  Art,17); PUT2_FLOAT(Val,7,2);
      Sum_Val+=Val ;                         PUT_LINE  (" DM"  );
   ENDLOOP;
   fclose(F);RETURN Sum_Val;
END/*Faktur*/;

VOID MAIN(VOID)
BEGIN FLOAT Arb_Kost,Mat_Kost,Sum_Kost,Ges_Kost,MwSt            ;
        Arb_Kost=            Faktur("Arb_Wert.F",   Arb_Fakt    );
   PUT1(                        "------" ,24   );NEW_LINE        ;
   PUT1("Arb_Kost",17);PUT2_FLOAT( Arb_Kost, 7,2);PUT_LINE(" DM");
        Mat_Kost=            Faktur("Mat_Wert.F",   Mat_Fakt    );
   PUT1(                        "------" ,24   );NEW_LINE        ;
   PUT1("Mat_Kost",17);PUT2_FLOAT( Mat_Kost, 7,2);PUT_LINE(" DM");
   NEW_LINE;           PUT1(      "------" ,24   );NEW_LINE      ;
        Sum_Kost=                Arb_Kost+      Mat_Kost         ;
   PUT1("Sum_Kost",17);PUT2_FLOAT( Sum_Kost, 7,2);PUT_LINE(" DM");
        MwSt=                    Sum_Kost*      Prz_MwSt/100      ;
   PUT1("    MwSt",17);PUT2_FLOAT(    MwSt, 7,2);PUT_LINE(" DM");
   PUT1(                        "------" ,24   );NEW_LINE        ;
        Ges_Kost=                Sum_Kost+      MwSt             ;
   PUT1("Ges_Kost",17);PUT2_FLOAT( Ges_Kost, 7,2);PUT_LINE(" DM");
   PUT1(                        "======" ,24   );NEW_LINE        ;
END/*MAIN*/;

/*********************** End KfzRepar ***********************/
```

Arb_Wert.F
1 Bremsbelag   4.75
2 Lackier_kl   3.25
3 Reinigg_kl   2.00
4 Scheibe_kl 14.50

Mat_Wert.F
1 Bremsbelag   4.20
2 KleinMater   1.00
3 Leiste_Skl   5.10
4 Rahmen_Skl 10.25
5 Scheibe_kl   7.50

```
 Output                     | In    Output (Fortsetzung)      | In
 ------------------------------     -------------------------------
 Arb_Wert.F                 |       Mat_Wert.F                 |
     5 Terminator           |           6 Terminator          |
 Pos:                       | 3     Pos:                       | 4
     Reingg_kl    11.00 DM  |           Rahmen_Skl   28.19 DM  |
 Pos:                       | 4     Pos:                       | 5
     Scheibe_kl   79.75 DM  |           Scheibe_kl   20.62 DM  |
 Pos:                       | 2     Pos:                       | 3
     Lackier_kl   17.88 DM  |           Leiste_Skl   14.02 DM  |
 Pos:                       | 5     Pos:                       | 2
               ------       |           KleinMater    2.75 DM  |
     Arb_Kost    108.62 DM  |       Pos:                       | 6
                                                  ------
                                        Mat_Kost     65.59 DM

                                        Sum_Kost    174.21 DM
                                            MwSt     24.39 DM
                                                  ------
                                        Ges_Kost    198.60 DM
                                                  ======
```

Die Funktion Faktur(FileName,Fakt) berechnet die mit Fakt faktorisierte Summe aus abgefragten Positionen Pos einer Textdatei FileName. Faktur hat den Namens-STRING FileName einer vorgegebenen externen Datei als Parameter und eröffnet mit fopen einen lokal in der Funktion vereinbarten FILE-Pointer F auf diese externe Datei. Da die externe Datei nur gelesen werden soll, wird in fopen nur der Modus "r" (vgl. Tabelle für mode, 8b) angegeben. Vor dem Funktionsausgang mit RETURN wird der lokale FILE-Pointer F wieder mit fclose geschlossen.

Man hätte in Faktur auch statt des Parameters CONST STRING FilNam formal FILE* F vereinbaren können und die Vereinbarung, Öffnung (fopen) und Schließung (fclose) dann benötigter Datei-Zeiger F_Arb, F_Mat in das Hauptprogramm MAIN verlegen können.

Eine Text-(oder Binär-) Datei stream läßt sich auch in nmemb-Abschnitten auf eine mit einem Zeiger ptr gezeigte Reihung A aus CHAR-Elementen der Breite size=SIZEOF(CHAR) mit noch freier Mindest-Reihungslänge nmemb in beiden Richtungen übertragen mit Hilfe der in <stdio.h> (A.2.12) vereinbarten Standard-Funktionen

```
size_t fread (          void*ptr,size_t size,size_t nmemb,FILE*stream)
```

die von der Datei stream auf die mit ptr gezeigte Reihung A
fread (ptr,size,nmemb,stream)<=nmemb Elemente überträgt,

```
size_t fwrite(const void*ptr,size_t size,size_t nmemb,FILE*stream)
```

die von der mit ptr gezeigten Reihung A auf die Datei stream
fwrite(ptr,size,nmemb,stream)<=nmemb Elemente überträgt. Vorzeitigen Abbruch der Übertragung (read/write-error) erkennt man daran, daß weniger als nmemb Elemente übertragen wurden.

8.2 Binär-Datei

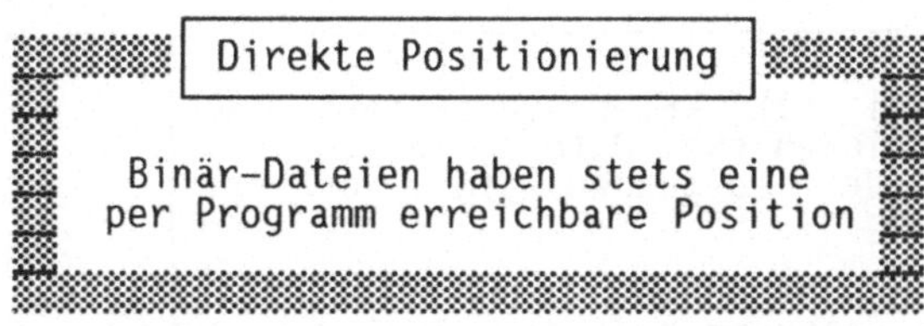

Diese Position vom Typ LINT, gleich der Anzahl der CHAR-Zeichen vom Anfang der Datei, kann der Programmierer selbst mitzählen oder abzählen mit Hilfe der Standard-Funktion (<stdio.h>, A.2.12)

```
long int ftell(FILE *stream);
```

oder direkt aufsuchen mit Hilfe der Standard-Funktion (<stdio.h>, A.2.12)

```
int fseek(FILE *stream, long int offset, int whence);
```

Binär-Dateien können daher nicht nur sequentiell, wie Text-Dateien (8.1), sondern auch direkt abgearbeitet werden.

Die Funktion fseek setzt den Positions-Indikator der Datei, auf die stream zeigt, auf das whence+offset 'te CHAR-Element der Datei. Für whence stehen vordefinierte konstante INT-Ausdrücke zur Verfügung:

```
SEEK_SET    beginning  position of text/binary-file
SEEK_CUR    current    position of binary-file
SEEK_END    end-of-file position of binary-file (impl.dep.)
```

Für Text-Dateien wird nur SEEK_SET unterstützt. Für Binär-Dateien wird SEEK_SET, SEEK_CUR und implementationsabhängig auch SEEK_END unterstützt.

Für Text-Dateien darf offset nur L0 (long zero) oder ein vorher mit Hilfe von ftell berechneter LINT_Ausdruck sein. Für Binär-Dateien ist der LINT-Ausdruck für offset frei wählbar. fseek zeigt die erfolgreiche Beendigung mit RETURN 0 an

Binär-Dateien brauchen nicht notwendig "druckbar" gemäß isprint (<ctype, A.2.2) zu sein. Allerdings muß jede binäre Datei, die in einer Implementation ausgegeben wurde, in der gleichen Implementation auch wieder eingebbar sein.

Nicht jede Implementation braucht Binär-Dateien gesondert zu unterstützen. Es ist möglich, daß auch Text-Dateien eine eindeutig mitzählbare Position besitzen und daher nicht von Binär-Dateien unterschieden werden können (vgl. Tabelle der Implementationsabhängigkeiten bei Dateien, 8a), z.B. in UNIX-Systemen.

8.3 Testfragen

zu	Frage	abdeckbare Antwort
8	Es sei FILE *F,*G; vereinbart und es existieren ext. Dateien Fext,Gext . Welche der folgenden sind korrekte Anweisungen?	

```
    fopen(F,"Fext");                         keine
    G=open("Gext","r");

    F=fopen("Fext","w");                     alle
    FPUT(F,"overwrite Fext");
    G=F;
    IF F==G THEN
        PUT("gleiche Zeigeradressen");
    ENDIF;
```

zu	Frage	abdeckbare Antwort
8.1	Kann man die Länge einer Datei mit einer Funktion abfragen, die in einem C-Standard-Include-File definiert ist?	nein
8.1	Kann man in C Text-Dateien auch sequentiell von rechts nach links (ohne rewind oder ähnliches) abarbeiten?	nein
8.1 8.2	Gibt es in C sequentielle (außer Zurücksetzen auf Anfang nur Vorwärts-Schreiten) oder direkte (direkte imple mentationsunabhängige Positionierung) Dateien oder beides?	sequ. Text-Dateien, sequent.und direkte binäre Dateien
8.1	Wie simuliert man 'direkte' Zeilen-Positionierung bei Text-Dateien ?	FSET_LINE(f,to) liest , zählt und setzt f auf die gewünschte Zeile to (CtoAda)
8.2	Wie kann man implementationsun - abhängig auf die Anfangs - Position zurücksetzen bei einer Text - oder Binär-Datei F ?	siehe <stdio.h>:

```
                  fseek (F,0L,SEEK_SET);   oder
                  rewind(F          );
```

zu	Frage	abdeckbare Antwort
8.2	Wie kann man implementationsun - abhängig die laufende Position abzäh - len und später ... auf diese Position zurücksetzen bei einer	siehe <stdio.h>: LINT offset, curset;

```
    Text -Datei F ?           offset=ftell(F);      ...
                              fseek (F,offset,SEEK_SET);

    Binär-Datei F ?                offset=ftell(F);
                             oder    offset selbst zählen...
                          fseek (F,offset,SEEK_SET);
                               oder   curset selbst zählen...
                          fseek (F,curset,SEEK_CUR);
```

9 MASCHINENNAHE SPRACHELEMENTE

An maschinennahen Sprachelementen bietet C unter anderem

- Speicher-Abfrage/Belegung/Freigabe (9.1),
- Einfügung von Betriebssystem-Befehlen (9.2),
- Bitweise arbeitende Operatoren (9.3),
- Programm-Abbruch mit Vorbehandlung (9.4).

Außerdem weisen wir hin auf

- implementationsabhängige Pragmas (0.3.4,) etwa
  zum Anschluß von Fremdsprachen-Unterprogrammen, z.B.

  ```
  #pragma interface(FORTRAN,sqrt)
  ```

- standardmäßig abfragbare maschinennahe
  Attribute (1, CtoAda), z.B.

  ```
  FLOAT_FIRST, FLOAT_SMALL, FLOAT_EPSILON, FLOAT_LAST
  ```

9.1 Speicher-Abfrage/Belegung/Freigabe

Der Typ size_t ist ein in <stddef.h> (Standardbibliothek A.2.11, in CtoAda includiert) definierter implementationsabhängiger unsigned integral Typ, vgl. die in Tabelle 1 angegebene Typ-Klassifikation. size_t ist u.a. Resultat-Typ von SIZEOF (siehe unten), Eingabe-Parameter-Typ von calloc, malloc (siehe unten) und ist als unsigned integral type innerhalb entsprechender Werte-Grenzen in NAT bzw. LNAT konvertierbar.

Die nachfolgende Tabelle, ein Auszug aus der Operatoren-Tabelle 3.4 , listet die beiden SIZEOF-Operatoren zur Speicher-Abfrage auf. In <CtoAda.h> (A.3.1) ist SIZEOF synonyme Makro-Schreibweise für sizeof.

Priori -tät	Operation Klassifikation	Operator	Operand Typ	Resultat Typ
14	sizeof-type	SIZEOF	sizable type (identifier)	size_t
13	sizeof-unex	SIZEOF	unary expression	size_t

Tab. 9: SIZEOF-Operatoren

Der zweite SIZEOF-Operator für unary expressions (keine Klammern
erforderlich) wird in <CtoAda.h> (A.3.1) zur Bildung von Attribu-
ten LAST, LENGTH für Arrays wie folgt verwendet:

```
#define LAST          LAST1
#define LAST1(  arr)  sizeof arr/sizeof arr[0]-1
#define LENGTH        LENGTH1
#define LENGTH1(arr)  sizeof arr/sizeof arr[0]
```

Z.B.

```
#include <CtoAda.h>
VOID MAIN(VOID)        BEGIN FLOAT A ARRAY_(2);
    PUT_NAT(   LAST(A));                     /* druckt 1 */
    PUT_NAT(LENGTH(A));END;                  /* druckt 2 */
```

Speicherbelegung (Allokation, englisch allocation, von lateinisch locare) geschieht mit den in <stdlib.h> (Standardbibliothek,
A.2.13, in CtoAda includiert) definierten Prozeduren

```
void *malloc(                 size_t size);   für Skalar
void *calloc(size_t nmemb, size_t size);   für Array
```

die zusammen mit dem ersten SIZEOF-Operator für Typen, in Funk-
tions-Schreibweise mit Klammern um den Typ-Bezeichner, in CtoAda
(A.3.1) zur Bildung von Makro-Allokatoren NEW wie folgt verwendet werden:

```
#define NEW(         tid)   (tid *)malloc(        sizeof( tid))
#define NEW_STRING(      len) (STRING)calloc(len+1,sizeof(CHAR))
#define NEW_ARRAY( tid,len)  (tid *)calloc(len  ,sizeof( tid))
```

Z.B.

```
#include <CtoAda.h>
VOID MAIN(VOID)        BEGIN                     /* Belegung:*/
    INT    *Zeiger      =NEW         (INT    );  /*  1 INT   */
    STRING Text         =NEW_STRING(        5);  /*  5 CHAR  */
    FLOAT  Reihe ARRAY_()=NEW_ARRAY (FLOAT,2);   /*  2 FLOAT */
    ...                                          /* Freigabe:*/
    free(Zeiger);                                /*  1 INT   */
    free(Text  );                                /*  5 CHAR  */
    free(Reihe );                                /*  2 FLOAT */
    ...                END;
```

Speicherfreigabe (Deallokation, englisch deallocation) geschieht
mit der in <stdlib.h> (Standardbibliothek A.2.13, in CtoAda includiert) definierten Prozedur

```
void free(void *ptr);
```

In free ist als Parameter void *ptr jeder Zeigertyp zugelassen,
vergleiche überstehendes Beispiel.

9.2 Einfügung von Betriebssystem-Befehlen

Einfügung von Betriebssystem-Befehlen (englisch system command), d.h. je nach Betriebssystem UNIX-Befehle, DOS-Befehle oder andere, geschieht mit der in <stdlib.h> (Standardbibliothek, A.2.13, in CtoAda includiert) definierte Funktion

```
int system(const char *string)
```

Z.B.

```
#include <CtoAda.h>
VOID MAIN(VOID)    BEGIN...system("PAUSE");...END;
```

Erreicht das C-Programm die Anweisung system("PAUSE"); , so wird das C-Programm unterbrochen und in DOS 3.3 (deutsche Version) der DOS-Befehl PAUSE ausgeführt, d.h. es erscheint die Anzeige

```
Wenn bereit, eine beliebige Taste betätigen!
```

Nach Drücken, z.B.der Enter-Taste, läuft das C-Programm weiter. Der Aufruf von system mit NULL-Zeiger, z.B. system(NULL), ergibt 0, falls kein Betriebssystem (englisch command processor) in der Umgebung (englisch environment) des C-Progamms verfügbar ist, sonst ungleich 0. Ist das Argument kein NULL-Zeiger, dann ist das int-Resultat implementationsabhängig.

9.3 Bitweise arbeitende Operatoren

Der Typ bitwise, synonym integral, ist nach der in Tabelle 1 angegebenen Typ-Klassifikation kein neuer Typ, sondern ein Sammelbegriff für INT, LINT und verwandte Typen.

Die nachfolgende Tabelle, ein Auszug aus der Operatoren-Tabelle 3.4 , listet die bitweise arbeitenden Operatoren auf, hinzu kommen nur noch zusammengesetzte bitwise assignment Operatoren (3.4).

Pr io	Operation Klassifikation	li.Operand Typ	Operator	re.Operand Typ	Resultat Typ
10	bitwise-left-shift	bitwise	<<	integral>=0	bitwise
10	bitwise-right-shift	bitwise	>>	integral>=0	bitwise
7	bitwise-and	bitwise	BITAND	bitwise	bitwise
6	bitwise-not-equal	bitwise	BITNEQ	bitwise	bitwise
5	bitwise-or	bitwise	BITOR	bitwise	bitwise

Tab. 9.3: Bitweise arbeitende Operatoren

```
/************************** Bitwise ****************************/
/*        Bit-weise arbeitende Operatoren und IO-Prozeduren    */
/**************************************************************/
#include <CtoAda.h>

VOID Put_Bit(STRING S,INT  I) BEGIN
   PUT(S);PUT_BIN ( I  );PUT(",");PUT1_OCT( I, 6);PUT(",");
          PUT1_HEX( I,4);PUT(",");PUT1_INT( I, 6);NEW_LINE;END;

VOID MAIN(VOID)
   BEGIN INT x,y,z;
       PUT(       "                    "              );
       PUT(       "<-----bin------> <oct-> <hx> <dec->");NEW_LINE    ;
       Put_Bit(  "   INT_FIRST=",   INT_FIRST);
       Put_Bit(  "- INT_LAST =",- INT_LAST );
       Put_Bit(  "        - 2 =",        - 2 );
       Put_Bit(  "        - 1 =",        - 1 );
       Put_Bit(  "          0 =",          0 );
       Put_Bit(  "        + 1 =",        + 1 );
       Put_Bit(  "        + 2 =",        + 2 );
       Put_Bit(  "   INT_LAST =",   INT_LAST );
       PUT(      "          x ="               );          GET_BIN (x);
       Put_Bit(  "            =",            x );
       Put_Bit(  "     x >> 1 =",     x >> 1 );
       Put_Bit(  "     x << 1 =",     x << 1 );
       Put_Bit(  "        - x =",        - x );
       Put_Bit(  "   BITNOT x =",   BITNOT x );
       PUT(      "          y ="               );          GET_BIN (y);
       Put_Bit(  "            =",            y );
       Put_Bit( "x BITAND y =",x BITAND y );
       Put_Bit( "x BITOR  y =",x BITOR  y );
       Put_Bit( "x BITNEQ y =",x BITNEQ y );              NEW_LINE    ;
    END;

/********************** End Bitwise ************************/
```

Output	Input
` ` `            <-----bin------> <oct-> <hx> <dec->` `  INT_FIRST=1000000000000000,100000,8000,-32768` `- INT_LAST =1000000000000001,100001,8001,-32767` `        - 2 =1111111111111110,177776,fffe,     -2` `        - 1 =1111111111111111,177777,ffff,     -1` `          0 =0000000000000000,     0,   0,      0` `        + 1 =0000000000000001,     1,   1,      1` `        + 2 =0000000000000010,     2,   2,      2` `  INT_LAST =0111111111111111, 77777,7fff, 32767` `          x =`	`0000000011111111`

`            =0000000011111111,   377,  ff,    255`
`     x >> 1 =0000000001111111,   177,  7f,    127`
`     x << 1 =0000000111111110,   776, 1fe,    510`
`        - x =1111111100000001,177401,ff01,   -255`
`   BITNOT x =1111111100000000,177400,ff00,   -256`
`          y =`
	`0000111100001111`

`            =0000111100001111,  7417, f0f,   3855`
`x BITAND y =0000000000001111,    17,   f,     15`
`x BITOR  y =0000111111111111,  7777, fff,   4095`
`x BITNEQ y =0000111111110000,  7760, ff0,   4080`	

Im obigen Beispiel "Bitwise" werden die bitweise arbeitenden Operatoren vorgeführt und dabei die Bereichsgrenzen INT_FIRST, INT_LAST, die Input-Werte und die Operations-Ergebnisse

```
binary        mit GET_BIN bzw. PUT_BIN   (aus CtoAda),
octal         mit GET_OCT bzw. PUT_OCT   (aus CtoAda),
hexadecimal   mit GET_HEX bzw. PUT_HEX   (aus CtoAda),
decimal       mit GET_INT bzw. PUT_INT   (aus CtoAda)
```

eingegeben bzw. ausgegeben.

Wie für Ein/Ausgabe mit GET, PUT (vgl. 1.6) üblich, gibt es für diese bitweise-Ein/Ausgabe (in CtoAda) auch LONG-Versionen, z.B. PUT_LBIN, und auch Format-Versionen, z.B. PUT1_BIN.

9.4 Programm-Abbruch mit Vorbehandlung

Vorbehandlung des normalen Abbruchs des Hauptprogramms MAIN ist möglich mit vorher selbst zu vereinbarenden parameterlosen Funktionen, im folgenden Beispiel F1, F2, F3, und mit der in <stdlib.h> (Standardbibliothek A.2.13, in CtoAda includiert) definierten Funktion

```
int atexit(void (*func)(void))
```

zur Registrierung der vor dem normalen Abbruch des Hauptprogramms aufzurufenden Funktionen. Die Aufrufe geschehen in umgekehrter Reihenfolge der Registrierungen. Eine Funktion kann auch mehrfach registriert werden. Mindestens 32 Registrierungen muß jede Implementation zulassen. Erfolgreiche Registrierung beim Aufruf von atexit ergibt 0, sonst ungleich 0.

Normaler Abbruch des Hauptprogramms MAIN erfolgt durch Erreichen des END von MAIN (2), durch RETURN (7.3) oder durch Aufruf der in <stdlib.h> (Standardbibliothek A.2.13) definierten Prozedur

```
void exit(int status);
```

mit status gleich 0 oder gleich EXIT_SUCCESS. Mit status gleich EXIT_FAILURE erreicht man einen implementationsabhängigen "nicht-erfolgreichen-Abbruch" (englisch unseccessful termination). Mit sonstigem status ist das Ergebnis implementationsabhängig.

Z.B.

```
#include <CtoAda.h>
VOID   F1(VOID) BEGIN PUT_LINE("F1");END;
VOID   F2(VOID) BEGIN PUT_LINE("F2");END;
VOID   F3(VOID) BEGIN PUT_LINE("F3");END;
VOID MAIN(VOID) BEGIN
    atexit(F3);atexit(F2);atexit(F2); exit(EXIT_SUCCESS);
    atexit(F1);                       END;
```

druckt

```
    F2
    F2
    F3
```

Der Aufruf der mit atexit registrierten Funktionen geschieht vor den bei normalem Programmabbruch üblichen Abschlußtätigkeiten: Tilgung aller offenen Ausgabedatenflüsse, Schließung aller offenen Dateien (vgl. close, 8), Tilgung aller temporären Dateien (vgl. tmpfile, <stdio.h>, Standardbibliothek A.2.12) und Rückgabe der Kontrolle an die Programm-Umgebung.

9.5 Testfragen

zu	Frage	abdeckbare Antwort
9.1	Kann der Typ size_t implementations-abhängig größere Werte als LNAT_LAST annehmen ? Wenn ja , kann man solche "übergroßen" Werte von size_t eingeben	ja
	als Parameter in malloc ?	ja
	als Parameter in PUT_LNAT ?	nein
9.1	Welche der folgenden sind korrekte Vereinbarungen?	

	`CHAR   Objekt                ;`
	`CHAR  *Zeiger       =NEW(CHAR   );`
	`CHAR   Reihe ARRAY_()=NEW_ARRAY (1);`
	`STRING Text         =NEW_STRING(1);`
		alle

	Welche der folgenden sind zu diesen Vereinbarungen passende korrekte Anweisungen?	
	`free(Objekt);`	nein, kein NEW-Obj.

	`free(Zeiger);`
	`free(Reihe );`
	`free(Text  );`
		alle

9.2	Wie kann man in einem C-Programm in DOS-Umgebung eine externe Text-Datei F mit Hilfe der C-Funktion system mit dem DOS-Befehl SORT sortieren?	... system ("SORT < F > G"); system("COPY G F"); system("DEL G");...

9.3   Welche der folgenden sind korrekte   keine
       bitweise Operationen?

           1.0 << 1   left not bitwise
           1   << 1.0   right not integral
           1   << -1   right not >=0

9.3   Welche der folgenden sind korrekte
       bitweise Operationen und was ergeben
       dann die folgenden PUT-Ausgaben?

           PUT_BIN (1 <<   1);   ja,0000000000000010
           PUT_INT (1 <<   1);   ja,2
           PUT_BIN ('A'BITOR'B');   (vgl. 1.2)   ja,0000000001000011
           PUT_CHAR('A'BITOR'B');   (vgl. 1.2)   ja,C

9.4   Bewirkt   exit(0   ); das   ja
       gleiche wie   exit(EXIT_SUCCESS); ?

9.4   Bewirkt   RETURN   das   ja in MAIN
       gleiche wie   exit(EXIT_SUCCESS); ?   nein sonst

9.4   Bewirkt   exit(1   ); das   implement.-abhängig
       gleiche wie   exit(EXIT_FAILURE); ?

10   PRÄPROZESSOR-DIREKTIVEN

C bietet standardmäßig das innovative Konzept der Präprozessor-Direktiven, d.h. ein Konzept für textuelle Ersetzungen im Quelltext noch vor der Übergabe des Quelltextes an den Compiler, genannt Makro-Expansion. Ein entfernt vergleichbares Konzept gibt es standardmäßig in LISP. Präprozessoren gibt es nicht-standardmäßig für einige COBOL-Erweiterungen. Die Aufnahme von Präprozessor-Direktiven wurde bei der Standardisierung von ALGOL_68 lange diskutiert, dann aber mit Empfehlung für spätere Revisionen vertagt.

Wir geben zunächst einen Überblick über die verschiedenen Phasen der Abarbeitung des Quelltextes:

```
1. Ersetzung    der trigraph-Darstellungen   (z.B. ??/) (0.3.1)
2. Fortsetzung  von Zeilen (backslash vor "line feed")   (10.1)
3. Ersetzung    von comment durch space character        (0.3.3)
4. Ersetzung    lex.Präprozessor-Elemente (z.B.#define),    (10)
   Einfügen     ext.Dateien      (#include, bis Phase 4)  (10.2)
5. Ersetzung    der character-escape-Darst.   (z.B. \")    (1.2)
6. Katenation   von aneinandergrenzenden String-Literals  (1.3)
7. Übersetzung  lex.Elemente         durch den Compiler
8. Einbinden    ext.Vereinbarungen durch den Linker
```

Tab. 10: Phasen der Abarbeitung des Quelltextes

Ein lexikalisches Präprozessor-Element (englisch preprocessing token) ist nach Syntaxdiagramm A.1 von der Form

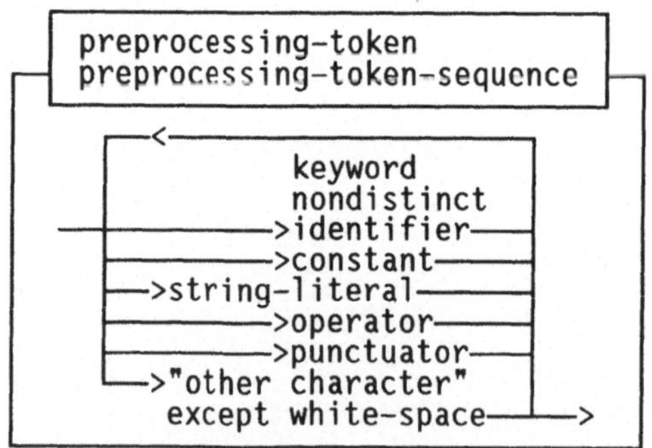

Da die lexikalischen Präprozessor-Elemente unteilbar sind, können z.B. keine Teile von Zeichenketten (string-literal) makroexpandiert werden. Allerdings gibt es Makro-Operatoren für Makro-Stringerzeugung #S und für Makro-Katenation A##B (10.2.3).

Eine Präprozessor-Direktive (englisch preprocessing directive) ist nach Syntaxdiagramm A.1 von der Form

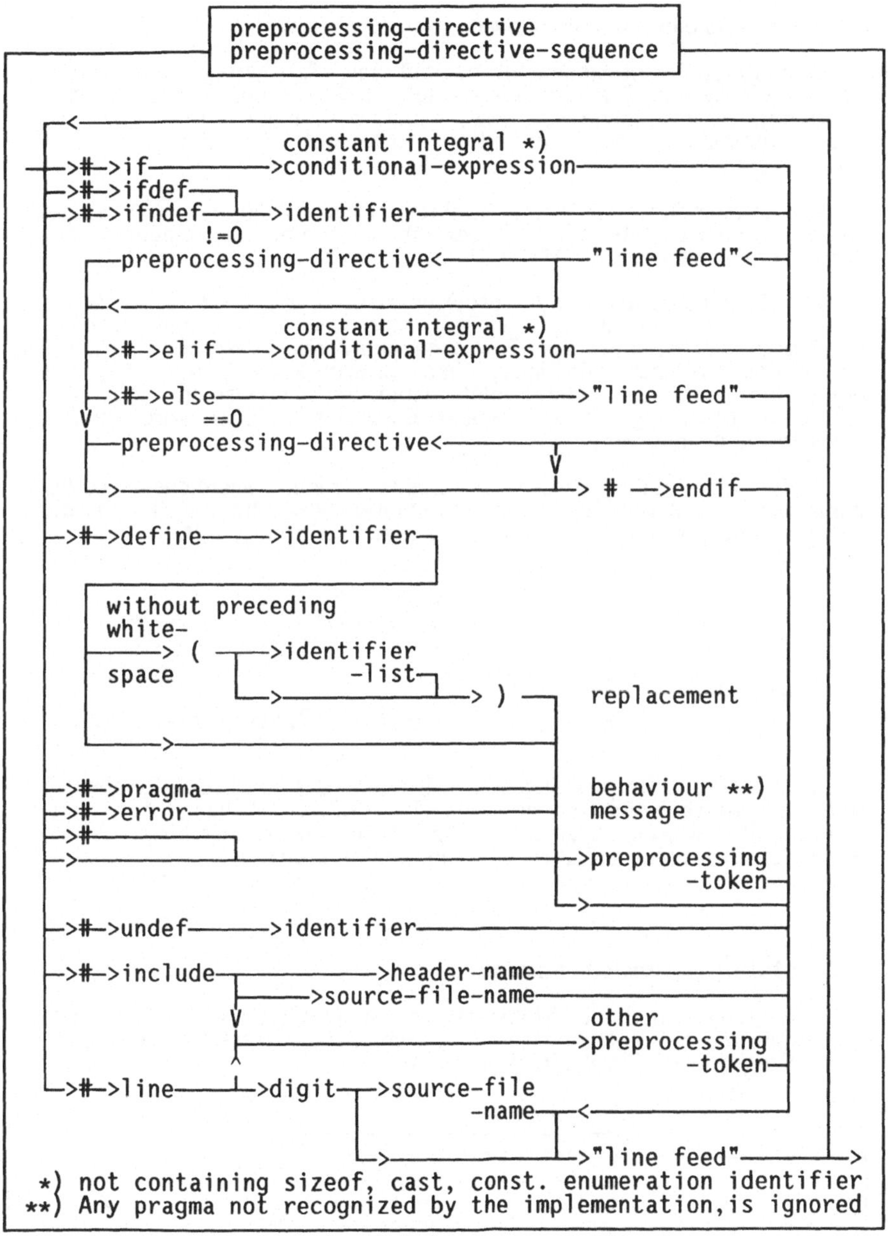

```
            ┌─────────────────────────────────┐
            │ preprocessing-directive         │
            │ preprocessing-directive-sequence │
            └─────────────────────────────────┘

   ┌─<──────────────────────────────────────────────────
   │                    constant integral *)
 ─>#─>if──────────────>conditional-expression──────────
 ─>#─>ifdef─┐
 ─>#─>ifndef┴──>identifier─────────────
              !=0
        ┌─preprocessing-directive<────────── "line feed"<─
        │
        └─<──────────────
                       constant integral *)
          ─>#─>elif────>conditional-expression────
        ┌─>#─>else──────────────────────────>"line feed"──
      V │      ==0
        └─preprocessing-directive<────────
                                          V
        └──>──────────────────────────└─> # ──>endif──────

 ─>#─>define────────>identifier─┐

        ┌ without preceding
        │ white-
        │ ──────> ( ─┬──>identifier
        │ space      │      -list─┐
        │            └─>──────────┴──> )  ┬─  replacement
        │                               │
        └─────>─────────────────────────┘

 ─>#─>pragma───────────────────────────    behaviour **)
 ─>#─>error────────────────────────────    message
 ─>#─┐
 ─>──┴──────────────────────────────────>preprocessing
                                                  -token─
                                          └─>──────────

 ─>#─>undef─────────>identifier──────────────────

 ─>#─>include─┬───────────>header-name──────────
              ├──────>source-file-name──────────
              V                          other
              ├───────────────────────>preprocessing
              Λ                                -token─
 ─>#─>line──────┴──>digit─┬─>source-file
                          │      -name─┬─<
                          └─>──────────┴─>"line feed"──────>

*) not containing sizeof, cast, const. enumeration identifier
**) Any pragma not recognized by the implementation,is ignored
```

```
        #ifdef      equals      #if defined
        #ifndef     equals      #if NOT defined
# "line feed"  is a null directive , possibly in an  if-directive
```

10.1 Zeilenfortsetzung, backslash

Eine Präprozessor-Steuerzeile beginnt mit #, gefolgt von einem der "reservierten Präprozessor-Worte" define, elif, else, error, if, ifdef, ifndef, include, line, pragma, undef (siehe 10) und endet automatisch mit "Zeilende", d.h. mit dem Format-Effektor "form feed".

Selbstverständlich ist keine Makro-Expansion möglich mit einem Makro-Bezeichner (identifier), der übereinstimmt mit einem dieser "reservierten Präprozessor-Worte" .

Als Zwischenraum (white-space) vor oder zwischen lexikalischen Präprozessor-Elementen, z.B. vor # oder zwischen # und nachfolgendem define, ist nur das Zwischenraum-Zeichen (space character), Kommentar (comment wird space character nach Phase 3, vgl. 10) und der Format-Effektor "horizontal tabulation" zugelassen. Bei der textuellen Ersetzung durch Makro-Expansion (10.2) wird äußerer Zwischenraum ignoriert.

Falls eine Präprozessor-Steuerzeile nicht ausreichen sollte, kann die Zeile durch backslash unmittelbar vor "line feed" in die nächste Zeile fortgesetzt werden, nötigenfalls mehrmals, z.B.

```
        #define POLYNOM(x) 1                    \
                    + (x)                       \
                    + (x)*(x)                   \
                    + (x)*(x)*(x)
                ... y=POLYNOM(2); ...
    ergibt
                ... y=1 + (2) + (2)*(2) + (2)*(2)*(2); ...
```

In anderen Skript-Beispielen wird für das backslash-Zeichen \ immer die trigraph-Ersatzdarstellung ?? / (0.3.1, Anhang A.1) verwendet. Wir weisen darauf hin, daß diese Ersatzdarstellung (ANSI Standard) noch nicht auf allen C-Compilern verfügbar ist.

10.2 Makro-Expansion, #define

Eine Objekt-ähnliche Makro-Expansion (englisch object-like macro-expansion or -replacement), ist nach Syntaxdiagramm A.1 (pre-processing-directive, vgl. 10) von der Form

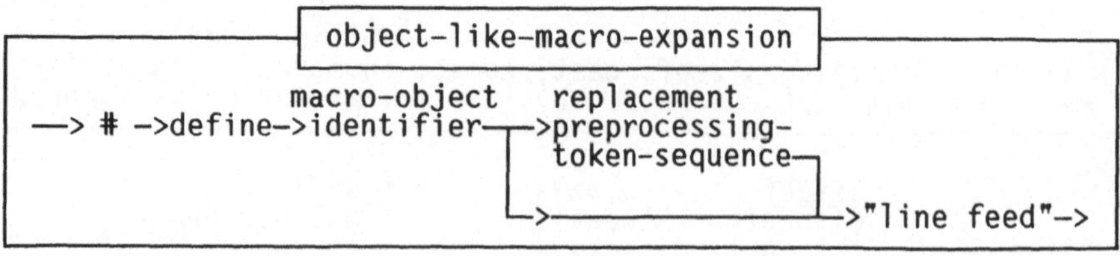

und ersetzt jeden im nachfolgenden Text-Teil (außerhalb von Präprozessor-Steuerzeilen) auftretenden Makro-Objektbezeichner identifier durch den angegebenen Ersetzungstext preprocessing-token-
sequence (ggf.leer), z.B.

```
           #define PI 3.14
           ... x=PI;y=PI; ...
    ergibt
           ... x=3.14;y=3.14; ...
```

Eine Funktions-ähnliche Makro-Expansion (englisch function-like
macro - expansion or -replacement), ist nach Syntaxdiagramm A.1
(preprocessing-directive, vgl. 10) von der Form

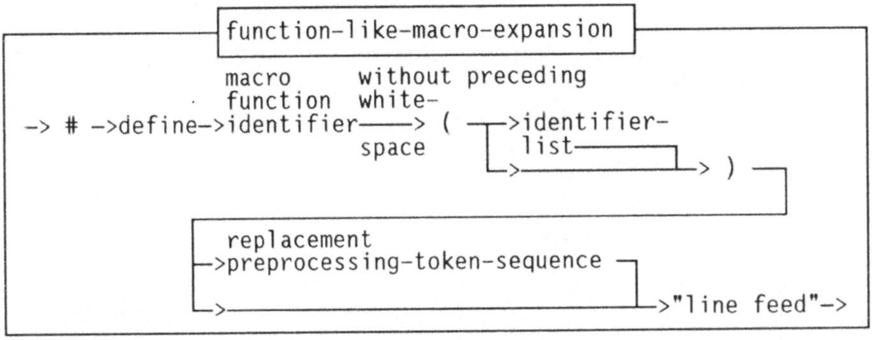

```
           ┌─────────────────────────────────────────┐
           │  function-like-macro-expansion           │
 ┌─────────┴──────────────────────────────────────────┴─────────┐
 │             macro       without preceding                     │
 │             function    white-                                │
 -> # ->define->identifier──────> ( ┬──>identifier-              │
 │                         space    │      list──────┐           │
 │                                  └─>──────────────┴─> )  ─┐    │
 │          ┌───────────────────────────────────────────────┘    │
 │          │  replacement                                       │
 │          ├─>preprocessing-token-sequence ─┐                   │
 │          └─>────────────────────────────────┴─>"line feed"─>  │
 └───────────────────────────────────────────────────────────────┘
```

und ersetzt jeden im nachfolgenden Text-Teil (außerhalb von Präprozessor-Steuerzeilen) auftretenden Makro-Funktionsbezeichner
identifier, gefolgt von einer zur angegebenen 'geklammerten formalen Parameterliste' (identifier-list, ggf. leer) konformen 'geklammerten aktuellen Parameterliste', durch den angegebenen Ersetzungstext preprocessing-token-sequence (ggf. leer), in dem alle
'formalen Parameter' durch die entsprechenden 'aktuellen Parameter' textuell ersetzt wurden, z.B.

```
           #define F(x) sin(x)
           ... y=F(1)*F(2); ...
    ergibt
           ... y=sin(1)*sin(2); ...
```

Für die Funktions-ähnliche Makro-Expansion gilt folgende

```
┌─────────────────────────────────────────────────────────────┐
│ ┌─────────────────────────────────────────────────────────┐  │
│ │ Vorrangregel für  Funktions-ähnliche Makro-Expansion    │  │
│ └─────────────────────────────────────────────────────────┘  │
│  Aktuelle Parameter werden vor ihrem Einsetzen an die Stelle  │
│  der entsprechenden formalen Parameter vollständig makro-     │
│  expandiert (inclusive rescanning 10.2.2) , und zwar so, als  │
│  bildeten sie den Schluß des Textes und als folgten keine     │
│  Präprozessor-Steuerzeilen mehr.                              │
└─────────────────────────────────────────────────────────────┘
```

z.B.

```
#define ONE        1
#define ADD(x,y)  (x)+(y)
#define SUB(x,y)  (x)-(y)
... y=SUB(3,ADD(2,ONE)); ...
```
    ergibt
```
... y=(3)-((2)+(1)); ...
```

Der Präprozessor kann Objekt-ähnliche von Funktions-ähnlichen Makro-Expansionen schon dadurch unterscheiden, daß direkt nach dem Makro-identifier eine runde-Klammer-auf steht (without preceeding white space). Diese white-space-Verbot Regel gilt aber nur für die "formale" Funktions-ähnliche Vereinbarung einer Makro-Expansion, nicht für deren "aktuellen" Aufruf.

Oft sind schützende Klammerungen erforderlich, damit Makro-Expansionen, die ja nur textuelle Ersetzungen ausführen, nicht unerwartete Prioritäten auslösen, z.B.

```
#define TWO (1+1)
... y=2*TWO; ...
```
    ergibt
```
... y=2*(1+1); ...          (y gleich 4)
```

```
#define TWO 1+1
... y=2*TWO; ...
```
    ergibt
```
... y=2*1+1; ...          (y gleich 3)
```

Operatoren mit Seiteneffekten in Ersetzungstexten von Makro-Expansionen sollte man meiden wegen der oft unerwünscht auftretenden Mehrfach-Effekte, z.B.

```
#define SUC(x) (++x)
... x=1;y=SUC(x)*SUC(x); ...
```
    ergibt
```
... x=1;y=(++x)*(++x); ... (y gleich 6)
```

10.2.1 Makro-Aufhebung und -Redefinition

Eine Makro-Bezeichner-Vereinbarung (10.2) bleibt gültig bis zu einer entsprechenden Makro-Bezeichner-Aufhebung (englisch macro identifier undefinition)

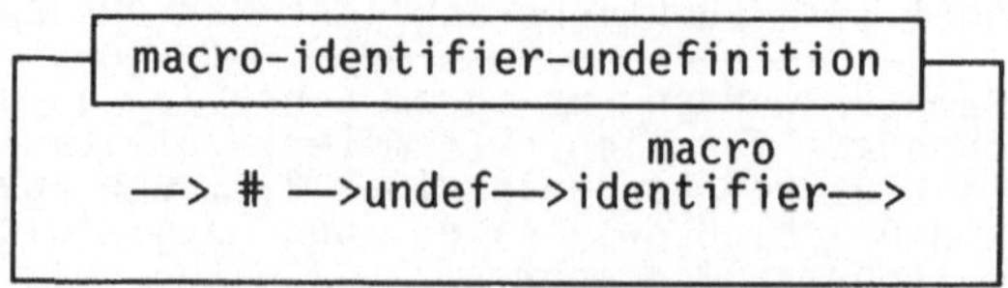

oder sonst bis zum Ende der Übersetzungs-Einheit.

Die Abarbeitung der Folge der verschiedenen Präprozessor-Steuerzeilen geschieht in Schrift-Reihenfolge.

Die gleiche Makro-Expansion (alle white-space Separationen sind identisch) darf auch mehrfach vorkommen.

Eine von der ersten verschiedene zweite Makro-Expansion mit gleichem Makro-Bezeichner (identifier) darf nur vorkommen nach vorheriger Aufhebung der ersten Makro-Bezeichner-Vereinbarung, z.B.

```
#define PI            3.14
#define PI            3.14
#define PIplus(Rest) PI+Rest
#undef  PI
#define PI            3.1415
... x=PI;y=PIplus(0.00009265); ...
```
          ergibt
```
... x=3.14;y=3.1415+0.00009265; ...
```

10.2.2 Wiederholte Durchsuchung (rescanning)

Ersetzter Text wird wiederholt durchsucht (englisch rescanning) auf Makro-Bezeichner (identifier) von Makro-Expansionen und dann entsprechend makro-expandiert (Ausnahme siehe unten), z.B.

```
#define             PI_3_digits 3.14
#define PI PI_short
#define     PI_short PI_3_digits
... x=PI; ...
```
          ergibt
```
... x=3.14; ...
```

Zur Vermeidung von Totschleifen bei rekursiver Expansion gilt die

---

Regel zum Ausschluß rekursiver Makro-Expansion

Nach einmaliger Makro-Expansion wird ein im eigenen Ersetzungstext rekursiv wieder vorkommender Makro-Bezeichner gegen weitere Makro-Expansion immun. Dies gilt sowohl für direkte Rekursion (Aufruf im eigenen Ersetzungstext) als auch für indirekte Rekursion (Aufruf anderer Makros und dort Aufruf des eigenen Makros) und sogar für eventuelle spätere nichtrekursive Makro-Expansionsmöglichkeiten.

---

z.B.

```
#define sin(x) sin((x)-6.28)
... y=sin(7); ...
```
          ergibt
```
... y=sin((7)-6.28); ...
```

10.2.3 Makro-Stringerzeugung #S , -Katenation A##B

Das gleiche Präprozessor-Element **#** dient (leider) nicht nur zur Kennzeichnung des Anfangs einer Präprozessor-Steuerzeile (10.1), sondern auch zur Bildung von Präprozessor-Operatoren: **#S** ist ein Präprozessor-Operator für Makro-Stringerzeugung und **A##B** ist ein Präprozessor-Operator für Makro-Katenation.

Im Ersetzungstext einer Funktions-ähnlichen Makro-Expansion kann vor formale Parameter S ein String-Erzeugungs-Operator (englisch stringizing operator) # gesetzt werden.

#S wird zum String "s" wie folgt makro-expandiert:

Substitution des formalen Parameters S durch den aktuellen Parameter s ohne Beachtung der Vorrangregel 10.2.1 und darauf folgende Einschließung von s in Anführungszeichen (englisch quotation). In s bereits vorkommende Anführungszeichen oder Steuerzeichen backslash werden automatisch durch vorgesetztes backslash in escape-Ersatz-Darstellung (A.1, 1.2) versetzt, z.B.

```
          #define    NEUMANN  dreifach "Hoch"
          #define STR(   S   ) #S
          ... y=STR(NEUMANN);
ergibt
          ... y="dreifach \"Hoch\";
```

Im Ersetzungstext jeder Makro-Expansion kann zwischen zwei Präprozessor - Elemente A, B ein Makro-Katenations-Operator (englisch concatenation operator) ## gesetzt werden.

A##B wird zur Kette AB wie folgt makro-expandiert:

Im Fall einer Funktions-ähnlichen Makro-Expansion erfolgt zunächst Substitution der ggf. formalen Parameter A, B durch die aktuellen Parameter a,b ohne Beachtung der Vorrangregel 10.2.1. Ist A bzw. B kein formaler Parameter, so ist a gleich A bzw. b gleich B. Dann erfolgt die Verkettung (lateinisch catena, Kette) (der aneinander stoßenden Elemente) von a,b und danach erst die weitere Makro-Expansion nach den (ggf. Vorrang-) Regeln, z.B.

```
          CONST FLOAT     Pi =3.14;
          #define    CAT(A,B) A##B
          ... y=CAT(P,i); ...
ergibt
          ... y=Pi; ...
```

10.3 Inklusion von externen Dateien, #include

Inklusion (Anschluß, Einbinden, englisch include) von extern gegebenen Dateien an der betreffenden Stelle in den Programm-Text geschieht nach Syntaxdiagramm A.1 (vgl. 10) in der Form

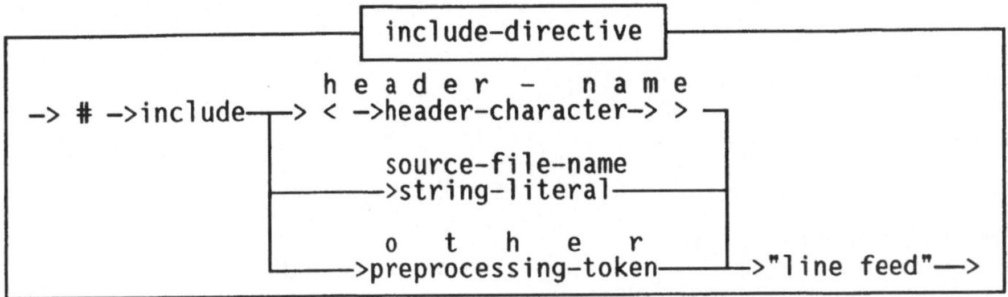


```
z.B.
     #include <stdio.h>    */header               -name        */
     #include "My_File"     */        source-file-name          */
     #include NAME          */header/source-file-name macro*/
```

Im ersten Fall wird nach einer in spitzen Klammern anzugebenden (implementationsabhängigen) Header-Datei in (implementationsabhängigen) Header-Verzeichnissen gesucht, z.B. <stdio.h> in INCLUDE.

Im zweiten Fall wird nach einer in Anführungszeichen anzugebenden Datei zuerst (implementationsabhängig) in unmittelbar zugreifbaren Verzeichnissen gesucht, z.B. "My_File" in CURRENT. Falls die Datei nicht gefunden wird, erfolgt automatische Umbenennung in eine Header-Datei und Suche wie im ersten Fall.

Der dritte Fall muß durch Makro-Expansion, z.B. Makro-Expansion von NAME zu <stdio.h> oder zu "My_File", auf einen der vorangehenden Fälle zurückführbar sein.

10.4 Rundreise-Problem

Das Zusammenspiel von Makro-Expansion (#define, 10.2) und Datei-Inklusion (#include, 10.3) wird nun am folgenden größeren Beispiel "TravSale" vorgeführt. Bekanntlich führt das Rundreise-Problem (englisch traveling salesman problem) durch N >= 1 Städte auf N! verschiedene Rundreisen und ist daher mit einem gewöhnlichen Backtracking-Verfahren (vgl. "Labyrint", 5.1) wegen der zu erwartenden langen Laufzeiten (vgl. Zeitabschätzung in "TowHanoi", 0.2.2) nur für etwa N<20 exakt lösbar.

Das Backtracking-Verfahren in "TravSale" ist etwas modifiziert, da nur Rundreisen fortgesetzt werden (branch and bound), deren bis zur gegenwärtigen Stadt First zurückgelegte Weglänge Part auch bei vorherberechenbarer minimaler Fortsetzung um MinRest nicht länger wird als die gegenwärtig minimale Weglänge Len .

```
/*************************** TravSale ****************************/
/*  Travelling Salesman: Kuerzeste Rundreise durch N>=1 Staedte */
/*                           Startweg  Way(0)..Way(Start)..Way(N-1) */
/****************************************************************/

#include <CtoAda.h>
#include    <math.h>

#define  Start 6
#define  N      16
INT      Town  ARRAY_(N)_(2);
NAT      Way   ARRAY_(N)    ,Change,Last=LAST(Town);
FLOAT    D     ARRAY_(N)_(N),Part,Rest,Len,
         MinD  ARRAY_(N)    ,MinRest,
         One   =1.0-100.0*FLOAT_EPSILON;

#define ChangeWay(l,r)                                         ??/
    Change=Way _(l);Way _(l)=Way _(r);Way _(r)=Change
#define BoundWay(First) Part=0.0;                              ??/
    FOR(i,0,First-1)    Part+=D _(Way _(i))_(Way _(i+1 ));     ??/
    ENDFOR;             Rest =D _(Way _(0))_(Way _(Last));     ??/
    FOR(i,First,Last)            IF    i    <       Last THEN  ??/
                        Rest+=D _(Way _(i))_(Way _(i+1 ));ENDIF;??/
                            IF First==i     AND   i<Last THEN  ??/
                MinD _(i)=D _(Way _(i))_(Way _(i+1 ));ELSE     ??/
                MinD _(i)=D _(Way _(i))_(Way _(0   ));ENDIF;??/
     FOR(j,First,Last)     IF     i     !=    j        THEN    ??/
     MinD _(i)=MIN(MinD _(i),D _(Way _(i))_(Way _(j  )));ENDIF;??/
    ENDFOR;ENDFOR;    MinRest =0.0;                            ??/
    FOR(i,First,Last) MinRest+=MinD _(i);ENDFOR
#define PutWay                                                 ??/
    PUT("Way=(");           PUT_NAT(Way _(0));                 ??/
    FOR(i,1,Last) PUT(",");PUT_NAT(Way _(i));ENDFOR;           ??/
    PUT("), Len=");Len=Part+Rest;PUT2_FLOAT(Len,5,1);NEW_LINE
#define GetWay                                                 ??/
    FOR(i,0,Last)                                              ??/
    PUT1_INT(i,2);PUT("/");PUT_INT(N);PUT(" Town INT x y :");??/
    FOR(j,0,1) GET_INT(Town _(i)_(j));ENDFOR;SKIP_LINE;        ??/
    ENDFOR;PUT("Start-Way  NAT " );PUT1_NAT(N,2);PUT("* :");   ??/
    FOR(i,0,Last) GET_NAT(Way _(i));ENDFOR;NEW_LINE;           ??/
    FOR(i,0,Last) FOR(j,0,Last)                                ??/
    D _(i)_(j)=sqrt(SQ(Town _(i)_(0)-Town _(j)_(0))            ??/
               +SQ(Town _(i)_(1)-Town _(j)_(1)));              ??/
    ENDFOR;ENDFOR;BoundWay(Start);PutWay

VOID BackTrack(NAT First)
    BEGIN
       FOR(Next,First,Last)
          ChangeWay(First,Next);          BoundWay (First  );
          IF (Part+   Rest)/Len<One THEN PutWay              ;ENDIF;
          IF (Part+MinRest)/Len<One THEN BackTrack(First+1);ENDIF;
          ChangeWay(First,Next);
       ENDFOR;
    END;

VOID MAIN(VOID) BEGIN GetWay;BackTrack(Start);END;

/*********************** End TravSale ***********************/
```

Output	Input
0/16 Town INT x y :	25 69 Kiel
1/16 Town INT x y :	33 61 Schwerin
2/16 Town INT x y :	24 60 Hamburg
3/16 Town INT x y :	17 56 Bremen
4/16 Town INT x y :	46 49 Berlin
5/16 Town INT x y :	22 48 Hannover
6/16 Town INT x y :	44 47 Potsdam
7/16 Town INT x y :	34 45 Magdeburg
8/16 Town INT x y :	01 37 Duesseldorf
9/16 Town INT x y :	49 33 Dresden
10/16 Town INT x y :	30 32 Erfurt
11/16 Town INT x y :	10 23 Wiesbaden
12/16 Town INT x y :	09 22 Mainz
13/16 Town INT x y :	00 14 Saarbruecken
14/16 Town INT x y :	16 08 Stuttgart
15/16 Town INT x y :	32 00 Muenchen
Start-Way NAT 16* :	1 0 2 3 5 8 11 12 13 14 15 10 9 7 6 4

```
Way=(1,0,2,3,5,8,11,12,13,14,15,10,9,7,6,4), Len=227.7
Way=(1,0,2,3,5,8,11,12,13,14,15,10,9,6,4,7), Len=224.1
Way=(1,0,2,3,5,8,11,12,13,14,15,10,9,4,6,7), Len=223.1
```

In unserem Beispiel führt die Rundreise durch die $N=16$ Hauptstädte der Bundesländer Deutschlands, die in ebener Projektion mit Luftlinien-Abständen Koordinaten in 10 km Einheiten eingegeben werden. Die eingegebene erste Rundreise führt durch 1 Schwerin, 0 Kiel, 2 Hamburg, 3 Bremen, 5 Hannover, 8 Duesseldorf, 11 Wiesbaden, 12 Mainz, 13 Saarbruecken, 14 Stuttgart, 15 Muenchen, 10 Erfurt, 9 Dresden, 7 Magdeburg, 6 Potsdam, 4 Berlin, Länge = 2277 km.

Der Leser möge sich durch Probelauf auf einem Personalcomputer davon überzeugen, daß bereits diese Anzahl $N=16$ zu groß ist für die volständige Durchrechnung des Backtrackings mit Start=1, d.h. man legt nur die erste Stadt Way _(0) = 1 Schwerin fest (ohne Beschränkung der Allgemeinheit, effektiv $N=15$).

Legt man jedoch mit Start=6 die ersten 6 Städte Schwerin, Kiel, Hamburg, Bremen, Hannover, Düsseldorf fest, so ergibt die vollständige Durchrechnung des Backtrackings in einigen Sekunden die resultierende kürzeste Rundreise durch folgende Städte 1 Schwerin, 0 Kiel, 2 Hamburg, 3 Bremen, 5 Hannover, 8 Duesseldorf, 11 Wiesbaden, 12 Mainz, 13 Saarbruecken, 14 Stuttgart, 15 Muenchen, 10 Erfurt, 9 Dresden, 4 Berlin, 6 Potsdam, 7 Magdeburg, Länge = 2231 km.

Ungelöst ist das Problem, ob überhaupt exakte Lösungsverfahren mit einer Potenz von N, d.h. wesentlich weniger als N! Schritten angebbar sind. In der Informatik glaubt man an die "Unlösbarkeit" und empfiehlt statt dessen z.B. eine "Näherungslösung", die in $N*N*log2(N)$ Schritten höchstens die doppelte Rundreise-Länge liefert: Man beginne mit $N=1$ und füge iterativ jeweils eine so auszuwählende neue Stadt zwischen zwei so auszuwählende aufeinanderfolgende Städte ein, daß die Rundreise-Länge nur minimal anwächst.

Es erscheint kurios, daß der menschliche Betrachter bei diesem für den Computer exakt unlösbaren Problem der Deutschland-Rundreise (effektiv $N=15$) die exakte Lösung "offenbar sofort sieht".

Beim Programm "TravSale" fällt besonders auf, daß die meisten "Programmteile" als "Makros" (siehe 10.2), wie z.B. ChangeWay, BoundWay, PutWay, GetWay, und nicht als "Unterprogramme"(siehe 7), wie z.B. BackTrack, MAIN, geschrieben wurden.

"Makro-Schreibweise" ist bezüglich der Direktive kürzer als die entsprechende Unterprogramm - Vereinbarung, verkürzt die Programm-Laufzeit wegen entfallender Unterprogrammaufruf- und Parameter-übergabe-Zeiten, verlängert aber den Programm-Text durch Makro-Expansion, und empfiehlt sich daher nur für

- Programmteile, die nicht so oft im Programm vorkommen, z.B.

          ChangeWay(First,Next)
          BoundWay(First)
          PutWay, GetWay

"Unterprogramm-Schreibweise" ist bezüglich der Unterprogramm-Vereinbarung übersichtlicher (z.B. wäre Change als Unterprogramm besser lesbar) als die entsprechende Direktive und darüber hinaus unverzichtbar für

- das Hauptprogramm

          MAIN

- Programmteile, die rekursiv aufgerufen werden, z.B.

          VOID BackTrack(NAT First)

- Echte Funktionen (nicht VOID Resultat), zu deren Berechnung echte Anweisungen (z.B. FOR-Schleife) erforderlich sind, z.B. die ggf. zu schreibende Funktion

          FLOAT Part(NAT First)

10.5   Sonstige Präprozessor-Direktiven

Sonstige Präprozessor-Direktiven sind aus dem Syntaxschema A.1 (vgl. 10) und den dortigen Anmerkungen zu entnehmen:

Mit #if oder #ifdef oder #ifndef beginnen konditionale Inklusionen (bedingter Anschluß, bedingtes Einbinden, englisch conditional inclusion), die z.B. in CtoAda.h (A.3.1) Verwendung finden.

Mit #pragma beginnen Pragmas, die in 0.3.4 besprochen wurden.

Mit #error beginnen diagnostische Fehler-Meldungen auf die automatisch eröffnete Standard-Text-Datei stderr (8.1).

Mit #line beginnt Zeilenkontrolle (englisch line control) für Fehlernachrichten, mit der man die Zeilennumerierung neu setzen (digit-sequence) sowie Dateinamen ändern kann (source-file-name).

Nur aus # besteht eine Null-Direktive, die keinen Effekt hat.

10.6 Testfragen

zu	Frage	abdeckbare Antwort

---

10   Sind folgende Kommentare zulässig?
(jeweils nur eine Direktive betrachten)

`/**/#/**/define/**/PI/**/=/**/3.14/**/`   →   ja, werden space

```
#de/**/fine    P/**/I=     3.14
#     define   PI    =     3/**/.14
```
nein,in identifier
nein,in constant

10.1   Sind folgende Zwischenräume zulässig?
(jeweils nur eine Direktive betrachten)

```
#define        PI = 3.14
# define       PI=3.14
```
ja
ja

10.2   Was ergeben die folgenden Expansionen
(jeweils nur eine Direktive betrachten)

```
#define F(x) (x+x)
#define F(x) (x)+x
#define F (x)+
```
`x=1;y=(2+2)*3;`
`x=1;y=(2)+2*3;`
`x=1;y=(x)+(2)*3;`

für den nachfolgenden Programm-Text?

`x=1;y=F(2)*3;`

10.3   Bleiben ablauffähige Programme mit   ja

   `#include <CtoAda.h>`

auch ablauffähig mit

   `#include "CtoAda.h"`
                                              ?

10.4   Welche neue Stadt D,E wird zwischen
welchen alten Städten A,B,C nach dem
erwähnten (nicht exakten) Näherungs-
verfahren in die Reise aufgenommen?

Hinzunahme von D :
```
   + AD=        1
   + CD=sqrt(2)
   - AC=        1
```
```
   +            1.41
```
Hinzunahme von E :
```
   + BE=        1
   + CE=        2
   - BC=sqrt(5)
```
```
   +            0.76
```
d.h. E zwischen B C
in Reise aufnehmen

```
      ^
      |
  1 — |     C*              E
      |     * ***
      |     *      ***
      |     *          ***
      |     *            **
  0   D————A*************B—>
      |
      0     1      2      3
```

10.5   Was bewirkt eine Programmzeile
`#`
                                          ?   nichts,
                                              Null-Direktive

A   ANHANG

A.1   SYNTAX-DIAGRAMME (Feldmann)

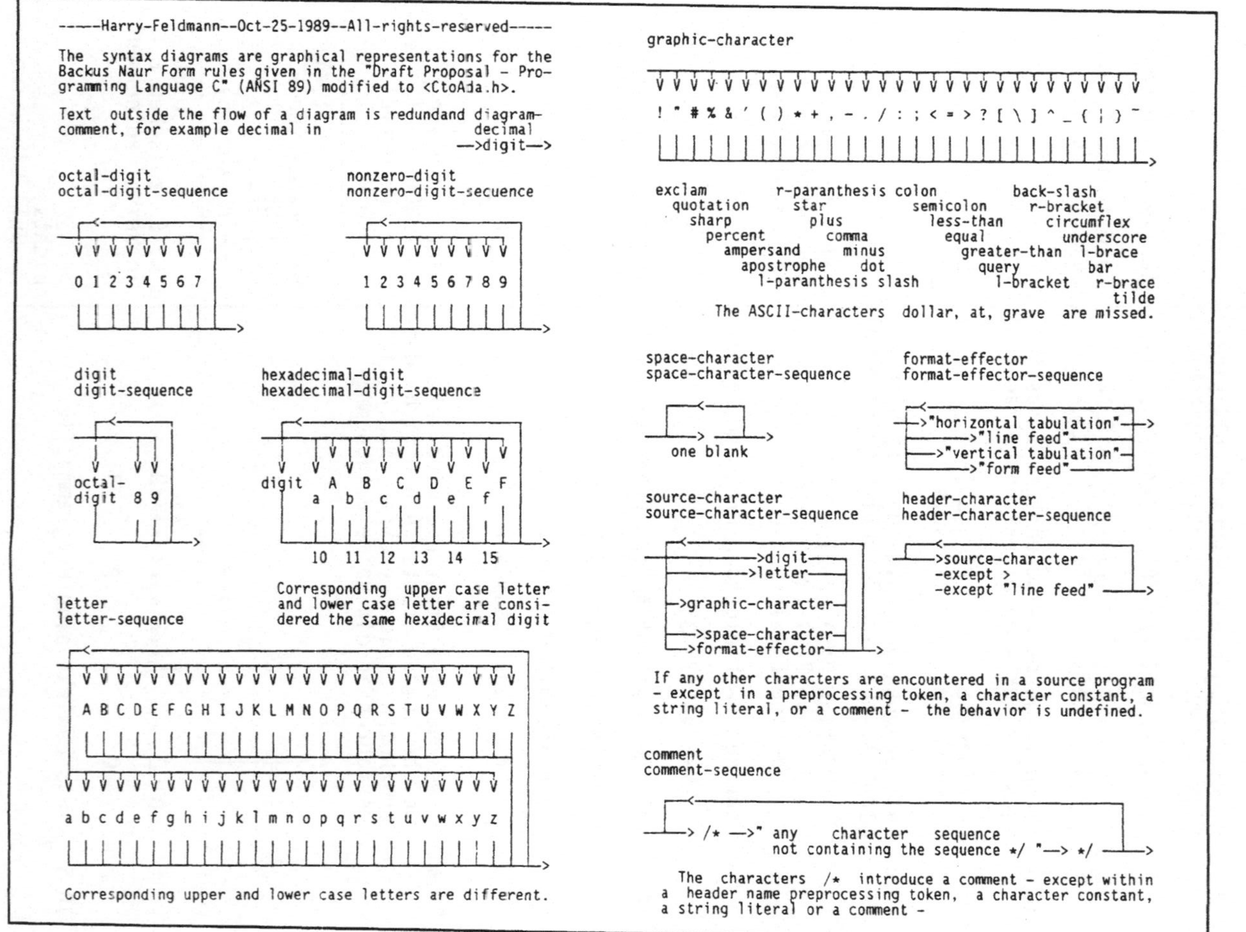

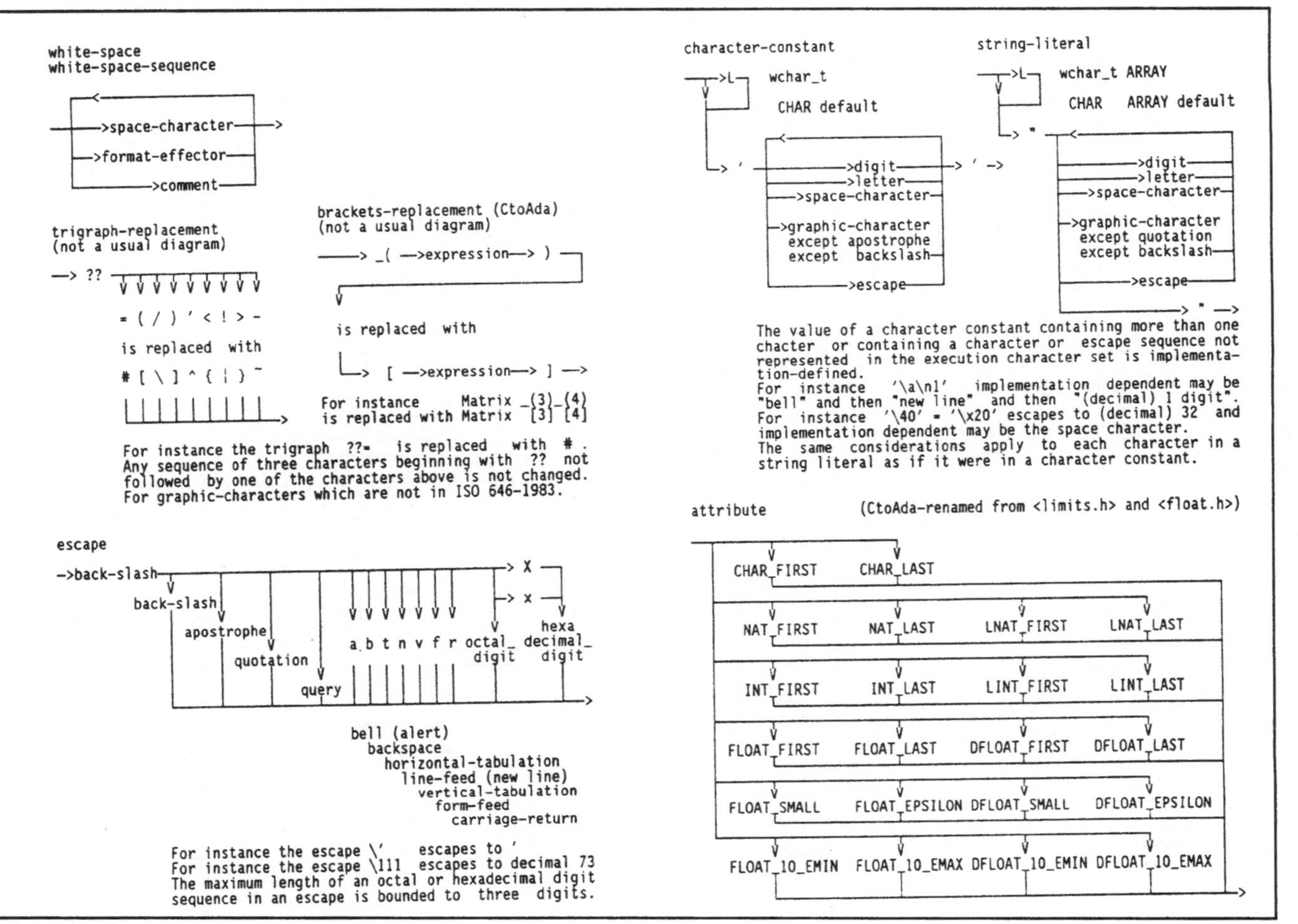

white-space
white-space-sequence
>space-character
>format-effector
>comment

trigraph-replacement
(not a usual diagram)
--> ??
= (/) ' < ! > -
is replaced with
[\ ] ^ { | } ~

brackets-replacement (CtoAda)
(not a usual diagram)
--> _(-->expression-->)
is replaced with
--> [-->expression-->] -->
For instance   Matrix _{3}_{4}
is replaced with Matrix [3] [4]

For instance the trigraph ??= is replaced with # .
Any sequence of three characters beginning with ?? not
followed by one of the characters above is not changed.
For graphic-characters which are not in ISO 646-1983.

escape
-->back-slash
back-slash
apostrophe
quotation
query
a b t n v f r octal_digit hexa decimal_digit
> X
> x
bell (alert)
backspace
horizontal-tabulation
line-feed (new line)
vertical-tabulation
form-feed
carriage-return

For instance the escape \' escapes to '
For instance the escape \111 escapes to decimal 73
The maximum length of an octal or hexadecimal digit
sequence in an escape is bounded to three digits.

character-constant
>L wchar_t
CHAR default
' >digit >letter >space-character >graphic-character except apostrophe except backslash >escape ' -->

string-literal
>L wchar_t ARRAY
CHAR ARRAY default
" >digit >letter >space-character >graphic-character except quotation except backslash >escape " -->

The value of a character constant containing more than one
chacter or containing a character or escape sequence not
represented in the execution character set is implementation-defined.
For instance '\a\nl' implementation dependent may be
"bell" and then "new line" and then "(decimal) 1 digit".
For instance '\40' = '\x20' escapes to (decimal) 32 and
implementation dependent may be the space character.
The same considerations apply to each character in a
string literal as if it were in a character constant.

attribute   (CtoAda-renamed from <limits.h> and <float.h>)
CHAR_FIRST CHAR_LAST
NAT_FIRST NAT_LAST LNAT_FIRST LNAT_LAST
INT_FIRST INT_LAST LINT_FIRST LINT_LAST
FLOAT_FIRST FLOAT_LAST DFLOAT_FIRST DFLOAT_LAST
FLOAT_SMALL FLOAT_EPSILON DFLOAT_SMALL DFLOAT_EPSILON
FLOAT_10_EMIN FLOAT_10_EMAX DFLOAT_10_EMIN DFLOAT_10_EMAX

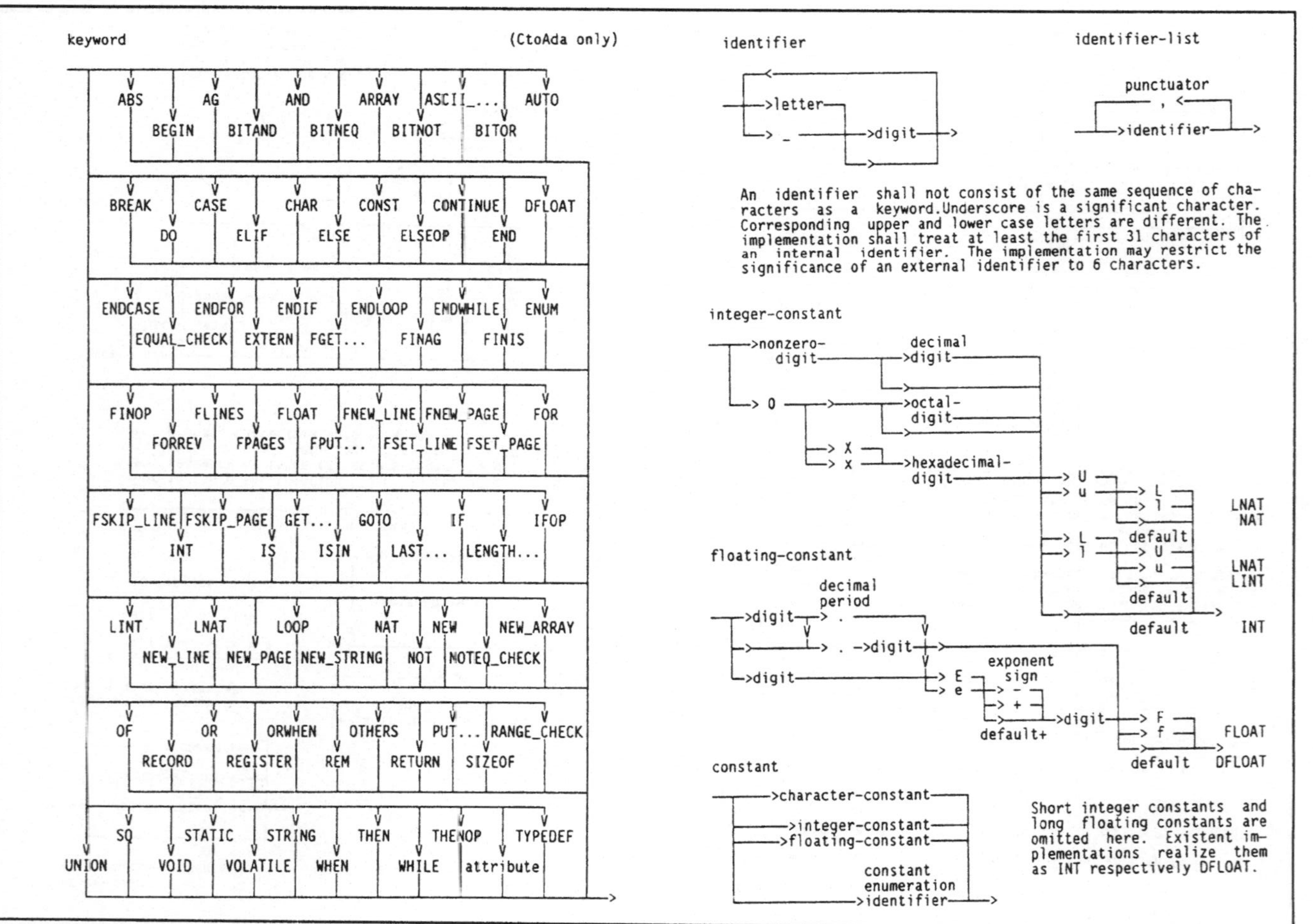

keyword   (CtoAda only)
ABS   AG   AND   ARRAY   ASCII_...   AUTO
     BEGIN   BITAND   BITNEQ   BITNOT   BITOR
BREAK   CASE   CHAR   CONST   CONTINUE   DFLOAT
     DO   ELIF   ELSE   ELSEOP   END
ENDCASE   ENDFOR   ENDIF   ENDLOOP   ENDWHILE   ENUM
     EQUAL_CHECK   EXTERN   FGET...   FINAG   FINIS
FINOP   FLINES   FLOAT   FNEW_LINE FNEW_PAGE   FOR
     FORREV   FPAGES   FPUT...   FSET_LINE FSET_PAGE
FSKIP_LINE FSKIP_PAGE GET...   GOTO   IF   IFOP
     INT   IS   ISIN   LAST...   LENGTH...
LINT   LNAT   LOOP   NAT   NEW   NEW_ARRAY
     NEW_LINE NEW_PAGE NEW_STRING NOT   NOTEQ_CHECK
OF   OR   ORWHEN   OTHERS   PUT...   RANGE_CHECK
     RECORD   REGISTER REM   RETURN   SIZEOF
     SQ   STATIC   STRING   THEN   THENOP   TYPEDEF
UNION   VOID   VOLATILE WHEN   WHILE   attribute

identifier
letter
_
digit

identifier-list
punctuator
,
identifier

An identifier shall not consist of the same sequence of characters as a keyword. Underscore is a significant character.
Corresponding upper and lower case letters are different. The
implementation shall treat at least the first 31 characters of
an internal identifier. The implementation may restrict the
significance of an external identifier to 6 characters.

integer-constant
nonzero-digit
decimal digit
0
octal-digit
X
x
hexadecimal-digit
U
u
L
l
LNAT
NAT
L
l
default
U
u
LNAT
LINT
default
default
INT

floating-constant
digit
decimal period
.
. digit
digit
E
e
exponent sign
-
+
default+
digit
F
f
FLOAT
default
DFLOAT

constant
character-constant
integer-constant
floating-constant
constant enumeration
identifier

Short integer constants and
long floating constants are
omitted here. Existent im-
plementations realize them
as INT respectively DFLOAT.

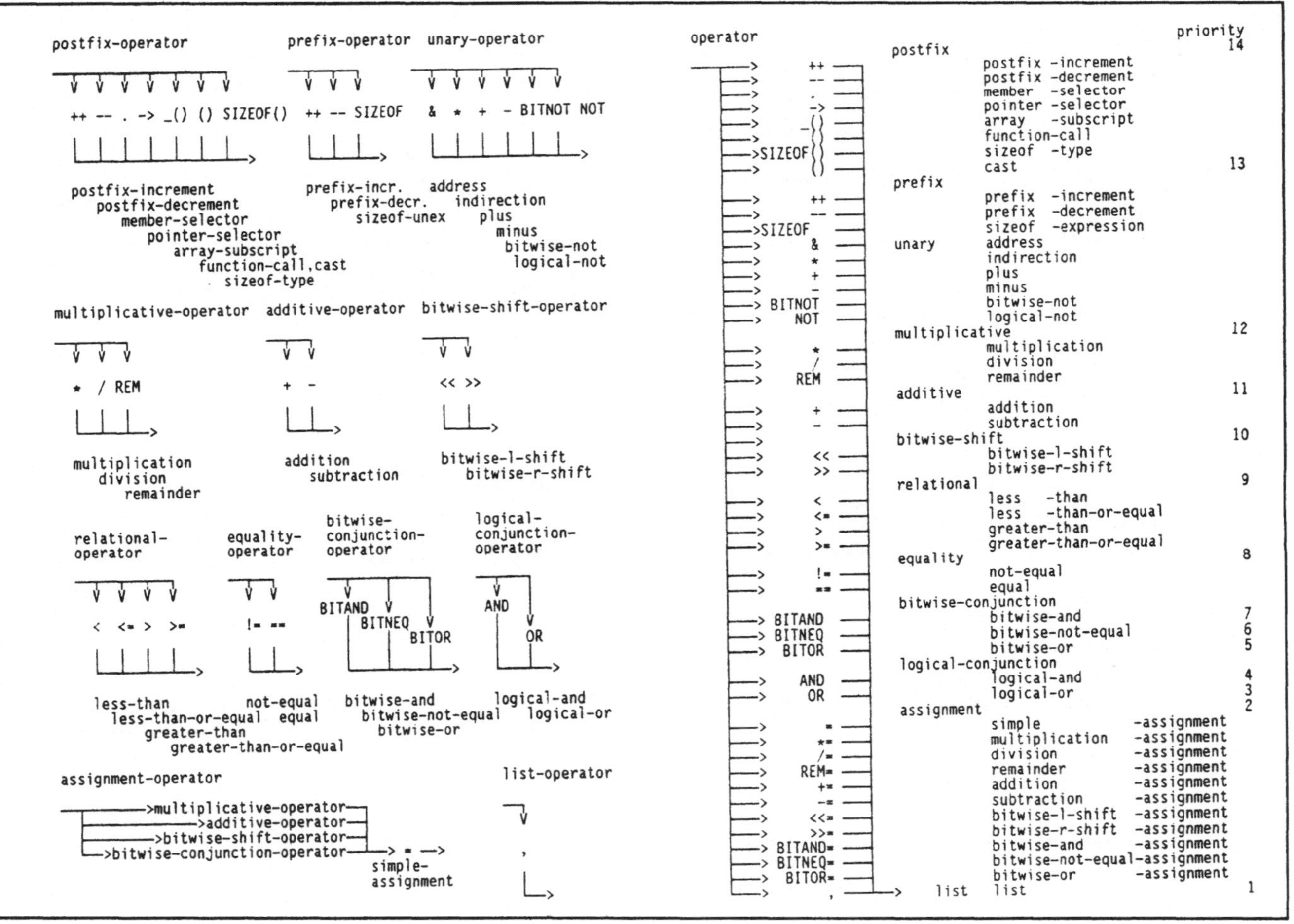

postfix-operator
prefix-operator
unary-operator
++ -- . -> _() () SIZEOF()   ++ -- SIZEOF   & * + - BITNOT NOT
postfix-increment
postfix-decrement
member-selector
pointer-selector
array-subscript
function-call,cast
sizeof-type
prefix-incr.   address
prefix-decr.   indirection
sizeof-unex   plus
minus
bitwise-not
logical-not
multiplicative-operator   additive-operator   bitwise-shift-operator
* / REM   + -   << >>
multiplication   addition   bitwise-l-shift
division   subtraction   bitwise-r-shift
remainder
relational-operator   equality-operator   bitwise-conjunction-operator   logical-conjunction-operator
< <= > >=   != ==   BITAND BITNEQ BITOR   AND OR
less-than   not-equal   bitwise-and   logical-and
less-than-or-equal   equal   bitwise-not-equal   logical-or
greater-than   bitwise-or
greater-than-or-equal
assignment-operator   list-operator
>multiplicative-operator
>additive-operator
>bitwise-shift-operator
>bitwise-conjunction-operator
> = ->
simple-assignment
,
operator   priority
14
postfix
++   postfix -increment
--   postfix -decrement
.   member -selector
->   pointer -selector
-{}   array -subscript
function-call
>SIZEOF{}   sizeof -type
()   cast   13
prefix
++   prefix -increment
--   prefix -decrement
>SIZEOF   sizeof -expression
&   unary   address
*   indirection
+   plus
-    minus
BITNOT   bitwise-not
NOT   logical-not
multiplicative   12
*   multiplication
/   division
REM   remainder
additive   11
+   addition
-    subtraction
bitwise-shift   10
<<   bitwise-l-shift
>>   bitwise-r-shift
relational   9
<   less -than
<=   less -than-or-equal
>   greater-than
>=   greater-than-or-equal
equality   8
!=   not-equal
==   equal
bitwise-conjunction
BITAND   bitwise-and   7
BITNEQ   bitwise-not-equal   6
BITOR   bitwise-or   5
logical-conjunction
AND   logical-and   4
OR   logical-or   3
2
assignment
=   simple -assignment
*=   multiplication -assignment
/=   division -assignment
REM=   remainder -assignment
+=   addition -assignment
-=   subtraction -assignment
<<=   bitwise-l-shift -assignment
>>=   bitwise-r-shift -assignment
BITAND=   bitwise-and -assignment
BITNEQ=   bitwise-not-equal-assignment
BITOR=   bitwise-or -assignment
,   list   list   1

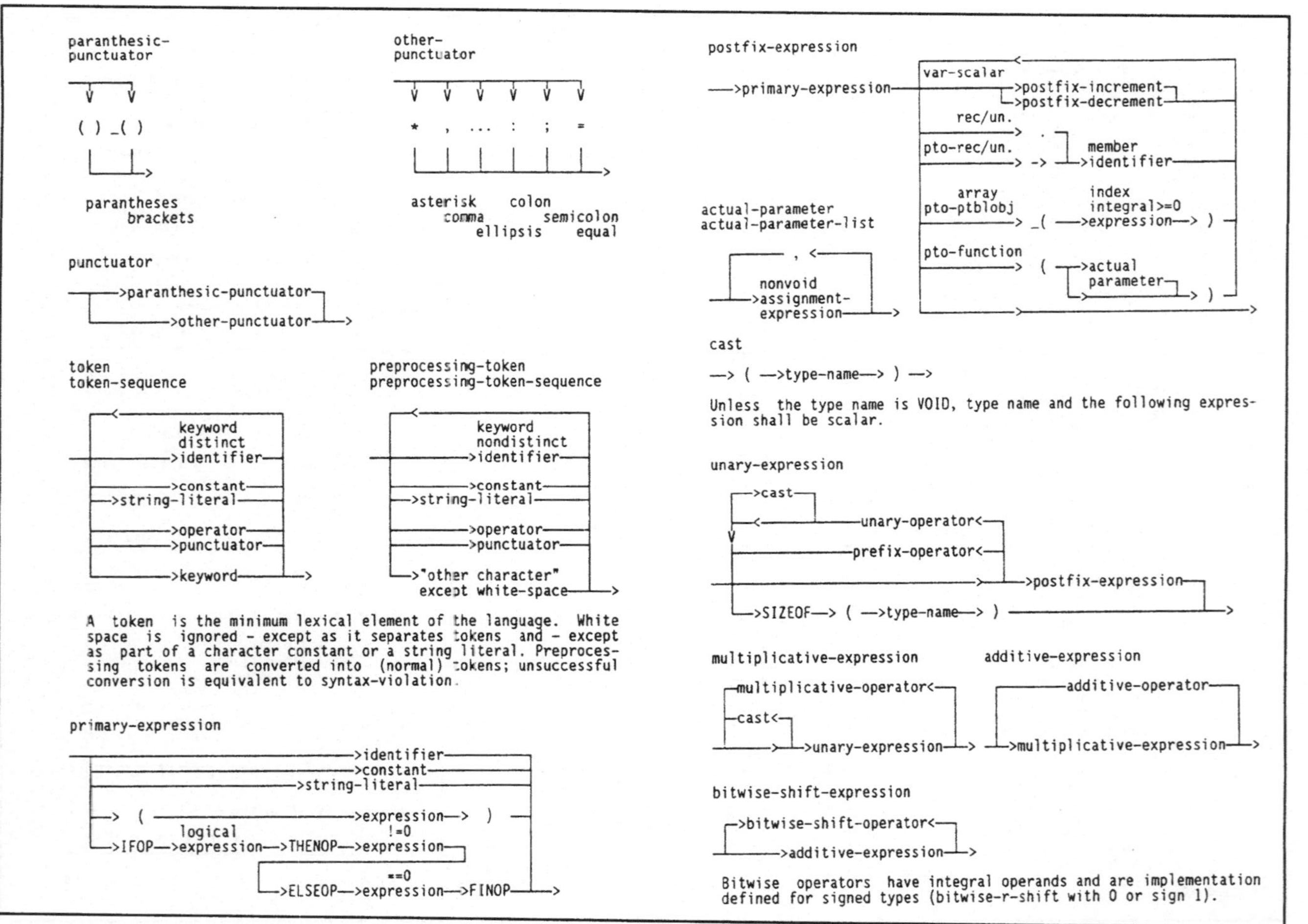
paranthesic-punctuator
( ) _( )
paranthesen
brackets

other-punctuator
* , ... : ; =
asterisk colon
comma semicolon
ellipsis equal

punctuator
>paranthesic-punctuator
>other-punctuator

postfix-expression
>primary-expression
var-scalar
>postfix-increment
>postfix-decrement
rec/un.
pto-rec/un.
member
>identifier
array
pto-ptblobj
index
integral>=0
>expression)
pto-function
>actual parameter)

actual-parameter
actual-parameter-list
nonvoid
>assignment-expression

cast
—> (—>type-name—>) —>
Unless the type name is VOID, type name and the following expression shall be scalar.

unary-expression
>cast
unary-operator<
prefix-operator<
>postfix-expression
>SIZEOF—> (—>type-name—>)

multiplicative-expression
multiplicative-operator<
cast<
>unary-expression

additive-expression
additive-operator
>multiplicative-expression

bitwise-shift-expression
>bitwise-shift-operator<
>additive-expression

Bitwise operators have integral operands and are implementation defined for signed types (bitwise-r-shift with 0 or sign 1).

token
token-sequence
keyword
distinct
>identifier
>constant
>string-literal
>operator
>punctuator
>keyword

preprocessing-token
preprocessing-token-sequence
keyword
nondistinct
>identifier
>constant
>string-literal
>operator
>punctuator
>"other character"
except white-space

A token is the minimum lexical element of the language. White space is ignored - except as it separates tokens and - except as part of a character constant or a string literal. Preprocessing tokens are converted into (normal) tokens; unsuccessful conversion is equivalent to syntax-violation.

primary-expression
>identifier
>constant
>string-literal
(>expression)
logical
!=0
>IFOP—>expression—>THENOP—>expression
==0
>ELSEOP—>expression—>FINOP

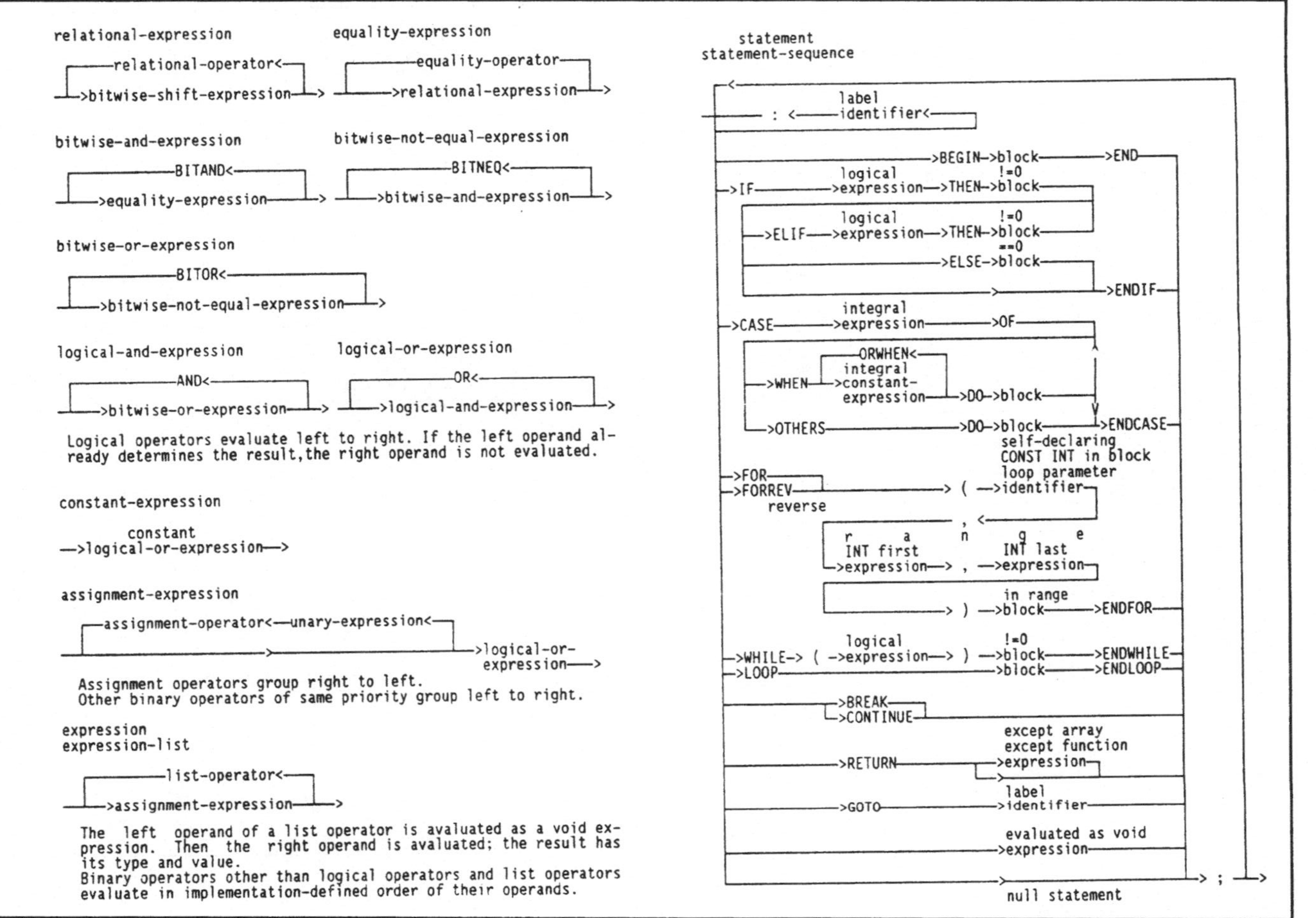
relational-expression
relational-operator<
>bitwise-shift-expression>

equality-expression
equality-operator
>relational-expression>

bitwise-and-expression
BITAND<
>equality-expression>

bitwise-not-equal-expression
BITNEQ<
>bitwise-and-expression>

bitwise-or-expression
BITOR<
>bitwise-not-equal-expression>

logical-and-expression
AND<
>bitwise-or-expression>

logical-or-expression
OR<
>logical-and-expression>

Logical operators evaluate left to right. If the left operand al-
ready determines the result, the right operand is not evaluated.

constant-expression
constant
->logical-or-expression->

assignment-expression
assignment-operator<unary-expression<
>logical-or-
expression>

Assignment operators group right to left.
Other binary operators of same priority group left to right.

expression
expression-list
list-operator<
>assignment-expression>

The left operand of a list operator is avaluated as a void expression. Then the right operand is avaluated; the result has
its type and value.
Binary operators other than logical operators and list operators
evaluate in implementation-defined order of their operands.

statement
statement-sequence

label
: < identifier<

>IF
logical
>expression->THEN->block
>BEGIN->block->END
!=0
>ELIF->expression->THEN->block
logical
!=0
==0
>ELSE->block
>ENDIF

>CASE
integral
>expression->OF
ORWHEN<
>WHEN
integral
>constant-
expression->DO->block
>OTHERS->DO->block->ENDCASE
self-declaring
CONST INT in block
loop parameter

>FOR
>FORREV
reverse
> (->identifier
r a n g e
INT first   INT last
>expression-> , >expression
in range
>) ->block->ENDFOR

>WHILE-> (->expression->)
logical
!=0
>block->ENDWHILE
>LOOP->block->ENDLOOP

>BREAK
>CONTINUE

>RETURN
except array
except function
>expression
>GOTO
label
>identifier
evaluated as void
>expression
> ; >
null statement

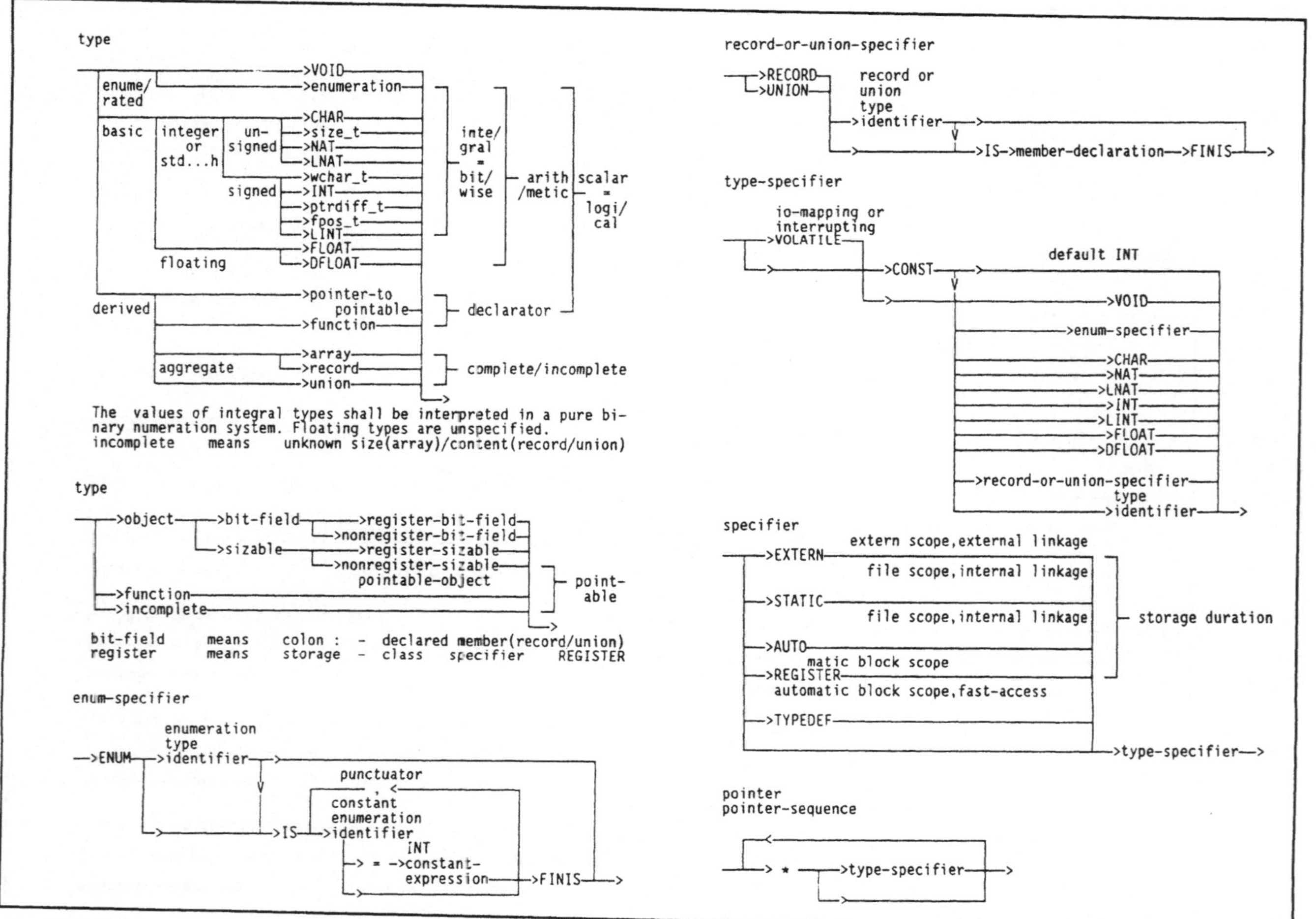

type
enume/
rated
>VOID
>enumeration
basic
integer
or
std...h
un-
signed
>CHAR
>size_t
>NAT
>LNAT
signed
>wchar_t
>INT
>ptrdiff_t
>fpos_t
>LINT
floating
>FLOAT
>DFLOAT
inte/
gral
=
bit/
wise
arith
/metic
scalar
=
logi/
cal
derived
>pointer-to
pointable
>function
declarator
aggregate
>array
>record
>union
complete/incomplete

The values of integral types shall be interpreted in a pure binary numeration system. Floating types are unspecified.
incomplete means unknown size(array)/content(record/union)

type
>object
>bit-field
>register-bit-field
>nonregister-bit-field
>sizable
>register-sizable
>nonregister-sizable
pointable-object
>function
>incomplete
point-
able

bit-field means colon : - declared member(record/union)
register means storage - class specifier REGISTER

enum-specifier
enumeration
type
>ENUM
>identifier
>IS
punctuator
,
constant
enumeration
>identifier
INT
> = ->constant-
expression
>FINIS

record-or-union-specifier
>RECORD
>UNION
record or
union
type
>identifier
>IS->member-declaration-->FINIS

type-specifier
io-mapping or
interrupting
>VOLATILE
>CONST
default INT
>VOID
>enum-specifier
>CHAR
>NAT
>LNAT
>INT
>LINT
>FLOAT
>DFLOAT
>record-or-union-specifier
type
>identifier

specifier
>EXTERN
extern scope,external linkage
file scope,internal linkage
>STATIC
file scope,internal linkage
>AUTO
matic block scope
>REGISTER
automatic block scope,fast-access
>TYPEDEF
storage duration
>type-specifier->

pointer
pointer-sequence
> * >type-specifier->

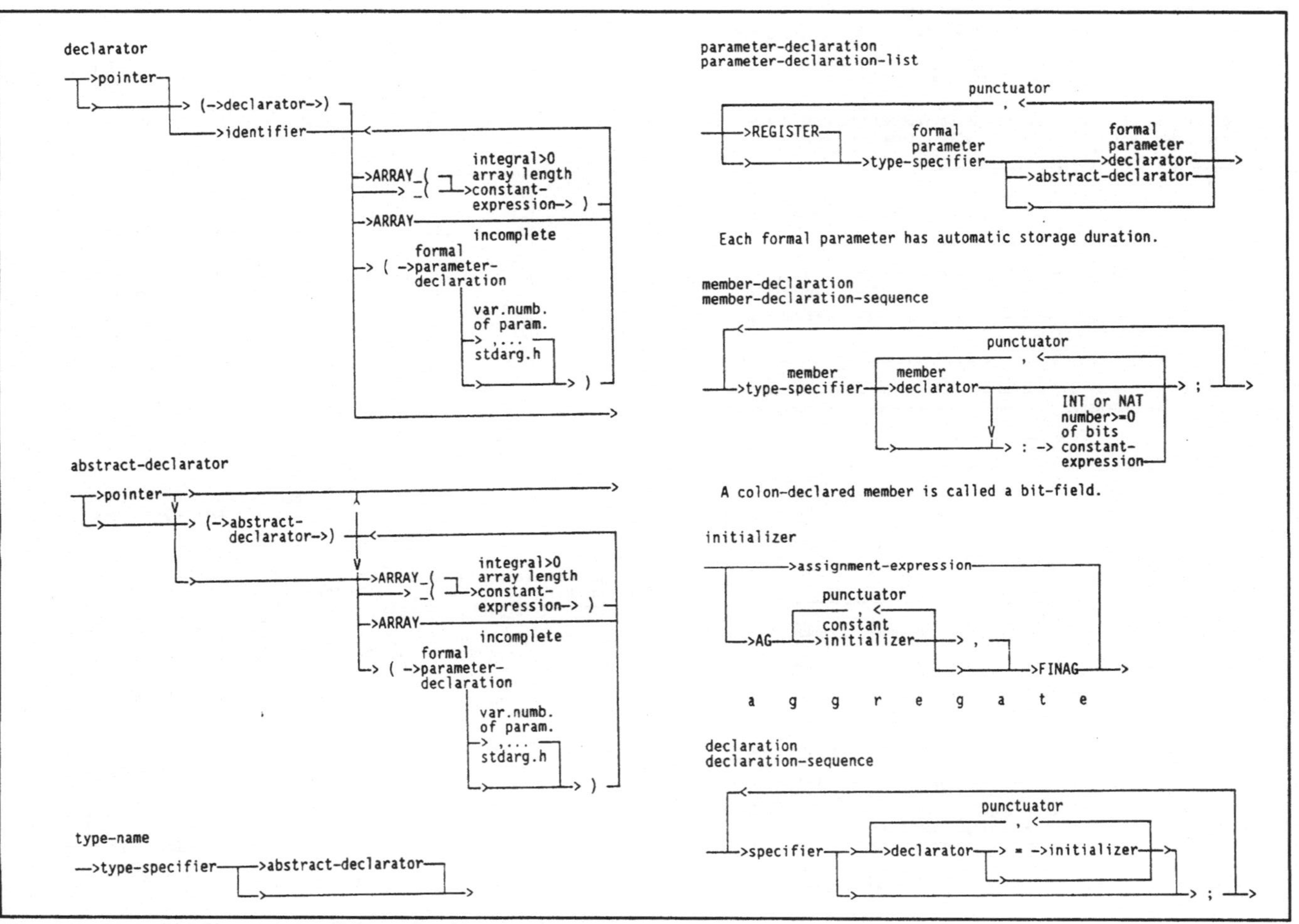

declarator
pointer
(->declarator->)
identifier
ARRAY_{ integral>0 array length
constant-expression->)
ARRAY
incomplete
formal (->parameter-declaration
var.numb. of param.
,... stdarg.h
)

abstract-declarator
pointer
(->abstract-declarator->)
ARRAY_{ integral>0 array length
constant-expression->)
ARRAY
incomplete
formal (->parameter-declaration
var.numb. of param.
,... stdarg.h
)

type-name
->type-specifier
->abstract-declarator

parameter-declaration
parameter-declaration-list
punctuator
, <
REGISTER
formal parameter type-specifier
formal parameter declarator
abstract-declarator

Each formal parameter has automatic storage duration.

member-declaration
member-declaration-sequence
punctuator
, <
member type-specifier
member declarator
INT or NAT number>=0 of bits
: -> constant-expression
;

A colon-declared member is called a bit-field.

initializer
assignment-expression
punctuator
, <
AG
constant initializer
, FINAG
a g g r e g a t e

declaration
declaration-sequence
punctuator
, <
specifier
declarator -> = ->initializer
;

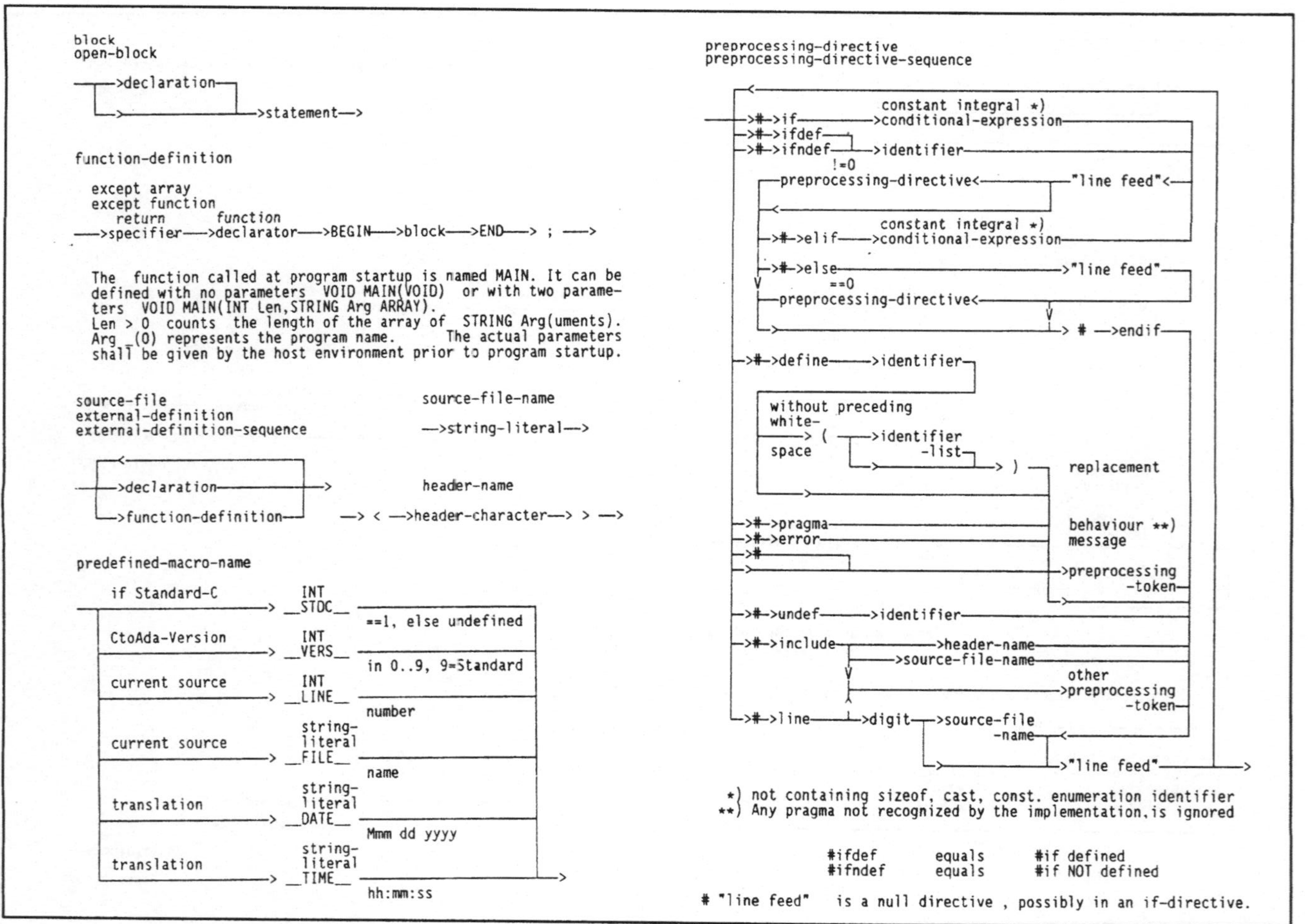

block
open-block
>declaration
>statement>

function-definition
except array
except function
return   function
>specifier >declarator >BEGIN >block >END> ; >

The function called at program startup is named MAIN. It can be
defined with no parameters VOID MAIN(VOID) or with two parameters VOID MAIN(INT Len,STRING Arg ARRAY).
Len > 0 counts the length of the array of STRING Arg(uments).
Arg (0) represents the program name.   The actual parameters
shall be given by the host environment prior to program startup.

source-file
external-definition
external-definition-sequence
>declaration>
>function-definition

source-file-name
>string-literal>

header-name
> < >header-character> > >

predefined-macro-name
if Standard-C   INT __STDC__   ==1, else undefined
CtoAda-Version   INT __VERS__   in 0..9, 9=Standard
current source   INT __LINE__   number
current source   string-literal __FILE__   name
translation   string-literal __DATE__   Mmm dd yyyy
translation   string-literal __TIME__   hh:mm:ss

preprocessing-directive
preprocessing-directive-sequence
>#->if   constant integral *)   >conditional-expression
>#->ifdef
>#->ifndef >identifier
!=0
preprocessing-directive<   "line feed"<
>#->elif   constant integral *)   >conditional-expression
>#->else   >"line feed"
==0
preprocessing-directive<
> # >endif
>#->define >identifier
without preceding white-space
> (>identifier -list >)   replacement
>#->pragma   behaviour **)
>#->error   message
>#
>preprocessing -token
>#->undef >identifier
>#->include >header-name
>source-file-name
other >preprocessing -token
>#->line >digit >source-file -name
>"line feed"

*) not containing sizeof, cast, const. enumeration identifier
**) Any pragma not recognized by the implementation,is ignored

#ifdef   equals   #if defined
#ifndef   equals   #if NOT defined

"line feed" is a null directive , possibly in an if-directive.

A.2 STANDARD-BIBLIOTHEK (Auflistung)

Each of the following standard headers declares and defines only those identifiers listed in its associated section. All external identifiers declared in any of the headers are reserved, whether or not the associated header is included.

Headers may be included in any order; each may be included more than once in a given scope.

The following standard headers are included in <CtoAda.h>:

```
< float.h>
<limits.h>
< stdio.h>
<stdlib.h>
```

A.2.1   <assert.h> Assert Diagnostics

```
void          assert(       ignore   )   if NDEBUG is       defined
void          assert(  int expression);  if NDEBUG is  not defined
directive     NDEBUG                      not defined by <assert.h>
```

A.2.2.   <ctype.h> Character Type Handling

```
int           isalnum( int c);
int           isalpha( int c);
int           iscntrl( int c);
int           isdigit( int c);
int           isgraph( int c);
int           islower( int c);
int           isprint( int c);
int           ispunct( int c);
int           isspace( int c);
int           isupper( int c);
int           isxdigit(int c);
int           tolower( int c);
int           toupper( int c);
```

A.2.3   <errno.h> Error-Indication Numero

```
const int     EDOM          gives value of function domain error
const int     ERANGE        gives value of function range  error
int           errno         stores value of              error
```

A.2.4   <float.h> Floating Type Limits

```
int            DBL_DIG
double         DBL_EPSILON                           positive
int            DBL_MANT_DIG
double         DBL_MAX
int            DBL_MAX_10_EXP
int            DBL_MAX_EXP
double         DBL_MIN                               positive
int            DBL_MIN_10_EXP                        negative
int            DBL_MIN_EXP                           negative
int            FLT_DIG
float          FLT_EPSILON                           positive
int            FLT_MANT_DIG
float          FLT_MAX
int            FLT_MAX_10_EXP
int            FLT_MAX_EXP
float          FLT_MIN                               positive
int            FLT_MIN_10_EXP                        negative
int            FLT_MIN_EXP                           negative
const int      FLT_RADIX                             positive
int            FLT_ROUNDS
int            LDBL_DIG
long double    LDBL_EPSILON                          positive
int            LDBL_MANT_DIG
long double    LDBL_MAX
int            LDBL_MAX_10_EXP
int            LDBL_MAX_EXP
long double    LDBL_MIN                              positive
int            LDBL_MIN_10_EXP                       negative
int            LDBL_MIN_EXP                          negative
```

A.2.5   <limits.h> Limits of Integral Types

```
const int      CHAR_BIT
const char     CHAR_MAX
const char     CHAR_MIN
const int      INT_MAX
const int      INT_MIN
const long     LONG_MAX
const long     LONG_MIN
const int      MB_LEN_MAX
c.sig.char     SCHAR_MAX
c.sig.char     SCHAR_MIN
const short    SHRT_MAX
const short    SHRT_MIN
c.uns.char     UCHAR_MAX
c.uns.int      UINT_MAX
c.uns.long     ULONG_MAX
c.uns.short    USHRT_MAX
```

A.2.6   <locale.h> Locale "C" or Country Formatting

```
struct        lconv:char *decimal_point    ;  locale "C": "."
struct        lconv:char *frac_digits      ;  locale "C": CHAR_MAX
struct        lconv:char *grouping         ;  locale "C": ""
struct        lconv:char *int_curr_symbol  ;  locale "C": ""
struct        lconv:char *int_frac_digits  ;  locale "C": CHAR_MAX
struct        lconv:char *mon_decimal_point;  locale "C": ""
struct        lconv:char *mon_grouping     ;  locale "C": ""
struct        lconv:char *mon_thousands_sep;  locale "C": ""
struct        lconv:char *n_cs_precedes    ;  locale "C": CHAR_MAX
struct        lconv:char *n_sep_by_space   ;  locale "C": CHAR_MAX
struct        lconv:char *n_sign_posn      ;  locale "C": CHAR_MAX
struct        lconv:char *negative_sign    ;  locale "C": ""
struct        lconv:char *p_cs_precedence  ;  locale "C": CHAR_MAX
struct        lconv:char *p_sep_by_space   ;  locale "C": CHAR_MAX
struct        lconv:char *p_sign_posn      ;  locale "C": CHAR_MAX
struct        lconv:char *positive_sign    ;  locale "C": ""
struct        lconv:char *thousands_sep    ;  locale "C": ""

const  int    LC_ALL
const  int    LC_COLLATE
const  int    LC_CTYPE
const  int    LC_MONETARY
const  int    LC_NUMERIC
const  int    LC_TIME
struct lconv *localeconv(void) ;
const         NULL                                    null pointer
char          *setlocale(int category, const char *locale);
```

A.2.7   <math.h> Mathematical Routines

```
double        acos(    double x     );           principal value
double        asin(    double x     );           principal value
double        atan(    double x     );           principal value
double        atan2(   double x     );           principal value
double        ceil(    double x     );  smallest value not less x
double        cos(     double x     );             x in radians
double        cosh(    double x     );
double        exp(     double x     );
double        fabs(    double x     );               absolute x
double        floor(   double x     );  largest value not greater x
double        fmod(    double x   , double  y   );  remainder x/y
double        frexp(   double value, int    *exp );value=frexp2exp
double        HUGE_VAL                                  positive
double        ldexp(   double x   , int     exp );ldexp=    x2exp
double        log(     double x     );              x positive
double        log10(   double x     );              x positive
double        modf(    double value, double *iptr);value=iptr.modf
double        pow(     double x   , double  y   );   e^(log(x)*y)
double        sin(     double x     );             x in radians
double        sinh(    double x     );
double        sqrt(    double x     );               nonnegative
double        tan(     double x     );             x in radians
double        tanh(    double x     );
```

A.2.8   <setjmp.h> Set Non-Local Jumps

```
type          jmp_buf
void          longjmp( jmp_buf env, int val);
int           setjmp ( jmp_buf env);
```

A.2.9   <signal.h> Signal Handling

```
int           raise(   int sig);
type          sig_atomic_t
const int     SIG_DFL                                      positive
const int     SIG_ERR                                      positive
const int     SIG_IGN                                      positive
const int     SIGABRT              "termination  by abort", positive
const int     SIGFPE               "floating  point error", positive
const int     SIGILL               "illegal    instruction", positive
const int     SIGINT               "interactive attention", positive
void          (*signal(  int sig, void (*func)(int)))(int); positive
const int     SIGSEGV              "stor. segm. violation", positive
const int     SIGTERM              "termination    request", positive
```

A.2.10   <stdarg.h> Standard Variable Arguments

```
void          va_arg(  va_list ap, type ); next type* parm  in  ap
void          va_end(  va_list ap);                      end va_arg
type          va_list
void          va_start(va_list ap, parmN); last parmN,start va_arg
```

A.2.11   <stddef.h> Standard Common Definitions

```
const         NULL                                       null pointer
const size_t  offsetof(struct-type, member-designator);
                      member-designator  shall be  static type t,
                      &(t.member-designator) gives address const.
type          ptrdiff_t                       signed integral type
type          size_t                        unsigned integral type
type          wchar_t          "wide character",     integral type
```

A.2.12   <stdio.h> Standard Input/Output

```
const int      _IOFBF                       "fully buffered" setvbuf-mode
const int      _IOLBF                       "line  buffered" setvbuf-mode
const int      _IONBF                       "not   buffered" setvbuf-mode

const char     *"a"    "open    /create,        append text" fopen-mode
const char     *"a+"   "open    /create,read/append text" fopen-mode
const char     *"ab"   "open    /create,        append bin." fopen-mode
const char     *"ab+"  "open    /create,read/append bin." fopen-mode

const char     *"r"    "open              ,read          text" fopen-mode
const char     *"r+"   "open              ,read/write text" fopen-mode
const char     *"rb"   "open              ,read          bin." fopen-mode
const char     *"rb+"  "open              ,read/write bin." fopen-mode

const char     *"w"    "truncate/create,        write text" fopen-mode
const char     *"w+"   "truncate/create,read/write text" fopen-mode
const char     *"wb"   "truncate/create,        write bin." fopen-mode
const char     *"wb+"  "truncate/create,read/write bin." fopen-mode

const int      BUFSIZ

void           clearerr(FILE *stream);

const int      EOF                                               negative

int            fclose(  FILE *stream);
int            feof(    FILE *stream);
int            ferror(  FILE *stream);
int            fflush(  FILE *stream);
int            fgetc(   FILE *stream);
int            fgetpos( FILE *stream, fpos_t *pos);
char           *fgets(        char *s, int n, FILE *stream);

type           FILE

const int      FILENAME_MAX                max. file-name length

FILE           *fopen(   const char *filename, const char *mode );

const int      FOPEN_MAX                       max. file number

type           fpos_t

int            fprintf( FILE *stream, const char *format  , ...  );

int            fputc(         int  c, FILE *stream);
int            fputs(   const char *s, FILE *stream);

size_t         fread(         void *ptr, size_t size, size_t nmemb,
                       FILE*stream );

FILE           *freopen( const char *filename, const char *mode ,
                       FILE *stream);

int            fscanf(  FILE *stream, const char *format  , ...  );
```

```
int             fseek(  FILE *stream, long int offset, int whence);
int             fsetpos( FILE *stream, const fpos_t *pos);
long int        ftell(  FILE *stream);

size_t          fwrite(  const void *ptr, size_t size, size_t nmemb,
                         FILE *stream);

int             getc(   FILE *stream);
int             getchar( void      );
char            *gets(   char *s    );

const int       L_tmpnam                    max. tempnam-file name-length

const           NULL                                    null pointer

void            perror(  const char *s);

int             printf(  const char *format, ...);

int             putc(           int   c,FILE *stream);
int             putchar(   .    int   c);

int             puts(    const char *s);

int             remove(  const char *filename);
int             rename(  const char *old, const char *new);

void            rewind(  FILE *stream);

int             scanf(   const char *format, ...);

const int       SEEK_CUR    "current position of file" fseek-whence
const int       SEEK_END    "end     position of file" fseek-whence
const int       SEEK_SET    "begin   position of file" fseek-whence

void            setbuf(  FILE*stream,char*buf);
int             setvbuf( FILE*stream,char*buf,int mode,size_t size);

type            size_t

int             sprintf(        char *s, const char *format, ...);
int             sscanf(  const char *s, const char *format, ...);

FILE            *stderr             pointer to standard error  file
FILE            *stdin              pointer to standard input  file
FILE            *stdout             pointer to standard output file

const int       TMP_MAX             min. unique-file-name number
char            *tmpnam(  char*s);
FILE            *tmpfile( void );

int             ungets(  int  c     ,FILE *stream);

int             vfprintf(FILE*stream,const char*format,va_list arg);

int             vprintf(          const char*format,va_list arg);

int             vsprintf(char*s      ,const char*format,va_list arg);
```

A.2.13   <stdlib.h> Standard Library Utilities

```
void            abort(  void);
int             abs(    int j);

int             atexit( void (*func)(void));
double          atof(   const char *nptr);
int             atoi(   const char *nptr);
long int        atol(   const char *nptr);

void            *bsearch( const void *key, const void *base,
                          size_t nmemb, size_t size,
                          int(*compar)(const void *, const void *));

void            *calloc(  size_t nmemb, size_t size);

div_t           div(    int numer, int denom);
type            div_t

void            exit(   int status);
int             EXIT_FAILURE  "unsuccessful termination" exit-status
int             EXIT_SUCCESS   "successful termination" exit-status

void            free(   void *ptr);
char            *getenv(  const char *name);

long int        labs(   long int j);
type            LC_TYPE   extended current locale multibyte character
ldiv_t          ldiv(   long int numer, long int denom);
type            ldiv_t

void            *malloc(  size_t size);

int             MB_CUR_MAX    current locale bytes-number in LC_CTYPE
int             MB_LEN_MAX    max.            bytes-number in LC-CTYPE
int             mblen(   const char *s, size_t n);
size_t          mbstowcs(wchar_t *pwcs, const char *s, size_t n);
int             mbtowc(  wchar_t *pws , const char *s, size_t n);

const           NULL                                        null pointer
void            qsort(   void *base, size_t nmemb, size_t size,
                         int(*compar)(const void *, const void *));
int             rand(    void);                    pseudo-random integer
int             RAND_MAX                           >= 32767, max. rand

void            *realloc( void *ptr, size_t size);
type            size_t

void            srand(   unsigned int seed);      new rand, 1 default
double          strtod(  const char *nptr, char **endptr);
long int        strtol(  const char *nptr, char **endptr, int base);
unsigned long   strtoul( const char *nptr, char **endptr, int base);
int             system(  const char *string); impldef.command-string

type            wchar_t
size_t          wcstombs(char *s, const wchar_t *pwcs, size_t n);
int             wctomb(  char *s,        wchar_t  wchar);
```

A.2.14   <string.h> String Handling

```
void        *memchr(  const void *s ,          int   c , size_t n);
int         *memcmp(  const void *s1, const void *s2, size_t n);
void        *memcpy(        void *s1, const void *s2, size_t n);
void        *memmove(       void *s1, const void *s2, size_t n);
void        *memset(        void *s ,          int   c , size_t n);
const        NULL                                      null pointer
type         size_t
char        *strcat(        char *s1, const char *s2);
char        *strchr(  const char *s ,          int   c );
int          strcmp(  const char *s1, const char *s2);
int          strcoll( const char *s1, const char *s2);
char        *strcpy(        char *s1, const char *s2);
size_t       strcspn( const char *s1, const char *s2);
char        *strerror(      int   errnum);
size_t       strlen(  const char *s);
char        *strncat(       char *s1, const char *s2, size_t n);
int          strncmp( const char *s1, const char *s2, size_t n);
char        *strncpy(       char *s1, const char *s2, size_t n);
char        *strpbrk( const char *s1, const char *s2);
char        *strrchr( const char *s , int c);
size_t       strspn(  const char *s1, const char *s2);
char         strstr(  const char *s1, const char *s2);
char         strtok(  const char *s1, const char *s2);
size_t       strxfrm( const char *s1, const char *s2, size_t n);
```

A.2.15   <time.h> Time and Date

```
char        *asctime( const struct tm     *timeptr);
int          CLK_TCK                    processor-ticks per second
clock_t      clock(   void); clock()/CLK_TCK seconds since start
type         clock_t
char        *ctime(   const        time_t *timer  );
double       difftime(             time_t  time1, time_t time0);
struct tm   *gmtime(   const       time_t *timer  );
struct tm   *localtime(const       time_t *timer  );
time_t       mktime(          struct tm    *timeptr);
const        NULL                                      null pointer
type         size_t
size_t       strftime(char *s, size_t maxsize, const char*format,
                     const struct tm     *timeptr);

time_t       time(                 time_t *timer  );
type         time_t

struct       tm:int tm_hour ; hours    since       midnight  :0.. 23
struct       tm:int tm_isdst; posit.   if Daylight Saving,0 if not
struct       tm:int tm_mday ; day      of    the month       :1.. 31
struct       tm:int tm_min  ; minutes after the hour         :0.. 59
struct       tm:int tm_mon  ; months  since       January    :0.. 11
struct       tm:int tm_sec  ; seconds after the minute       :0.. 59
struct       tm:int tm_wday ; days    since       Sunday      :0..  6
struct       tm:int tm_yday ; days    since       January 1 :0..365
struct       tm:int tm_year ; years   since       1900       :0.. 99
```

A.3   NON-STANDARD-BIBLIOTHEK

In this annex the author presents the include-file <CtoAda.h> for Ada-like structured programming in C.

A.3.1   <CtoAda.h>

```
/*************************** CtoAda ****************************/
/* Form        : Include-File                                 */
/* Defines     : Ada-like Stuctured Programming in C          */
/* __VERS__      5 --> QUICK   C, 1988 Vers. 5.1 , Microsoft  */
/*         ion   6 --> TURBO   C, 1988 Vers. 1.5 , Borland    */
/*               7 --> TURBO   C, 1989 Vers. 2.0 , Borland    */
/*               9 --> Standard C, 1989 Draft May , ANSI      */
/* All rights :       reserved  , 1990 , 25. Oct , Feldmann,H. */
/**************************************************************/

#define __VERS__ 6


/*********** Included Parts of Standard Library (ANSI) **********/

#include  <float.h> /* Floating   Type   Limits             */
#include <limits.h> /* Limits of Integral Types             */
#include  <stdio.h> /* Standard Input/Output                */
#include <stdlib.h> /* Standard Library Utilities           */


/******** Keyword only changed from lower to upper case ********/

#define   AUTO                      auto
#define   BREAK                     break
#define   CONST                     const
#define   CONTINUE                  continue
#define   ENUM                      enum
#define   EXTERN                    extern
#define   GOTO                      goto
#define   MAIN                      main
#define   REGISTER                  register
#define   RETURN                    return
#define   SIZEOF                    sizeof
#define   STATIC                    static
#define   TYPEDEF                   typedef
#define   UNION                     union
#define   VOID                      void
#define   VOLATILE                  volatile


/************************** Type ***************************/

typedef       unsigned char        CHAR  ;
typedef                 CHAR*       STRING;
typedef       unsigned int         NAT   ;
typedef long unsigned int          LNAT  ;
```

```
typedef                 int             INT   ;
typedef long            int             LINT ;
typedef                 float           FLOAT ;
typedef                 double          DFLOAT;
#define ARRAY                           []
#define ARRAY_(ei)                      [ei]


/*********************** Atribute **************************/

#define    CHAR_FIRST               (0U)
#define    CHAR_LAST                UCHAR_MAX
#define     NAT_FIRST               (0U)
#define     NAT_LAST                UINT_MAX
#define    LNAT_FIRST               (0LU)
#define    LNAT_LAST                ULONG_MAX
#define     INT_FIRST               INT_MIN
#define     INT_LAST                INT_MAX
#define    LINT_FIRST               LONG_MIN
#define    LINT_LAST                LONG_MAX
#define   FLOAT_FIRST               -FLT_MAX
#define   FLOAT_SMALL               FLT_MIN
#define   FLOAT_LAST                FLT_MAX
#define   FLOAT_10_EMIN             FLT_MIN_10_EXP
#define   FLOAT_10_EMAX             FLT_MAX_10_EXP
#define   FLOAT_DIGITS              FLT_DIG
#define   FLOAT_EPSILON             FLT_EPSILON
#if __VERS__ <= 6                    /* missing attributes */
 #define DFLOAT_FIRST               ((double)(-1e306))
 #define DFLOAT_SMALL               ((double)(1e-306))
 #define DFLOAT_LAST                ((double)( 1e306))
#else
 #define DFLOAT_FIRST               -DBL_MAX
 #define DFLOAT_SMALL               DBL_MIN
 #define DFLOAT_LAST                DBL_MAX
#endif
 #define DFLOAT_10_EMIN             DBL_MIN_10_EXP
 #define DFLOAT_10_EMAX             DBL_MAX_10_EXP
 #define DFLOAT_DIGITS              DBL_DIG
 #define DFLOAT_EPSILON             DBL_EPSILON


/********************* Control Characters ********************/

 #define ASCII_NUL   /* 00              Null           */   '\0'
#if __VERS__ <= 7    /* existing        Non-Standard:  */
 #define ASCII_SOH   /* 01 Start   of   Heading        */   '\x1'
 #define ASCII_STX   /* 02 Start   of   Text           */   '\x2'
 #define ASCII_ETX   /* 03 End     of   Text           */   '\x3'
 #define ASCII_EOT   /* 04 End     of   Transmission   */   '\x4'
 #define ASCII_ENQ   /* 05              Enquiry        */   '\x5'
 #define ASCII_ACK   /* 06              Acknowledge    */   '\x6'
#endif
 #define ASCII_BEL   /* 07              Bell           */   '\a'
 #define ASCII_BS    /* 08              Backspace      */   '\b'
 #define ASCII_HT    /* 09 Horizontal   Tabulator      */   '\t'
 #define ASCII_LF    /* 10 Line         Feed           */   '\n'
 #define ASCII_VT    /* 11 Vertical     Tabulator      */   '\v'
```

```c
 #define ASCII_FF    /* 12 Form       Feed             */    '\f'
 #define ASCII_CR    /* 13 Carriage   Return           */    '\r'
 #define ASCII_SO    /* 14 Shift   -  out              */    '\xe'
 #define ASCII_SI    /* 15 Shift   -  in               */    '\xf'
#if __VERS__ <= 7    /*    existing   Non-Standard:     */
 #define ASCII_DLE   /* 16 Data   Link Escape          */    '\x10'
 #define ASCII_DC1   /* 17 Device Contr.Character 1     */    '\x11'
 #define ASCII_DC2   /* 18 Device Contr.Character 2     */    '\x12'
 #define ASCII_DC3   /* 19 Device Contr.Character 3     */    '\x13'
 #define ASCII_DC4   /* 20 Device Contr.Character 4     */    '\x14'
 #define ASCII_NAK   /* 21 Negative   Acknowledgement   */    '\x15'
 #define ASCII_SYN   /* 22 Synchronous Idle            */    '\x16'
 #define ASCII_ETB   /* 23 End     of Transmiss.Block  */    '\x17'
 #define ASCII_CAN   /* 24           Cancle            */    '\x18'
 #define ASCII_EM    /* 25 End     of Medium           */    '\x19'
 #define ASCII_SUB   /* 26 Substitute Character        */    '\x1a'
 #define ASCII_ESC   /* 27           Escape            */    '\x1b'
 #define ASCII_FS    /* 28 File       Separator        */    '\x1c'
 #define ASCII_GS    /* 29 Group      Separator        */    '\x1d'
 #define ASCII_RS    /* 30 Record     Separator        */    '\x1e'
 #define ASCII_US    /* 31 Unit       Separator        */    '\x1f'
 #define ASCII_DEL   /*127           Delete            */    '\x7f'
#endif


/*********************** Expression ***********************/

#define _(ei)                          [ei]
#define BITAND                         &
#define BITNEQ                         ^
#define BITNOT                         ~
#define BITOR                          |
#define NOT                            !
#define REM                            %
#define AND                            &&
#define OR                             ||
#define IFOP                           ((
#define    THENOP                        )?(
#define        ELSEOP                      ):(
#define            FINOP                       ))


/*********************** Statement ***********************/

#define IF                        if(
#define        THEN                 ){
#define        ELIF                   }else if(
#define        ELSE                   }else   {
#define           ENDIF                                     }
#define CASE                      switch(
#define    OF                         ){{
#define       WHEN                       }break;case
#define          ORWHEN                       :case
#define       OTHERS                       }break;default
#define          DO                                    :{
#define           ENDCASE                               }}
#define WHILE(ei)                 while(ei){
#define        ENDWHILE                                  }
```

```
#define LOOP                                 while( 1){
#define                 ENDLOOP                                        }
#if __VERS__ == 5            /* missing local const */
 #define FOR(        iCONST, f ,l      )  {register int iVAR,lAST=l;\
        for(iVAR=f;iVAR<=lAST;iVAR++)  {          int iCONST=iVAR;
 #define FORREV(     iCONST, f ,l      )  {register int iVAR,lAST=f;\
        for(iVAR=l;iVAR>=lAST;iVAR--)  {          int iCONST=iVAR;
#else
 #define FOR(        iCONST, f ,l      )  {register int iVAR,lAST=l;\
        for(iVAR=f;iVAR<=lAST;iVAR++)  {const     int iCONST=iVAR;
 #define FORREV(     iCONST, f ,l      )  {register int iVAR,lAST=f;\
        for(iVAR=l;iVAR>=lAST;iVAR--)  {const     int iCONST=iVAR;
#endif
 #define                 ENDFOR                                       }}


/************************* Aggregate ************************/

#define AG                                    {
#define                 FINAG                                          }


/************************* Declaration *************************/

#define RECORD                          struct
#define         IS                            {
#define                 FINIS                                          }


/************************** Block **************************/

#define BEGIN                                 {
#define                 END                                            }


/************************** MACROs **************************/

#define SQ(            ea      ) {             (ea ) *(ea )           )
#define ABS(           es      )  ((es )< 0   ?(-(es ) ):(es )       )
#define MIN(           es1,es2 )  ((es1)< (es2)?( es1 ):(es2)        )
#define MAX(           es1,es2 )  ((es1)> (es2)?( es1 ):(es2)        )
#define ISIN(       es,es1,es2 )  ((es1)<=(es )&&( es )<=(es2)?1:0)
#define RANGE_CHECK(es,es1,es2)if((es1)> (es )||( es )> (es2))   {
   printf("\nline %d: range_error\n",__LINE__);exit(EXIT_SUCCESS);}
#define EQUAL_CHECK(   es1,es2)if((es1)!=(es2)             )   {
   printf("\nline %d: equal_error\n",__LINE__);exit(EXIT_SUCCESS);}
#define NOTEQ_CHECK(   es1,es2)if((es1)==(es2)             )   {
   printf("\nline %d: noteq_error\n",__LINE__);exit(EXIT_SUCCESS);}
#define NEW(          tid      )    (tid * )malloc(
                            sizeof(tid          )            )
#define NEW_STRING(    len    )     (STRING)calloc((size_t)(len+1),\
                            sizeof(CHAR         )            )
#define NEW_ARRAY( tid,length)     (tid * )calloc((size_t) length,\
                            sizeof(tid    )            )
#define LENGTH( arr)  (INT)(sizeof arr.     /sizeof arr[0]       )
#define LENGTH1(arr)  (INT)(sizeof arr       /sizeof arr[0]       )
#define LENGTH2(arr)  (INT)(sizeof arr[0]   /sizeof arr[0][0]    )
#define LENGTH3(arr)  (INT)(sizeof arr[0][0]/sizeof arr[0][0][0] )
```

```c
#define LAST(    arr)       LENGTH( arr)       -1
#define LAST1(   arr)       LENGTH1(arr)       -1
#define LAST2(   arr)       LENGTH2(arr)       -1
#define LAST3(   arr)       LENGTH3(arr)       -1


/******** Quasi-direct Line/Page Handling for Text-Files ********/

#define FSKIP_LINE(   f    )                              {CHAR c=' ';\
        while(!feof(f)&&c!='\n'&&c!='\f') fscanf(f,   "%c",&c   );}
#define FSKIP_PAGE(   f    )                              {CHAR c=' ';\
        while(!feof(f)&&c!=            '\f') fscanf(f,   "%c",&c   );}
#define FNEW_LINE(    f    )                      fprintf(f,   "\n"    )
#define FNEW_PAGE(    f    )                      fprintf(f,   "\f"    )
int     FLINES(FILE *f    )                              {int     i=0;
        rewind(f);while(!feof(f)){i++;FSKIP_LINE(f);} return i   ;}
int     FPAGES(FILE *f    )                              {int     i=0;
        rewind(f);while(!feof(f)){i++;FSKIP_PAGE(f);} return i   ;}
#define FSET_LINE(    f,to)                              {int     i  ;\
        rewind(f);for   ( i=1;i<to;i++)FSKIP_LINE(f);          }
#define FSET_PAGE(    f,to)                              {int     i  ;\
        rewind(f);for   ( i=1;i<to;i++)FSKIP_PAGE(f);          }


/************************** File-I/O **************************/

#define STR(S) #S                        /* stringizing */

#define FPUT2(          f,se,W,P) fprintf(f,STR(%##W##.##P##s) ,se)
#define FPUT2_NAT(      f, e,W,P) fprintf(f,STR(%##W##.##P##u) , e)
#define FPUT2_LNAT(     f, e,W,P) fprintf(f,STR(%##W##.##P##lu), e)
#define FPUT2_INT(      f, e,W,P) fprintf(f,STR(%##W##.##P##d) , e)
#define FPUT2_LINT(     f, e,W,P) fprintf(f,STR(%##W##.##P##ld), e)
#define FPUT2_BIN(      f, e,W,P)           {STRING E=NEW_STRING(16);\
   int i;int  m=1 ;for(i=15;i>=0;i--){E[i]=(e&m)?'1':'0';m<<=1;};\
                         fprintf(f,STR(%##W##.##P##s) , E);\
                         free   (                       E);}
#define FPUT2_LBIN(  f, e,W,P)           {STRING E=NEW_STRING(32);\
   int i;long m=1L;for(i=31;i>=0;i--){E[i]=(e&m)?'1':'0';m<<=1;};\
                         fprintf(f,STR(%##W##.##P##s) , E);\
                         free(                          E);}
#define FPUT2_OCT(    f, e,W,P) fprintf(f,STR(%##W##.##P##o) , e)
#define FPUT2_LOCT(   f, e,W,P) fprintf(f,STR(%##W##.##P##lo), e)
#define FPUT2_HEX(    f, e,W,P) fprintf(f,STR(%##W##.##P##x) , e)
#define FPUT2_LHEX(   f, e,W,P) fprintf(f,STR(%##W##.##P##lx), e)
#define FPUT2_FLOAT(  f, e,W,P) fprintf(f,STR(%##W##.##P##lf), e)
#define FPUT2_DFLOAT( f, e,W,P) fprintf(f,STR(%##W##.##P##lf), e)


#define FGET1(          f,sv,W ) fscanf (f,STR(%##W##c)          ,sv)
#define FGET1_NAT(      f, v,W ) fscanf (f,STR(%##W##u)          ,&v)
#define FGET1_LNAT(     f, v,W ) fscanf (f,STR(%##W##lu)         ,&v)
#define FGET1_INT(      f, v,W ) fscanf (f,STR(%##W##d)          ,&v)
#define FGET1_LINT(     f, v,W ) fscanf (f,STR(%##W##ld)         ,&v)
#define FGET1_BIN(      f, v,W )               {STRING SV=NEW_STRING(16);\
   int i=0,l=0; int m=1 ;*v=0 ;fscanf (f,STR(%##W##s)       ,SV);\
       while(SV[i++]!='\0')++l;for(i=l-1;i>=0;i--)            \
  {if(SV[i]=='1')*v|=m;m<<=1;};free   (                      SV);}
```

```
#define FGET1_LBIN(   f, v,W  )              {STRING SV=NEW_STRING(32);\
    int i=0,l=0;long m=1L;*v=0L;fscanf (f,STR(%##W##s)          ,SV);\
         while(SV[i++]!='\0')++l;for(i=l-1;i>=0;i--)                  \
   {if(SV[i]=='1')*v|=m;m<<=1;};free     (                     SV);}
#define FGET1_OCT(    f, v,W  ) fscanf (f,STR(%##W##o)          ,&v)
#define FGET1_LOCT(   f, v,W  ) fscanf (f,STR(%##W##lo)         ,&v)
#define FGET1_HEX(    f, v,W  ) fscanf (f,STR(%##W##x)          ,&v)
#define FGET1_LHEX(   f, v,W  ) fscanf (f,STR(%##W##lx)         ,&v)
#define FGET1_FLOAT(  f, v,W  ) fscanf (f,STR(%##W##g)          ,&v)
#define FGET1_DFLOAT( f, v,W  ) fscanf (f,STR(%##W##lg)         ,&v)

#define FPUT1(        f,se,W  ) fprintf(f,STR(%##W##s)          ,se)
#define FPUT1_NAT(    f, e,W  ) fprintf(f,STR(%##W##u)          , e)
#define FPUT1_LNAT(   f, e,W  ) fprintf(f,STR(%##W##lu)         , e)
#define FPUT1_INT(    f, e,W  ) fprintf(f,STR(%##W##d)          , e)
#define FPUT1_LINT(   f, e,W  ) fprintf(f,STR(%##W##ld)         , e)
#define FPUT1_BIN(    f, e,W  ) FPUT2_BIN( f, e, W       , 16
#define FPUT1_LBIN(   f, e,W  ) FPUT2_LBIN(f, e, W       , 32    )
#define FPUT1_OCT(    f, e,W  ) fprintf(f,STR(%##W##o)         , e)
#define FPUT1_LOCT(   f, e,W  ) fprintf(f,STR(%##W##lo)        , e)
#define FPUT1_HEX(    f, e,W  ) fprintf(f,STR(%##W##x)         , e)
#define FPUT1_LHEX(   f, e,W  ) fprintf(f,STR(%##W##lx)        , e)
#define FPUT1_FLOAT(  f, e,W  ) fprintf(f,STR(%##W##g)         , e)
#define FPUT1_DFLOAT( f, e,W  ) fprintf(f,STR(%##W##lg)        , e)

#define FGET(         f,sv    ) fscanf (f,    "%s"             ,sv)
#define FGET_LINE(    f,sv    ) fscanf (f,    "%s"             ,sv);\
          SKIP_LINE
#define FGET_CHAR(    f, v    ) fscanf (f,    "%c"             ,&v)
#define FGET_NAT(     f, v    ) fscanf (f,    "%u"             ,&v)
#define FGET_LNAT(    f, v    ) fscanf (f,    "%lu"            ,&v)
#define FGET_INT(     f, v    ) fscanf (f,    "%d"             ,&v)
#define FGET_LINT(    f, v    ) fscanf (f,    "%ld"            ,&v)
#define FGET_BIN(     f, v    ) FGET1_BIN( f,&v, 16                )
#define FGET_LBIN(    f, v    ) FGET1_LBIN(f,&v, 32                )
#define FGET_OCT(     f, v    ) fscanf (f,    "%o"             ,&v)
#define FGET_LOCT(    f, v    ) fscanf (f,    "%lo"            ,&v)
#define FGET_HEX(     f, v    ) fscanf (f,    "%x"             ,&v)
#define FGET_LHEX(    f, v    ) fscanf (f,    "%lx"            ,&v)
#define FGET_FLOAT(   f, v    ) fscanf (f,    "%g"             ,&v)
#define FGET_DFLOAT(  f, v    ) fscanf (f,    "%lg"            ,&v)

#define FPUT(         f,se    ) fprintf(f,    "%s"             ,se)
#define FPUT_LINE(    f,se    ) fprintf(f,    "%s"             ,se);\
          NEW_LINE
#define FPUT_CHAR(    f, e    ) fprintf(f,    "%c"            , e)
#define FPUT_NAT(     f, e    ) fprintf(f,    "%u"            , e)
#define FPUT_LNAT(    f, e    ) fprintf(f,    "%lu"           , e)
#define FPUT_INT(     f, e    ) fprintf(f,    "%d"            , e)
#define FPUT_LINT(    f, e    ) fprintf(f,    "%ld"           , e)
#define FPUT_BIN(     f, e    ) FPUT2_BIN( f, e, 16      , 16    )
#define FPUT_LBIN(    f, e    ) FPUT2_LBIN(f, e, 32      , 32    )
#define FPUT_OCT(     f, e    ) fprintf(f,    "%o"            , e)
#define FPUT_LOCT(    f, e    ) fprintf(f,    "%lo"           , e)
#define FPUT_HEX(     f, e    ) fprintf(f,    "%x"            , e)
#define FPUT_LHEX(    f, e    ) fprintf(f,    "%lx"           , e)
#define FPUT_FLOAT(   f, e    ) fprintf(f,    "%g"            , e)
#define FPUT_DFLOAT(  f, e    ) fprintf(f,    "%lg"           , e)
```

```
/*************************** std-I/O **************************/

#define SKIP_LINE                          FSKIP_LINE(  stdin         )
#define SKIP_PAGE                          FSKIP_PAGE(  stdin         )

#define NEW_LINE                           FNEW_LINE(   stdout        )
#define NEW_PAGE                           FNEW_PAGE(   stdout        )

#define PUT2(              se,W,P)         FPUT2(           stdout,se,W,P)
#define PUT2_NAT(           e,W,P)         FPUT2_NAT(       stdout, e,W,P)
#define PUT2_LNAT(          e,W,P)         FPUT2_LNAT(      stdout, e,W,P)
#define PUT2_INT(           e,W,P)         FPUT2_INT(       stdout, e,W,P)
#define PUT2_LINT(          e,W,P)         FPUT2_LINT(      stdout, e,W,P)
#define PUT2_BIN(           e,W,P)         FPUT2_BIN(       stdout, e,W,P)
#define PUT2_LBIN(          e,W,P)         FPUT2_LBIN(      stdout, e,W,P)
#define PUT2_OCT(           e,W,P)         FPUT2_OCT(       stdout, e,W,P)
#define PUT2_LOCT(          e,W,P)         FPUT2_LOCT(      stdout, e,W,P)
#define PUT2_HEX(           e,W,P)         FPUT2_HEX(       stdout, e,W,P)
#define PUT2_LHEX(          e,W,P)         FPUT2_LHEX(      stdout, e,W,P)
#define PUT2_FLOAT(         e,W,P)         FPUT2_FLOAT(     stdout, e,W,P)
#define PUT2_DFLOAT(        e,W,P)         FPUT2_DFLOAT(    stdout, e,W,P)

#define GET1(              sv,W   )        FGET1(           stdin ,sv,W   )
#define GET1_NAT(           v,W   )        FGET1_NAT(       stdin , v,W   )
#define GET1_LNAT(          v,W   )        FGET1_LNAT(      stdin , v,W   )
#define GET1_INT(           v,W   )        FGET1_INT(       stdin , v,W   )
#define GET1_LINT(          v,W   )        FGET1_LINT(      stdin , v,W   )
#define GET1_BIN(           v,W   )        FGET1_BIN(       stdin , v,W   )
#define GET1_LBIN(          v,W   )        FGET1_LBIN(      stdin , v,W   )
#define GET1_OCT(           v,W   )        FGET1_OCT(       stdin , v,W   )
#define GET1_LOCT(          v,W   )        FGET1_LOCT(      stdin , v,W   )
#define GET1_HEX(           v,W   )        FGET1_HEX(       stdin , v,W   )
#define GET1_LHEX(          v,W   )        FGET1_LHEX(      stdin , v,W   )
#define GET1_FLOAT(         v,W   )        FGET1_FLOAT(     stdin , v,W   )
#define GET1_DFLOAT(        v,W   )        FGET1_DFLOAT(    stdin , v,W   )

#define PUT1(              se,W   )        FPUT1(           stdout,se,W   )
#define PUT1_NAT(           e,W   )        FPUT1_NAT(       stdout, e,W   )
#define PUT1_LNAT(          e,W   )        FPUT1_LNAT(      stdout, e,W   )
#define PUT1_INT(           e,W   )        FPUT1_INT(       stdout, e,W   )
#define PUT1_LINT(          e,W   )        FPUT1_LINT(      stdout, e,W   )
#define PUT1_BIN(           e,W   )        FPUT1_BIN(       stdout, e,W   )
#define PUT1_LBIN(          e,W   )        FPUT1_BIN(       stdout, e,W   )
#define PUT1_OCT(           e,W   )        FPUT1_OCT(       stdout, e,W   )
#define PUT1_LOCT(          e,W   )        FPUT1_LOCT(      stdout, e,W   )
#define PUT1_HEX(           e,W   )        FPUT1_HEX(       stdout, e,W   )
#define PUT1_LHEX(          e,W   )        FPUT1_LHEX(      stdout, e,W   )
#define PUT1_FLOAT(         e,W   )        FPUT1_FLOAT(     stdout, e,W   )
#define PUT1_DFLOAT(        e,W   )        FPUT1_DFLOAT(    stdout, e,W   )

#define GET(               sv     )        FGET(            stdin ,sv     )
#define GET_LINE(          sv     )        FGET_LINE(       stdin ,sv     )
#define GET_CHAR(           v     )        FGET_CHAR(       stdin , v     )
#define GET_NAT(            v     )        FGET_NAT(        stdin , v     )
#define GET_LNAT(           v     )        FGET_LNAT(       stdin , v     )
#define GET_INT(            v     )        FGET_INT(        stdin , v     )
#define GET_LINT(           v     )        FGET_LINT(       stdin , v     )
```

```
#define GET_BIN(        v    )        FGET_BIN(    stdin , v    )
#define GET_LBIN(       v    )        FGET_LBIN(   stdin , v    )
#define GET_OCT(        v    )        FGET_OCT(    stdin , v    )
#define GET_LOCT(       v    )        FGET_LOCT(   stdin , v    )
#define GET_HEX(        v    )        FGET_HEX(    stdin , v    )
#define GET_LHEX(       v    )        FGET_LHEX(   stdin , v    )
#define GET_FLOAT(      v    )        FGET_FLOAT(  stdin , v    )
#define GET_DFLOAT(     v    )        FGET_DFLOAT( stdin , v    )

#define PUT(            se   )        FPUT(        stdout,se    )
#define PUT_LINE(       se   )        FPUT_LINE(   stdout,se    )
#define PUT_CHAR(       e    )        FPUT_CHAR(   stdout, e    )
#define PUT_NAT(        e    )        FPUT_NAT(    stdout, e    )
#define PUT_LNAT(       e    )        FPUT_LNAT(   stdout, e    )
#define PUT_INT(        e    )        FPUT_INT(    stdout, e    )
#define PUT_LINT(       e    )        FPUT_LINT(   stdout, e    )
#define PUT_BIN(        e    )        FPUT_BIN(    stdout, e    )
#define PUT_LBIN(       e    )        FPUT_LBIN(   stdout, e    )
#define PUT_OCT(        e    )        FPUT_OCT(    stdout, e    )
#define PUT_LOCT(       e    )        FPUT_LOCT(   stdout, e    )
#define PUT_HEX(        e    )        FPUT_HEX(    stdout, e    )
#define PUT_LHEX(       e    )        FPUT_LHEX(   stdout, e    )
#define PUT_FLOAT(      e    )        FPUT_FLOAT(  stdout, e    )
#define PUT_DFLOAT(     e    )        FPUT_DFLOAT( stdout, e    )

/*********************** End CtoAda ***************************/
```

Übg   ÜBUNGSAUFGABEN

Die Übungsaufgaben sind nach dem internationalen ACM-Index A,..,X geordnet, mit ihrem jeweiligen Schwierigkeitsgrad l=leicht, m=mittel, s=schwer, ss=sehr-schwer gekennzeichnet und mit Hinweisen (vgl. Skript) auf ähnliche Aufgaben im Skript versehen. Außerdem wird im Literaturverzeichnis eine Auswahl von Aufgabensammlungen mit programmierten Lösungsalgorithmen genannt.

Der Leser möge sich aus der Vielzahl der Aufgaben die ihn besonders interessierenden Aufgaben heraussuchen oder besser noch, Varianten oder eigene Aufgaben daraus selbst entwickeln, und dann Lösungsalgorithmen programmieren.

Arithmetik

m A1   "Römische Zahlen", d.h. Konvertierung

a/b) einer natürlichen Zahl vom Dezimalsystem ins stellenfreie (bzw. nicht stellenfreie) römische Zahlsystem, z.B. 9 in VIIII oder IIIIV oder IIVII (bzw. IX), oder

c/d) einer nat. Zahl vom stellenfreien (bzw. nicht stellenfreien) römischen Zahlsystem ins Dezimalsystem.

m A1   "Arabische Zahlen", d.h. Konvertierung

  a) einer nat. Zahl vom Dezimal-System in ein beliebiges k-Ziffern Stellensystem (k ungleich 10) oder
  b) einer nat. Zahl von einem beliebigen k-Ziffern-Stellensystem (k ungleich 10) ins Dezimalsystem oder
s c) einer nat. Zahl von einem beliebigen k1-Ziffern-Stellensystem über das Dezimalsystem in ein beliebiges k2-Ziffern-Stellensystem.

m A1   "Wiederholte Quersumme" einer nat. Zahl, z.B. WQS(789)=6, etwa mit Funktionen zehner(n), einer(n), quer(n), mehr(n).

Bestimme zu n nat. Zahlen :
m A1   das "kleinste gemeinsame Vielfache" oder/und
m A1   den "größten gemeinsamen Teiler" (vgl. Skript).

l A1   "Primzahlvorkommen" (vgl. Skript), d.h.

  a) Tabelle der Anzahl k(n) der Primzahlen 2,3,5,7,11,13,17,19,....,n , n < 500 , oder
  b) Tabelle der Anzahl k2(n) der Primzahlzwillinge (2,3),(3,5),(5,7),(11,13),(17,19),...,(n,n+2), n<1000 .

l A1   "Primzahlteppich" (vgl. Skript),

  a) Primzahl-Vorkommen < 5 000 notiert mit "P" für "Primzahl" und mit "." für "keine Primzahl", nur für ungerade Zahlen, oder

b) Primzahlzwilling-Vorkommen < 10 000 notiert mit "Z" für
   "Primzahlzwilling" und mit "." für "kein Primzahlzwilling".

m A1   Tabelle der "Pythagoräischen Zahlentripel" < 100.

Polynome

m C2   "Newton'sches Iterationsverfahren" (vgl.Skript), d.h.
   $x(n+1):=x(n)-f(x(n))/f'(x(n))$, $n=0,1,2,\ldots$, $f'(x(n))/=0$,

   a) Berechnung der n-ten Wurzel aus a (n> =2 ganz, a reell),
      $f(x)=x$ hoch n - a, $f'(x)=n * x$ hoch (n-1), oder
   b) Bestimmung einer Nullstelle einer beliebigen reellen Fkt.,
      $f(x)$, $f'(x)$ gegebene Unterprogramme.

m C2   Lösung der reellen "quadratischen Gleichung":

   a) $x*x + p*x + q = 0$ (Normalform, komplexe Lösungen) oder
   b) $a*x*x + b*x + c = 0$ (Allg. Form, a=0,b=0 berücksichtigen).

s C2   Lösung der "kubischen Gleichung" in allgemeiner Form
       (Cardani'sche Formel).

Differentiation/Integration

m D1   "Numerische Integration":
   a) nach Simpson oder
s b) nach einer höheren Formel, z.B. nach Romberg.

   D2 "Numerische Lösung gewöhnlicher Differentialgleichungen":
m a) mit gegebenen Anfangswerten nach Runge Kutta oder
s b) nach einem höheren Verfahren, z.B. predictor-corrector.

s D3   " Numerische Lösung particller Differentialgleichungen"
       mit gegebenen Randwerten nach einem Differenzenverfahren.

Interpolation/Approximation/Analyse

s E2   "Kurven-Interpolation", z.B. durch kubische Splines.

s E2   "Fourier-Analyse" einer periodischen, stückweise monotonen,
       stückweise stetigen Funktion f mit $f(x)=f(x+w)$,

```
                      unendl
         f(x) = a0/2 + SUMME (ak*cos(k*w0*x)+bk*sin(k*w0*x)) .
                      k=1
```

Bestimmung der ersten 5 Koeffizienten ak,bk (k=1,....,5).

Matrizen, Vektoren, lineare Systeme

m F1 Bestimmung des "Winkels zwischen zwei Vektoren"
      (allgemein für Dimension n).

l F1 "Prüfung ganzzahliger Matrizen" A,B auf

    a) AA'=A'A (Transponierte A'), d.h. "A normal"   oder
    b) AA'=E   (Einheitsmatrix E), d.h. "A orthogonal" oder
    c) AB=BA   , d.h. "A,B kommutativ".

s F3 Berechnung der "Determinante einer quadrat. reell. Matrix":

    a) durch Entwicklung nach Zeilen oder Spalten oder
    b) durch Transformierung auf Dreiecksform (z.B.nach Gauß) oder
    c) nach Formel det(a1,...,an)=SUMME sign(p1,...,pn) a1p1..anpn
        wobei über alle Permutationen (p1,...,pn) der Ziffern
        (f1,...fn) zu numerieren ist.

s F4 Lösung eines "linearen Gleichungssystems":

    a) nach Gauß oder
    b) nach einem Verfahren mit Pivot-Suche oder
    c) nach einem Iterationsverfahren (z.B. Einzelschritt-Verf.)

Statistik/Wahrscheinlichkeit

m G1 Berechnung von Mittelwert, mittlerer Streuung sx,sy und
      "Korrelationskoeffizient" r aus (x1,...,xn) , (y1,...,yn) :

$$\bar{x} = 1/n*\text{SUMME}_{k=1}^{n} xk \; , \; sx = \text{Wurzel}(1/(n-1)*\text{SUMME}_{k=1}^{n} (xk-\bar{x})\text{hoch } 2),$$

$$r = 1/((n-1)*sx*sy) * \text{SUMME}_{k=1}^{n} (xk-\bar{x})*(yk-\bar{y}) \qquad (n>=2).$$

m G1 Ermittlung der "Häufigkeit von Zeichen" (vgl. Skript) in
      Texten (häufigste Buchstaben in Deutsch "enristdha") oder
      "Häufigkeit von Zeichenfolgen", z.B. au,ei,eu,ie .

m G1 "Fußballmeisterschaft", d.h. jeder Verein spielt gegen je-
      den anderen genau einmal; ein Sieg gibt 2 Punkte, ein Un-
      entschieden 1 Punkt; bei Punktgleichheit entscheiden die
      Tordifferenzen aller geschossenen und erhaltenen Tore;
      sind auch die gleich so ergeben sich gleiche Plazierungen.

s G1 "Sitzverteilung", d.h.

    a) d'Hondt'sches Höchstzahlverfahren oder
    b) andere Verfahren zur Auszählung von Sitzverteilungen aus
       Stimmmverteilungen

m G3 Eigene "Statistische Tests" für ggf. eigenen Zufallszahlen-
      Generator (vgl. Skript).

m G5 Pseudozufälliges (RANDOM vgl.Skript) Fortbewegen in einem
      ebenen Gitternetz:

a)   "Zufallsweg", jeweils zu einem der 4 (8) Nachbarpunkte oder

b)   "Stadtbummel", wie a), jedoch nicht zu bereits vorher
     besuchten Nachbarpunkten.

s G5   "Roulette-System", d.h. man simuliere eine systematische
       Spielweise (z.B. Setzen fortlaufend auf Rot mit Verdoppeln;
       Neuanfang nach Gewinn oder bei Verluststrähne) und bestimme
       den "Verdienst" pro Stunde in Abhängigkeit von der
       mittleren Spieldauer, vom Einsatzlimit und vom Anfangskapi-
       tal (ohne Anspruch auf sichere statistische Aussage).

s G5   "Monte Carlo Methode" d.h.

a)   z.B. Bestimmung von pi/4 durch Bildung von Zufallszahlen-
     paaren $(0,0) <= (a,b) <= (1,1)$ und Division durch Anzahl güns-
     tiger Fälle $f(a,b) = a*a+b*b-1 <= 0$ (im Viertelkreis) durch
     Anzahl aller Fälle (im Quadrat) oder

b)   andere Flächenbestimmungen, z.B. $f(a,b) = a*a*a-a*b+b*b*b$.

Permutation/Kombination

m G6   "Geldbetrag-Varianten", d.h. Auszahlungsmöglichkeiten eines
       bel. Geldbetrags in Scheinen und Münzen.

m G6   "Siebzehn-und-Vier", d.h.

a)   Aufzählung aller Skat-Karten-Kombinationen deren Werte in
     der Summe 21 ergeben.

ss b)   Reales Spiel mit Zufallszahlengenerator und Menu-Abfrage.

s G6   "Cliquenbildung", d.h. gegeben ist eine Menge von (z.B. 20)
       Personen, von denen jede Person eine gewisse Anzahl von an-
       deren Personen näher kennt.Gesucht sind alle Teilmengen von
       Personen, in denen jede Person jede andere näher kennt.

m G6   "Codierungsvergleich" , d.h. Prüfung zweier Ketten natür-
       licher Zahlen darauf, ob sie (verschiedene) Codierungen der
       Art "jedes Zeichen aus dem Zeichenvorrat entspricht genau
       einer Zahl aus einer Teilmenge der nat.Zahlen"sein könnten.

s G6   Bestimmung der "lexikographisch nächsten Permutation"
       (z.B. Backtracking, vgl. Skript).

s G6   "Potenzmenge" d.h. Aufzählung
       (z.B. Backtracking, vgl. Skript) aller Teilmengen

a)   einer endlichen Menge oder

b)   einer aufzählbar unendlichen Menge.

s G6   "Diagonalverfahren", d.h. Aufzählen von 500 Elementen der
       Menge $N*N = <1,2,3,...>*<1,2,3,...> = <(1,1),(2,1),(1,2),...>$
       (auch Formel existiert).

Operations Research/Optimierung/Spiele/Simulations-Modelle

    H1   "Optimierungsaufgaben":

s a)   lineare Optimierung mit Simplex-Verfahren,
ss b)   sonstige Optimierung, Anwendungen auf Netze, Graphen etc.

ssH2 Simulation paralleler Prozesse (vgl. Skript) .

    a) "Hindernis-Rennen", mit Pferden (Transit-Individuen) und
       Rennbahn-Hindernis-Strecken (Transit-Stationen), z.B. nach
       Muster des englischen Grand-National.
    b) "Kapazitätsplanung", z.B. Produzenten/Konsumenten, Häfen/
       Schiffe
    c) "Fabrik", z.B. Hochofen, Zeitungsdruck, Automobilwerk.
    d) "Absatzprognose" bei unterschiedlichem Konsumentenverhalten
    e) "Verkehrsnetz", z.B. Kreuzung mit Ampeln, Fahrstuhl, Zoll-
       Station, Fähre.

l H3 "Pfänderspiel", d.h. Ausdrucken der nat. Zahlen von 1 bis
       100 ohne Zahlen, die 7 als Ziffer enthalten oder durch 7
       teilbar sind.

    H3 Skat-"Karten Vorsortieren", so

l a) daß sie geordnet aufgeblättert (Drucker) werden oder
s b) wie a), jedoch wird immer eine Karte aufgedeckt und eine
       unter den Stapel geschoben.

m H3 "Abzählspiel", d.h. von n Personen wird durch Abzählen jede
       m-te ausgeschieden (und   nicht mehr mitgerechnet). Welche
       bleibt übrig ?

ssH3 Minimax-Methode (vgl. Skript) :

    a) "Schach" , Bewertungen, Zug-Verzweigungen.
    b) "Reversi", Bewertungen, Zug-Verzweigungen.

    H4 Backtracking-Algorithmen (vgl. Skript) :

s a) "Labyrinth", d.h. suche alle Wege vom Start zum Ziel.
    b) "Travelling Salesman (Rundreise-Problem)", d.h. suche die
       kürzeste Rundreise durch n Städte (n< =10).
    c) "Ziege-Wolf-Kohlkopf" Fährtransport-Problem.
    d) "8-Königinnen-Problem",d.h. plaziere 8 Königinnen auf einem
       Schachbrett so, daß sie sich nicht gegenseitig bedrohen.
    e) "Springer-Rundreise" auf einem (kleineren 6*6) Schachbrett.

    H4 "Verpackungsproblem", d.h.

m a) Bestimme für ein Paket die benötigte Länge Packpapier (ab-
       hängig von Papierbreite) u. die benötigte Länge Packschnur.
ss b) Packe eine gegebene Menge von Gegenständen (vereinfacht
       2-dimensional, vereinfacht Quadrate) in möglichst wenige
       (vereinfacht einen) gegebene Kartons (vereinfacht Quadrat).

ss H4 Sonstige "Puzzle"-Spiele.

Ausgabe/Graphik

m J0   "Print-Plot" mit Tastatur-Zeichen (ggf. Datei-Verarbeitung)

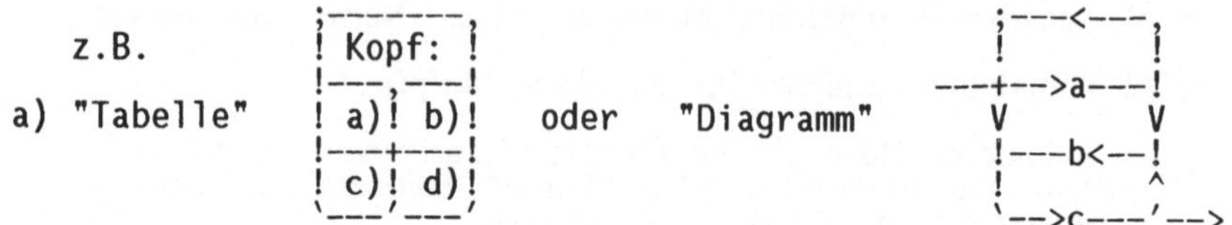

    b) "Kurvendarstellung", z.B. gegeben als Unterprogramm oder
    c) "Vergrößerung", "Dehnschrift" (jede Spalte doppelt) oder
        "Kursivschrift" von Buchstaben als Punktmatrizen oder
    d) "Firmenwappen" im Briefkopf

s J0   "Stammbaum Zeichnen" (Baumstruktur, vgl.Skript), z.B:
       Eingabe:

```
            Meier,Inge   ,10,
            Meier,Hans   ,40,Vater  von Meier,Inge   ,10
            Meier,Klaus  ,70,Vater  von Meier,Hans   ,40
            Lang ,Rita   ,65,Mutter von Meier,Hans   ,40
            Kurz ,Hanne  ,35,Mutter von Meier,Inge   ,10
            Voss ,Carmen,60,Mutter von Kurz  ,Hanne ,35
       Ausgabe:
         Meier,Inge   ,10-,->Meier,Hans   ,40-,->Meier,Klaus ,70
                         !                     '->Lang ,Rita  ,65
                         '->Kurz ,Hanne  ,35-,
                                              '->Voss ,Carmen,60
```

     J0   "Menu-Technik", d.h. Ablaufsteuerung,
m a) mit einfachen Abfragen und einfachen Ausdrucken oder
s b) mit hierarchisch tief gestaffelten Abfragen und Print-Plot-
       Ausdrucken (s.oben).

     J0   "Window-Technik", d.h. Fenster-Technik,
s a)   mit einfachem Fenster in Print-Plot-Darstellung oder
ss b)   mit mehrfach überlappenden Fenstern, maschinenabhängig.

     J6   "Graphik",d.h. Zeichnen (Display-HardCopy,Drucker,Plotter),
          maschinenabhängig,
m a) einfache Darstellungen oder
s b) aufwendige Darstellungen (z.B. Kurvenschaaren,Schatten,3D)

Datenverarbeitung

l M1   Einrichten von Dateien (Ausgabe siehe oben) z.B. mit

    a) "Plausibilitätskontrolle" für Eingabedaten, oder
    b) "Formattierung" von Eingabedaten.

    M1   Sortieren (von n Elementen, vgl. Skript):

m   Elementar-Verfahren, die ca. n*n Vergleiche benötigen:

a) "Sortieren durch Minimum/Maximum-Suche " (vgl. g,h) oder
b) "Sortieren durch Nachbar/Vorgänger-Tausch" (vgl. d,e) oder

s   Binär-Verfahren, die ca. n*log2(n) Vergleiche benötigen:

c) "Merge-Sort"(J.von Neumann,1950),geordnetes Mischen bereits geordneter Mengen, rekursiv, beginnend mit Einermengen oder
d) "Shell-Sort" bzw. "Binary-Bubble-Sort" (D.L.Shell, 1950), Distanzpaar-Tausch mit fortlaufender Distanz-Halbierung oder
e) "Quick-Sort" (C.A.R.Hoare,1960),rekursives Aufteilen in ein mittleres (oder mehrere gleiche mittlere), in kleinere und in größere Elemente, endend mit Einermengen oder
f) "Bin-Sort" bzw."Heap-Sort" (J.Williams, 1964), rekursiver Aufbau eines geordneten binären Baums, anschließend Traversierung des Baums oder
g) "stellenweises Sortieren" beginnend mit Einerstelle oder

m   Hash-Verfahren, die nur ca. n Vergleiche benötigen,z.B.:

h) "Sortieren durch Spreizung" (benötigt i.a. viel Speicher), d.h. ordnungstreue Abbildung auf ein endliches ganzzahliges Intervall und Auszählen der Häufigkeiten.

ssM1 "Dateien Sortieren",
a) sequentielle Dateien, insbes. Index-freie Verfahren c,f
b) direkte Dateien, insbesondere Index-Verfahren d,e

M1 Suchen (eines bestimmten aus n Elementen, vgl. Skipt), z.B.

Elementar-Verfahren, die ca. n Vergleiche benötigen:

l a) "Durchsuchen", oder
m b) "Verknüpftes Suchen", d.h. Suchen mit vorgegebenen Deskriptor-Verknüpfungen, z.B. "blond und weiblich", oder
m c) "KFZ-Suche", d.h. Aufsuchen aller registrierten Kraftfahrzeuge, deren Nummer mit einer unvollständig erkannten KFZ-Nummer übereinstimmt.

m   Binär-Verfahren, die nur ca. log2(n) Vergleiche benötigen:

d) "Heiß oder Kalt", d.h. binäres Suchen eines Elements in einer geordneten Menge, z.B. lexikalische Suche.

s M1 "In Dateien Suchen",
a) sequentielle Dateien, insbes. Elementar-Verfahren a ,
b) direkte Dateien, insbesondere Binär-Verfahren d .

Logik/Symbolik

s R1 Formel-Manipulation (vgl. Skript, Baumstrukturen):

a) Konvertierung von Formeln aus Infix-Notation, d.h. normaler Notation, z.B. (a+b)*c , in Präfix-Notation, d.h. polnische "Lukasiewicz-Notation", z.B. *+abc, oder

b) sonstige Formel-Manipulationen wie z.B. Differenzieren, Integrieren, algebraische Umformungen.

Spezielle Funktionen

m S3   100-stellige "Fakultät"-Tabelle $f(n)=n!$ (n nat. Zahl,
$f = 10^{\wedge}90*f9 + 10^{\wedge}80*f8 + ... + 10^{\wedge}10*f1 + f0$, array aus 10 Zahlen).

m S3   Binomialkoeffizienten n ueber k als "Pascal'sches Dreieck"

m S21 "Umfang einer Ellipse" mit den Hauptachsen a,b.

Geologisch/Astronomische Anwendungen

1 T3   "Kalender" (vgl. Skript):

   a) Tabelle der Datumszahlen und der zugehörigen Wochentage.
m b) Bestimmung des Datums des Osterfestes.

Ingenieurwissenschaftliche Anwendungen

1 T4   "Bremsweg" eines Kraftfahrzeuges als Tabelle in Abhängigkeit von der Geschwindigkeit und der Bremsbeschleunigung.

m T4   "Fahrplan" eines Verkehrsmittels.

m T4   "Verfolgungsfahrt", d.h. nach welcher Zeit überholt Fahrer A (Geschwindigkeit a) den Fahrer B (Geschwindigkeit b),wenn sie mit 1/2 Runde (Länge R) Abstand gleichzeitig starten?

s T4   "Sicherheitsabstand", d.h. auf einem Polizeifoto sind die Bildabstände vom Hinterrad des hinteren Fahrzeuges bis zu seinem Vorderrad, bis zum Hinterrad des vorderen Fahrzeugs und bis zum perspektivischen Fluchtpunkt messbar. Wie groß war der Originalabstand vom Vorderrad des hinteren Fahrzeuges bis zum Hinterrad des vorderen Fahrzeugs, wenn der Original-Radabstand des hinteren Fahrzeuges bekannt ist?

Kommerzielle Anwendungen

T5   "Netto - Gehalt " , Berechnung aus dem Bruttogehalt, oder "Einkommensteuer" , Berechnung aus dem Einkommen   ,

1 a) nach vereinfachter Formel,
s b) realistisch nach gesetzlicher Steuertabelle etc.

1 T5   "Abschreibungsplan" bis zur Amortisation, degressiv/linear.

1 T5   "Geldbetrag-Auszahlung", d.h. Auszahlen eines beliebigen Geldbetrages mit möglichst wenig Scheinen und Münzen.

l T5   "Kapitalvermehrung", A Anfangskapital, p % Zinsen, n Jahre,

  a) Tabelle des Endkapitals $E(p,n)$ $(p=2,3,4,5,6,\ n=1,2,..,20)$
       für A=1000 DM, oder
  b) Tabelle des nötigen Anfangskapitals $A(p)$ $(p=0.5,1.0,..20.0)$
       für ein Endkapital E=1000 DM nach 20 Jahren, oder
  c) Tabelle des heutigen Endkapitals $E(p)$ $(p=0.1,0.2,..,?)$ für
       einen Pfennig angelegt im Jahre 0 (innerh.einf.Genauigkeit)

l T5   "Darlehen", d.h. Rückzahlung mit festen

  a) % Zinsen und % Tilgung
  b) % Zinsen und Annuität (=Zinsbetrag+Tilgungsbetrag)

l T5   "Ausgabe-Kurs" bestimmt

  a) Effektivzins eines Darlehens
  b) Rendite eines Wertpapiers

  T5   "Aktien-Spekulation", d.h.

m a) Nachträgliche Bestimmung des besten Einkaufs- und Verkaufs-
       tags und des Gewinns für eine Aktie oder
s b) Erprobung eines vereinfachten Aktien-Spekulationsprogramms.
ss c) Erprobung eines Spekulationsprogramms mit realen Aktien-
       Kursen, -Dividenden , mit Makler-Courtage , -Provision ,
       -Spesen und mit Börsen-Umsatzsteuer.

s T5   "Aktien-Dividende/Steuer" , d.h. Dividenden-Berechnung mit
       Versteuerung bei Aktien - Gesellschaft und Versteuerung/
       Erstattung beim Aktionär.

  T5   "Address-Datei" oder "Vereinsliste" oder "Speise-Karte",d.h

m a) Aktualisierung (Zugänge, Abgänge) der Datei , mit einfacher
       Ausgabe, oder
s b) wie a), jedoch mit "Plausibilitätskontrollen" (siehe dort)
       und mit Ausgabe in "Tabelle"nform (siehe dort).
ss c) wie a), jedoch mit Statistik (z.B. Lebensalter, Mitglieds-
       dauer), mit Beitrags-"Rechnungsstellung" (siehe dort), mit
       komfortabler Ausgabe in "Tabelle"nform (siehe dort).

  T5   "Rechnungsstellung" (vgl. Skript) z.B.

m a) Rechnungsstellung mit z.B. Materialwert-Datei und/oder
       Arbeitswert-Datei oder
s b) wie b), jedoch mit "Address-Datei" und Ausgabe als
       "Tabelle" (siehe dort).

m T5   "KFZ-Verbrauchsabrechnung" aus Fahrt/Instandhaltungskosten.

  T5   "Umsätze und Provisionen", z.B.

m a) Umsatz- und Provisions-Berechnung mit Umsatz-Datei und/oder
       Provisions-Datei und einfacher Ausgabe, oder
s b) wie a), jedoch z.B. Unterteilung in Vertriebsgebiete , Ver-
       gleich zum Vorjahrsergebnis, mit Vertreter-"Address-Datei"
       (siehe dort) und Ausgabe als "Tabelle" (siehe dort).

T5   "Lagerhaltung",

s a) mit Artikel- und Bestell- Datei und ggf. weiteren Dateien,
       zur Abwicklung der Kunden-Bestellungen und zur rechtzeiti-
       gen Nachbestellung beim Lieferanten.
ss b) wie a), jedoch mit Kosten-Minimisierung.

T5   "Auftragsabwicklung", z.B.

m a) einfache Direkt-Abwicklung mit Artikel-Datei, oder
s b) einfache turnusmäßige Abwicklung mit Artikel- und Bestell-
      Datei, mit Protokoll als "Tabelle" , mit Kunden - "Address-
      Datei" und Kunden-"Rechnungsstellung" (siehe dort).
ss c) wie b), jedoch zusätzlich mit "Lagerhaltung", mit "Address-
       Datei"en für Lieferanten und Vertreter und mit Protokoll-
       Datei für die "Bilanz" (siehe dort).

T5   "Bilanz", z.B.

s a) Übungs-Modell mit "Auftragsabwicklung", "Umsätzen und Pro-
       visionen" (siehe dort) , turnusmäßige Bilanzierung, oder
ss b) realistisches Firmen-Modell.

T5   "Firmen-Gruppe" als Netzwerk (aus Teilbäumen, vgl.Skript) ,

m a) Aktualisierung (Zugänge, Abgänge) eines einfachen Firmen-
      Filialen-Baums, mit einfacher Ausgabe, oder
s b) wie a), jedoch echtes Netzwerk (Knoten mit mehreren Vorgän-
      gern) und Darstellung als Verweis-"Tabelle" (siehe dort) .

Industrielle Anwendungen

s T6 "Rohstoff-Bestellung", d.h. gegeben sind Matrizen für die
      Übergänge Rohstoff->Zwischenprodukt und Zwischenprodukt->
      Endprodukt sowie die gewünschten Endprodukt-Mengen, gesucht
      sind die erforderlichen Rohstoff-Mengen .

s T6 "Elektrisches Widerstandsnetz", d.h. Berechnung der Verbin-
      dungsströme und der Knoten-Potentiale in einem ebenen ,
      überschneidungsfreien Netz (vorgegebene Spannung und per
      Potentiometer voreingestellte Verbraucherstrom-Abflüsse).

ssT6 "Roboter",d.h. möglichst geradlinige Führung eines Roboters
      im Raum vom Punkt P1 zum Punkt P2 durch eine Folge von
      DREH(i,j,k) - Befehlen (i,j,k aus -1 Grad, 0 Grad, 1 Grad);
      mit drei Gelenken und drei Arm-Teilen, d.h. eine horizontal
      drehbarer (i) senkrecht stehender Fuß , ein daran vertikal
      drehbarer (j) Arm, ein daran vertikal (k) drehbarer Finger.

m T6 "Leuchtziffern", d.h. Anzeige von Ziffern mittels Leucht-
      elementen (z.B. 7 in Form einer Acht angeordnete Leucht-
      stäbe oder 15 oder 35 in Form eines Rechtecks angeordnete
      Leuchtpunkte). Man gebe die "lesbaren" Varianten vor und
      bestimme jeweils die Mindestanzahl verschiedener Leuchtele-
      mente zwischen den Zahlen (Hamming-Abstand).

Mathematische Anwendungen

T7 "Magische Quadrate" aus Zahlen 1,2,...,n*n (vgl. Skript)

s a) für beliebiges n ungerade (z.B. nach de la Loube're) oder
ss b) für spezielles n gerade (z.B. für n=6)

l T7 "n-Eck":

a) Berechnung der Fläche oder
b) Bestimmung des Schwerpunktes oder
m c) Prüfung auf Konvexität oder
m d) Prüfung, ob ein Punkt enthalten ist.

Biologische Anwendungen

m T9 Vermehrung von (Kaninchen-) Paaren,z.B.: Ein Paar wird nach
einer Zeiteinheit fruchtbar und gebiert dann nach jeder
folgenden Zeiteingheit ein neues Paar, d.h. (vgl. Skript)

Tabelle der "Fibonaccizahlen" f(1) , ... , f(40) ,
f(0)=0 , f(1)=1 , f(n)=f(n-2)+f(n-1) (n=2,3,4,...)

m T9 "Life" (Conway 1967), d.h. Individuen (notiert als"*") in
einem ebenen Gitternetz (Leerzeichen ".") mit je 8 Nachbar-
punkten werden geboren genau dann, wenn 3 Nachbarindividuen existieren, und überleben genau dann, wenn 2 oder 3
Nachbarindividuen existieren . (ggf. Ränder links-rechts,
oben-unten identifizieren , d.h. Torus = Reifen-Fläche) .

Textverarbeitung, Dokumentation, Präsentation

l X0 Text-Manipulation (als String,File,Baum, vgl. Skript) z.B.

a) "Revert" (Umdrehen), rechtsläufigen Text linksläufig lesen,
b) "Deutsche Umlaute",AE,OE,UE,SS wird Ä,Ö,Ü,ß oder umgekehrt,
s c) "Justify" (Randausgleich) , d.h. gleichverteilt Zwischenraum in den Text einfügen, oder
m d) "Squash" (Zusammendrücken), d.h. aus dem Text äußeren Leer-
raum und innere Mehrfach-Zwischenräume eliminieren.
e) "Konsonantenschrift", d.h. Vokale eliminieren.
f) "Morsen", d.h. Text wird Morse-Schrift oder umgekehrt.
m g) "Standardbrief" mit aktuell einsetzbaren Textparametern .
s h) "Silbentrennung" nach heuristischen Regeln, z.B.
Dop-pel-kon-sonan-t oder Be-stand-teil.

ssX0 "Schlüsselwort-Index", d.h. Durchsuchen von m gegebenen
(Titel-) Sätzen nach n gegebenen (Schlüssel-) Worten und
Ausdrucken der Sätze (ggf. mehrfach) so,daß lexikographisch
geordnet in der Mitte der Zeile das jeweilige Schlüsselwort
steht und links und rechts anschließend die linken und
rechten Restteile des Satzes (soweit in die Zeile passend).

Lit   LITERATURVERZEICHNIS

Lit.1   Lehrbücher

(88a) Clauß,M., Fischer,G.: "Programmieren mit C",internat.Stand.,
Hüthig: Heidelberg, 239 S., 1988
ISBN 3-7785-1594-2

(88b) Kernighan,B.W., Ritchie,D.M.: "The C Programming Language",
2nd Ed. based on ANSI C,
Prentice-Hall: New Yersey, 228 pp., 1988
ISBN 0-13-110362-8

(89a) ANSI :   "Draft Proposal - Programming Language C -",
with "Future Language Directions", Vers. 1989
Accred.Stand.Comm., X3. Inf.Proc.Syst.Secret.
Inform.Handl.Services: München,Tel.089/696719

(89b) Borland :   "TURBO C, Version 2.0",proposed ANSI Standard,
DOS Compiler on 5 Disk., Users/Reference G.,
Borland: München, Tel. 089/720100, 1989

(89c) Gawehn, W.:   "ANSI C - Turbo C"
Bibl. Inst.: Mannheim, 438 S., 1989
ISBN 3-411-14211-1

(89d) Herschel, R.:   "TURBO C", 2. Auflage,
Oldenbourg: München, 284 S., 1989
ISBN 3-486-21517-5

(89e) Hickersberger, A.: "Mit C zum Ziel",C für Ein- und Umsteiger,
Hüthig: Heidelberg, 192 S., 1989
ISBN 3-7785-1555-1

(89f) Schildt, H.:   "Turbo C - Befehlsbibliothek",
McGraw-Hill: Hamburg, 852 S., 1989
ISBN 3-89028-161-3

(90a) Brecht, L., Albrecht, K. : "Einstieg in C",
V.f.Wirtschaftsskripten: München,192 S., 1990
ISBN 3-921638-88-4

(90b) Kernighan, B.W., Ritchie, D.M.: "Programmieren in C",
Mit C Reference Manual in deutscher Sprache,
Hanser: München, 281 S., 1990
ISBN 3-446-15497-3

(90c) Plauger, P.J., Brodie,J.: "Referenzhandbuch STANDARD C"
für den neuen ANSI- und ISO-Standard,
Vieweg: Braunschweig, 236 S.+ Verz., 1990
ISBN 3-528-04741-0

(90d) Schildt, H.:   "C-Programmierung, effektiv,elegant,komplett",
Mac Graw Hill: Hamburg, 1990

Lit.2 Anwendungen

(86b) Jamsa, K. :   "Bibliothek der C-Routinen", 316 S.
                      Mac Graw Hill: Hamburg, 1986
                      ISBN 3-89028-078-1

(87a) v.Ammon, R., Fröhlich, M.: "C-Tools, Werkzeuge für die
                      Programmierung in C",
                      ECO-Institut,
                      Hanser: München, 360 S., 1987
                      ISBN 3-446-14974-0

(87b) Engeln-Müllges, G., Reutter, F.: "Formelsammlung zur Nume-
                      rischen Mathematik mit C-Programmen",
                      Anhang C-Programme von Becker,A.,
                      Gukelberger,T., Seesing,D., Bibliograph.Inst.
                      & Brockhaus: Zürich, 564 S., 1987

(87c) La Budde, K.: "Structured Programming Concepts",
                      Providing an Overview of Programm. Languages.
                      Broad range of business programming topics.
                      Mac Graw Hill: Maidenh.Berksh.,England, 1987
                      ISBN 0-07-100545 5

(88a) Holub, A.I.:   "C für Kenner, Ausgesuchte C - Softwaretools",
                      Markt+Techn.: München, 609 S. 1988
                      ISBN 0-89090-637-7

(88b) Press, W.,   Flannery, B.P., Teukolsky, S., Vetterling, W.T.:
                      "Numerical Recipes in C", 768 pp.
                      Cambridge Univ.Press: Cambridge England, 1988
                      ISBN 0-521-35465-2
                      ISBN 0-521-35466-8 : "Recipe Diskettes (C)"
                      ISBN 0-521-35746-2 : "Example Book (C)"
                      ISBN 0-521-35467-6 : "Example Diskettes (C)"

(89a) Ammeraal, L.: " Programmdesign und Algorithmen in C",
                      Praxisorient. Anleitung für Fortgeschrittene,
                      Hanser: München, 259 S., 1989

(89b) Feldmann, H.: "CtoAda - Ein trojanisches Ada-Pferd in C",
                      in Haug, M. (Ed.): "Tagungsunterlagen zum
                      4. Deutschen Ada-Anwendercongress (München)",
                      Vertrieb GSE, München, Tel. 089/921008-0 ,
                      12 Seiten, 5.-6.April 1989

(89c) Külp, B.:   "C und ökonomische Simulation,Spracheinführung
                      und praktische Umsetzung",
                      Mc Graw-Hill: Hamburg, 399 S., 1989

(90a) Johnsonbaugh R,Kalin M:"Applications Programming in ANSI C",
                      Macmillan: London, 745 pp., 1990

(90b) Tondo, C.L., Gimpel S.E.: "Das C-Lösungsbuch zu Kernighan u.
                      Ritchie, Programmieren in C", 2.Ausg. ANSI C,
                      Hanser:München, 155 S., 1990

Ind   ALPHABETISCHER INDEX

Dieser Index enthält alphabetisch geordnet die im Skript verwendeten Begriffe in Deutsch und Englisch.

Die englischen Bezeichnungen sind die Original-Bezeichnungen aus dem "Draft Proposal - Programming Language C" (ANSI 89).

Es wird nur auf die wichtigsten Vorkommen der Begriffe im Skript verwiesen. Die Hinweise beziehen sich auf die Abschnitte der Kapitel, z.B. 7.1.1 (Unterprogramm-Vereinbarung), auf den Anhang , z.B. A.1 (eigenes Syntax-Diagramm) oder z.B. (A.1) (implizit in Syntaxdiagrammen), auf Übg (Übungsaufgaben) oder auf Lit (Literatur-Verzeichnis). Nicht in diesem Index enthalten sind die in A.2 vollständig aufgelisteten Begriffe der ANSI-C Standard-Bibliothek (Typen, Konstanten, Makros, Funktionen), z.B. fopen, fclose, siehe <stdio.h> .

Programmieren in PL/I

Eine moderne Einführung

von Eberhard Sturm

1990. X, 292 Seiten. Kartoniert.
ISBN 3-528-04792-5

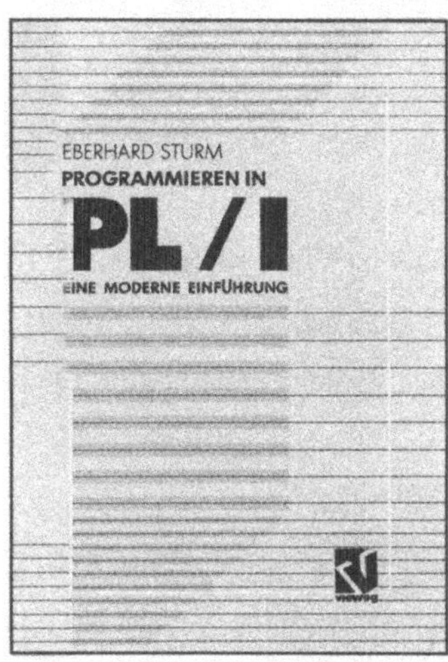

Inhalt: Elementares PL/I – Erweiterung der Grundlagen – Block- und Programmstruktur – Dynamische Speicherplatzerweiterung – Benutzung von Dateien – Höhere PL/I-Techniken.

Schritt für Schritt, dabei immer „flüssig" geschrieben, stellt dieses Buch eine umfassende und sich ausdrücklich als „modern" verstehende Einführung dar.

Der Autor versteht es, dem Leser die Vorzüge von PL/I nahezubringen, z. B. das Modularitätskonzept, die Maschinenunabhängigkeit und -nähe, die Übersichtlichkeit und Datentypvielfalt, die Speicherdynamik, Möglichkeiten der Fehlerbehandlung und die Multitaskingfähigkeit.

Verlag Vieweg · Postfach 58 29 · D-6200 Wiesbaden

Programmieren in Prolog

Eine umfassende und praxisgerechte Einführung

von Peter Bothner und Wolf-Michael Krähler

1991. XI, 366 Seiten. Kartoniert.
ISBN 3-528-05158-2

Das Buch gibt eine leicht lesbare und anschauliche Beschreibung der Ableitbarkeitsprüfung. Auch wird in aller Ausführlichkeit gezeigt, wie sich Listen aufbauen und bearbeiten lassen. Alle Kapitel des Buches sind mit Aufgaben und Lösungen versehen.

Das Buch kann als Begleitlektüre für Lehrveranstaltungen und zum Selbststudium empfohlen werden.

Verlag Vieweg · Postfach 58 29 · D-6200 Wiesbaden

INFO-KARTE

Bitte informieren Sie mich über die neue Vieweg-Infoware

Ich habe einen Mikrocomputer:

Typ: _____________ Hersteller: _____________

Ich benutze den Mikrocomputer   hauptsächlich privat   ☐

hauptsächlich beruflich   ☐

Vorwiegend wende ich den Mikrocomputer in folgenden Bereichen an:

____

Diese Karte entnahm ich dem Buch: **Feldmann, Strukturiertes Programmieren in C**

Meine Buchhandlung: _____________

Gleichzeitig bestelle ich: ____ Ex. _____________

____ Ex. _____________

Anschrift:

____
Name   Vorname

____
Beruf/Funktion   Straße

____
PLZ   Ort